公路工程全过程一体化造价管理理论与实践丛书

大数据时代的公路工程造价管理

DASHUJU SHIDAI DE GONGLU GONGCHENG ZAOJIA GUANLI

广东省交通运输工程造价事务中心
长安大学 编著

人民交通出版社股份有限公司
China Communications Press Co.,Ltd.

内 容 提 要

本书主要是以大数据视角来阐述公路工程全过程一体化造价的大数据管理，从对公路工程造价管理参与者的造价管理需求分析，总结大数据时代的广东省公路工程造价管理创新成果，提炼全过程造价数据链技术以及单一项目智能化数据处理分析技术、基于互联网及BIM技术的造价数据分析和基于造价大数据平台的造价数据管理及分析技术等，为公路工程造价管理新技术的研究和推广开展尝试性探索。

本书深入浅出，案例紧密结合实际，可供公路从业者、各行业的造价管理人员及相关专业高校学生学习参考。

图书在版编目(CIP)数据

大数据时代的公路工程造价管理 / 广东省交通运输工程造价事务中心，长安大学编著. — 北京 : 人民交通出版社股份有限公司，2019.7

ISBN 978-7-114-15622-9

Ⅰ. ①大… Ⅱ. ①广… ②长… Ⅲ. ①数据处理—应用—道路工程—工程造价—造价管理—研究 Ⅳ. ①U415.13-39

中国版本图书馆CIP数据核字(2019)第122898号

公路工程全过程一体化造价管理理论与实践丛书

书　　名：**大数据时代的公路工程造价管理**
著 作 者：广东省交通运输工程造价事务中心
长安大学
责任编辑：韩亚楠　崔　建
责任校对：尹　静
责任印制：张　凯
出版发行：人民交通出版社股份有限公司
地　　址：(100011)北京市朝阳区安定门外外馆斜街3号
网　　址：http://www.ccpress.com.cn
销售电话：(010)59757973
总 经 销：人民交通出版社股份有限公司发行部
经　　销：各地新华书店
印　　刷：北京虎彩文化传播有限公司
开　　本：787×1092　1/16
印　　张：14.5
字　　数：326千
版　　次：2019年7月　第1版
印　　次：2019年7月　第1次印刷
书　　号：ISBN 978-7-114-15622-9
定　　价：45.00元

本册编著组

主　　编：黄成造

副 主 编：王元庆　郭卫民

参编人员：王燕平　易万中　张　帆　党晓旭　肖梅峰
　　　　　石　陶　张自荷　李桂香　郑宇春　樊宏亮
　　　　　黄燕琴　刘晓杰　洪维伟

编著单位：广东省交通运输工程造价事务中心
　　　　　长安大学

序言 XUYAN

交通运输是人类文明的生命线，是国民经济的血脉和纽带，是社会和谐并充满活力、人民安居乐业的基本条件。正如经济学创立人亚当·斯密在《国富论》中指出的“一切改良，以交通运输改良最为有效”。交通运输的良性发展，已经成为一个国家现代化的重要前提和标志。

改革开放以来，各级政府始终将交通运输作为优先发展领域，交通基础设施为社会经济持续快速发展提供了重要支撑。“十一五”期间，交通运输事业实现了新的跨越式发展，交通基础设施投资特别是公路建设投资持续增长；与此同时，公路建设成本居高不下，公路工程造价中隐含着社会公共利益与小群体利益之间的矛盾和冲突，行业可持续发展与短期效益之间的矛盾和冲突，这些日益引起社会的普遍关注，公路工程造价管理重要性凸显。“十二五”是交通运输转变发展方式，促进科学发展的关键时期，以人为本、服务至上、科技支撑、提升公路工程造价管理水平，是建设现代交通运输的现实需要，是做好交通运输“三个服务”的题中之意。

俗话说“方法得当，事半功倍”。为适应持续平稳发展的交通建设形势，科学、准确、高效地核定公路工程造价，各级交通运输主管部门从体制、机制、方法、技术和手段等方面不断探索，做了大量富有成效的工作。广东省在公路工程造价管理方面的改革创新就是一个典型。他们响应交通运输部的号召，积极推行现代工程管理理念，结合公路工程造价管理实际，以全过程造价管理为目标，以“专业化、标准化、信息化”为抓手，建立起“公路工程全过程一体化”造价管理体系，贯穿项目前期设计、工程实施、竣(交)工验收等阶段，实现程序衔接、数据连贯、技术均衡的造价管理系统。该体系符合现代工程管理“五化”要求，已在广东全省高速公路建设项目中推广普及，以较少的管理投入，实现了建设造价的合理有效控制。实践证明，这套管理体系是先进的，值得在更大范围内推广。

广东省交通运输厅在公路工程造价管理方面的创新求索，先行先试，敢为人先，具有很好的示范引领作用。希望本书的出版，能促进各级交通运输主管部门和广大从业者相互交流、相互学习、取长补短、共同提高，进一步迈出改革创新的步伐，为全面提升我国公路建设投资控制和工程造价管理水平，为建设交通事业更加美好的未来而不断努力。

交通运输部公路局　原局长 

2012 年 1 月

前言 QIANYAN

随着信息技术的发展,大量数据源源不断地产生,国家层面相继出台了相关战略。2015 年 9 月 5 日,国务院发布了《促进大数据发展行动纲要》,标志着大数据在我国的发展与应用上升到国家战略层面,“加快政府数据的开放共享、推动资源整合,提升政府的治理能力”,成为新时代各级政府部门需要达到的目标。

交通运输行业作为我国经济支柱产业之一,为适应新变化、满足新需求,贯彻落实国家关于促进大数据发展和政务信息资源共享管理的有关要求,交通运输部对于交通行业大数据发展做出了相应部署。交通基础设施建设作为我国交通运输行业的重要组成部分,其造价数据具有数据种类多,格式、结构多样,数据规模大,产生速度快等特点,能为交通行业参与者提供各类有价值的信息以支持决策。然而,现如今由于造价编制软件不统一、定额体系与工程量清单体系衔接不顺畅、造价数据存储分散等原因,交通工程造价大数据很难被充分利用。本书从大数据管理与分析视角探讨和阐释了广东省公路工程全过程一体化造价数据管理构想和方法,为政府造价管理部门人员及造价从业人员深入学习、实践提供指引。

由于时间仓促、水平有限,书中难免有不足之处,恳请各位专家、学者批评指导。

著 者

2019 年 1 月

目录 MULU

1 公路工程全过程一体化造价大数据管理综述

1.1 大数据概述

1.1.1 大数据的概念

数据是信息的表现形式和载体,它既包括符号、文字、数字,也包括语音、图像、视频等。数据和信息是不可分离的,数据是信息的表达,信息是数据的内涵。人类自从诞生以来就在源源不断地创造着数据,各行各业的发展都离不开对数据的处理,当数据量增长到一定程度就形成了海量数据(达到 TB 级别的数据,1TB = 1024GB = 1048576MB = 1073741824kB = 1099511627776Bytes),但一般认为海量数据还不足以称作“大数据”。在飞速发展的数字信息环境中,数据成本的下降促使数据量急剧增长至 PB 级别(1PB = 1024TB)甚至更多。预计到 2020 年,全球将总共拥有 35 亿 GB 的数据量。数据类型除了结构化数据(结构化数据即行数据,以二维表结构逻辑表达并存储于数据库中的数据)外,还有非结构化数据(非结构化数据指数据结构不规则或不完整,没有预定义的数据模型,不方便用数据库二维逻辑表来表现的数据。包括所有格式的办公文档、文本、图片、XML、HTML、各类报表、图像和音频/视频信息等)和半结构化数据(与非结构化数据相比,半结构化数据具有一定的结构性,但与结构化数据具有的固定结构相比,半结构化数据的数据结构是可变的)。统计数据表明,在所有数据中,占比 85% 的数据属于广泛存在于社交网络、物联网、电子商务之中的非结构化数据,这些非结构化数据往往伴随着社交网络、移动计算和传感器等新的渠道和技术应用不断涌现。事实上,在“大数据”这个概念产生以前,一些商家就已经发现了大规模数据的价值。早在 20 世纪 70 年代末,沃尔玛公司就开始通过挖掘数据来改善自己的供应链,陆续采用了条形码扫描系统和公司内部卫星系统,使得总分部之间可以实现实时、双向的数据和声音传输,在此基础上于 2007 年建立了一个超大的数据中心,其存储能力高达 4PB 以上。通过对数据中心内消费者的购物行为等非结构化数据进行分析,沃尔玛成了最了解顾客购物习惯的零售商之一。同样,在医疗、交通、电信、城市管理等领域,移动终端、社交网络的全民化应用以及信息化程度的提高,也使数据有了巨大的应用空间。也就是说,大数据是伴随着信息技术和数字信息环境的发展,在信息量指数级增长、数据类型及数据结构日趋复杂化的情况下产生的。

那么,什么是大数据?“大数据”是一个体量特别大、数据类别复杂的数据集,并且这样的数据集无法用传统数据库工具对其内容进行抓取、管理和处理。IBM 公司提出大数据具有 4V(Volume,Variety,Velocity,Value)特点,如图 1-1 所示。首先,大数据的数据容量(Volume)大,大指的是大型数据集,一般在 10TB 左右规模,但在实际应用中,很多企业用户将多个数据集集中,已经形成了 PB 级的数据量;其次,数据类别(Variety)多,数据来自多种数据源,数据种类和格式日渐丰富,已冲破了以前所限定的结构化数据范畴,囊括了半结构化和非结构化数据;再次,数据处理速度(Velocity)快,在数据量非常庞大的情况下,也能够做到数据的实时处理;最后,大数据还具有数据价值(Value)高这一特点,比如,能对大数据进行合理的分析,发现其中规律,那么这些数据就能为管理、决策提供高价值的辅助信息。

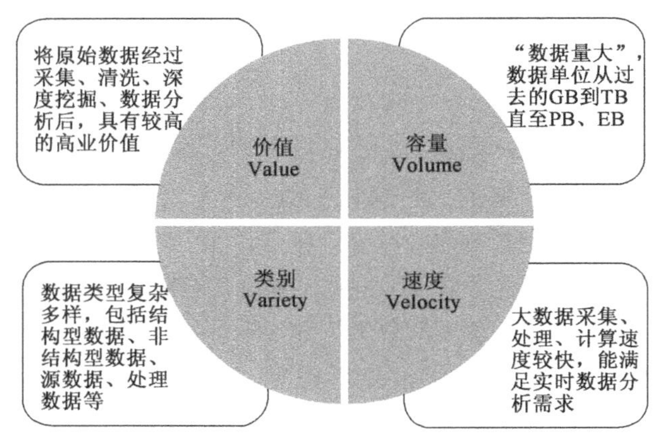

图 1-1 大数据的 4V 特征

1.1.2 大数据的意义及重要性

当代社会是一个高速发展的社会,科技发达,信息流通,人们之间的交流越来越密切,生活也越来越便利,大数据就是这个高科技时代的产物。阿里巴巴创办人马云曾在演讲中提到,未来的时代将不是 IT 时代,而是 DT 的时代,DT 就是数据科技(Data Technology)。大数据的价值并不在其本身,而在于大数据可以让我们以一种前所未有的方式,通过对海量数据分析,获得有巨大价值的产品和服务或深刻的洞见,最终形成变革之力。

我国政府高度重视大数据的发展,自 2014 年 3 月将"大数据"首次写入《政府工作报告》以来,李克强总理在多个场合提及这一"热词"并反复强调,要开发应用好大数据这一基础性战略资源。2016 年 5 月 25 日李克强总理在贵阳出席中国大数据产业峰会暨中国电子商务创新发展峰会时说,大数据等新一代互联网技术深刻改变了世界,也让各国站在科技革命的同一起跑线上。中国曾屡次与世界科技革命失之交臂,今天要把握好这一历史机遇,抢占先机,赢得未来。2015 年 2 月 14 日李克强总理考察北京·贵阳大数据应用展示中心时说,把执法权力关进"数据铁笼",让失信市场行为无处遁形,权力运行处处留痕,为政府决策提供第一手科学依据,实现"人在干、云在算"。2014 年 7 月 25 日,李克强总理在山东浪潮集团考察时说,不管是推进政府的简政放权,放管结合,还是推进新型工业化、城镇化、农业现代化,都要依靠大数据、云计算。所以,它应该是大势所趋,是一个潮流。

由此可见,作为世界上数据产生最大的几个国家之一,我国应积极解决由大数据引发的问题,探索以大数据为基础的解决方案。这是我国产业升级、效率提高的重要手段。对数据进行挖掘,不仅能够成为企业竞争力的来源,也将成为国家竞争力的一部分。我国现代化所面临的在教育、交通、医疗保健等各方面的挑战,通过大数据这种创新方式来解决问题,创建新的产业群,实现"中国制造到中国创造"的改变,挖掘大数据蕴含的金矿,其价值不言而喻。

1.1.3 大数据技术

大数据技术,就是从各种类型的数据中快速获取有价值信息的技术。大数据领域已经涌现出了大量新的技术,它们成为大数据采集、存储、处理和呈现的有力武器。

大数据处理关键技术一般包括大数据采集、大数据预处理、大数据存储及管理、大数据分析及挖掘、大数据展现与应用(如大数据检索、大数据可视化、大数据应用、大数据安全等)。

(1)大数据采集技术

数据采集技术是指通过 RFID 射频数据、传感器数据、社交网络交互数据及移动互联网等方式获得的各种类型的结构化、半结构化(或称为弱结构化)及非结构化的海量数据,是大数据知识服务模型的根本。重点要突破分布式高速与高可靠数据获取或采集、全映像等大数据采集技术;突破高速数据解析、转换与装载等大数据整合技术;建立数据质量评估模型,发展开发数据质量评估技术。

大数据采集一般分为大数据智能感知层和基础支撑层两个层面。

①大数据智能感知层主要包括数据传感体系、网络通信体系、传感适配体系、智能识别体系及软硬件资源接入系统,实现对结构化、半结构化、非结构化的海量数据的智能化识别、定位、跟踪、接入、传输、信号转换、监控、初步处理和管理等。要着重攻克针对大数据源的智能识别、感知、适配、传输、接入等技术。

②大数据基础支撑层提供大数据服务平台所需的虚拟服务器,结构化、半结构化和非结构化数据的数据库及物联网络资源等基础支撑环境。重点攻克分布式虚拟存储技术,大数据获取、存储、组织、分析和决策操作的可视化接口技术,大数据的网络传输与压缩技术,大数据隐私保护技术等。

(2)大数据预处理技术

现实世界中直接获取的数据大都是不准确和不完整的,无法直接进行数据挖掘,或挖掘结果差强人意,因此在收集到数据后首先需要对数据进行预处理。大数据预处理的主要任务是对已接收数据进行抽取、清洗等数据预处理。

①抽取:因获取的数据可能具有多种结构和类型,数据抽取过程可以帮助我们将这些复杂的数据转化为单一的或者便于处理的构型,以达到快速分析处理的目的。

②清洗:对于大数据,并不全是有价值的,有些数据并不是我们所关心的内容,而另一些数据则是完全错误的干扰项,因此要对数据通过过滤"去噪"从而提取出有效数据。

(3)大数据存储及管理技术

大数据存储与管理要用存储器把采集到的数据存储起来,建立相应的数据库,并进行管理和调用。重点解决复杂结构化、半结构化和非结构化大数据管理与处理技术。主要解决大数据的可存储、可表示、可处理、可靠性及有效传输等几个关键问题。开发可靠的分布式文件系统(DFS)、能效优化的存储、计算融入存储、去冗余及高效低成本的大数据存储技术;突破分布式非关系型大数据管理与处理技术,异构数据的数据融合技术,数据组织技术,研究大数据建模技术;突破大数据索引技术;突破大数据移动、备份、复制等技术;开发大数据可视化技术。

开发新型数据库技术。数据库分为关系型数据库、非关系型数据库以及数据库缓存系统。其中,关系型数据库主要指传统关系数据库系统(如 Oracle、Sybase、INFORMIX、INGRES、IBM 的 DB2 等)以及 NewSQL 数据库(NewSQL 是对各种新的可扩展/高性能数据库的简称,这类数据库不仅具有 NoSQL 对海量数据的存储管理能力,还保持了传统数据库支持 ACID 和 SQL 等特性)。非关系型数据库主要指的是 NoSQL 数据库,分为键值数据库、列存数据库、图形数据库以及文档数据库等类型。

开发大数据安全技术。改进数据销毁、透明加解密、分布式访问控制、数据审计等技术;突破隐私保护和推理控制、数据真伪识别和取证、数据持有完整性验证等技术。

(4)大数据分析及挖掘技术

大数据分析技术目前阶段的任务是:改进已有数据挖掘和机器学习技术;开发数据网络挖掘、特异群组挖掘、图挖掘等新型数据挖掘技术;突破基于对象的数据连接、相似性连接等大数据融合技术;突破用户兴趣分析、网络行为分析、情感语义分析等面向领域的大数据挖掘技术。

数据挖掘就是从大量的、不完全的、有噪声的、模糊的、随机的实际应用数据中,提取隐含在其中的、人们事先不知道的但又是潜在有用的信息和知识的过程。数据挖掘涉及的技术方法很多,有多种分类法。

①根据挖掘任务,可分为预测模型发现,数据总结、聚类、关联规则发现,序列模式发现,依赖关系或依赖模型发现,异常和趋势发现等;根据挖掘对象,可分为关系数据库、面向对象数据库、空间数据库、时态数据库、文本数据源、多媒体数据库、异质数据库、遗产数据库以及环球网 Web。

②根据挖掘方法,可分为机器学习方法、统计方法、神经网络方法和数据库方法。机器学习法可分为归纳学习方法(如决策树、规则归纳等)、基于范例学习、遗传算法等。统计方法可分为回归分析(如多元回归、自回归等)、判别分析(如贝叶斯判别、费歇尔判别、非参数判别等)、聚类分析(如系统聚类、动态聚类等)、探索性分析(如主元分析法、相关分析法等)等。神经网络方法可细分为前向神经网络(如 BP 算法等)、自组织神经网络(如自组织特征映射、竞争学习等)等。数据库方法主要是多维数据分析或 OLAP 方法,另外还有面向属性的归纳方法。

从挖掘任务和挖掘方法的角度,目前需要在技术上突破可视化分析、数据挖掘算法、预测性分析、语义引擎、数据质量和数据管理 5 个方面的难题。

①可视化分析。数据可视化无论对于普通用户或是数据分析专家,都是最基本的功能。数据图像化可以让数据自己说话,让用户直观地感受到结果。

②数据挖掘算法。图像化是将机器语言翻译给用户看,而数据挖掘就是机器的母语。分割分析、集群分析、孤立点分析等各种各样的算法让我们得以精炼数据,挖掘价值。这些算法一定要能够应付大数据的体量,同时也应具有较高的处理速度。

③预测性分析。预测性分析可以让分析师根据图像化分析和数据挖掘的结果做出一些前瞻性判断。

④语义引擎。语义引擎需要设计足够的人工智能以支持从数据中主动地提取信息。语言处理技术包括机器翻译、情感分析、舆情分析、智能输入、问答系统等。

⑤数据质量和数据管理。数据质量与数据管理是管理的最佳实践,透过标准化流程和机器对数据进行处理可以确保获得一个预设质量的分析结果。

(5)大数据展现与应用技术

大数据技术能够将隐藏于海量数据中的信息和知识挖掘出来,为人类的社会经济活动提供依据,从而提高各个领域的运行效率,大大提高整个社会经济的集约化程度。我国大数据将重点应用于以下三大领域:商业智能、政府决策、公共服务。例如:商业智能技术,政府决策技术,电信数据信息处理与挖掘技术,电网数据信息处理与挖掘技术,气象信息分析技术,环境监测技术,警务云应用系统(如道路监控、视频监控、网络监控、智能交通、反电信诈骗、指挥调度等公安信息系统),大规模基因序列分析比对技术,Web 信息挖掘技术,多媒体数据并行化处理技术,影视制作渲染技术,其他各种行业的云计算和海量数据处理应用技术等。

1.1.4 大数据的作用

随着时代发展,我们已经进入一个“预测”的时代,大数据的作用主要体现在 4 个层面:描述现象,揭示规律,挖掘机理,预测未来。

①描述现象。在大数据概念提出以前,为了了解情况,描述现象,数据大多依靠人工收集的方式,采取抽样的方法进行。大数据时代的现象描述将基于全样本的数据,通过真实的数据展现某段时间内的某种现象,相比于传统的抽样调查时效性更强,可以更全面地反映问题。

②揭示规律。对不同对象在不同时段产生的大量数据进行分析,可以得到每个对象的特征和总体对象在某段时间的总体特征,从而更准确、多层面地揭示出对象的规律或者总体的规律。

③挖掘机理。描述现象、揭示规律属于认识世界的浅层,而挖掘机理显示的现象和规律背后的机理则是认识世界的深层。“描述现象、揭示规律”回答的“是什么”的问题,而“挖掘机理”是进一步回答“为什么”的问题。当明确“为什么”之后,就可以给管理者提供决策依据,对现状进行更好地调控。

④预测未来。这是大数据最终的目标之一,也是大数据发挥作用的领地之一。“预测未来”回答的是“未来会怎样”的问题,这是所有行业、领域、国家、城市乃至个人发展所关注的问题。大数据技术可以借助海量的数据帮助人们走向未来。

1.1.5 大数据产业及应用现状

大数据产业以大量级数据为核心资源，将在不同领域产生的数据通过采集、存储、处理、分析、挖掘并进行结果的应用和展示，以实现数据的内在价值。整个大数据产业分为大数据核心业态和大数据衍生业态。大数据核心业态围绕数据的获取与存储、数据的挖掘分析和数据的应用与呈递三个方面，对应大数据产业架构的大数据存储层、大数据分析层和大数据应用层。大数据衍生业态指围绕着大数据核心业态所需要的软硬件基础设施、安全服务、大数据交易和技术支持类产业。大数据产业架构如图 1-2 所示。

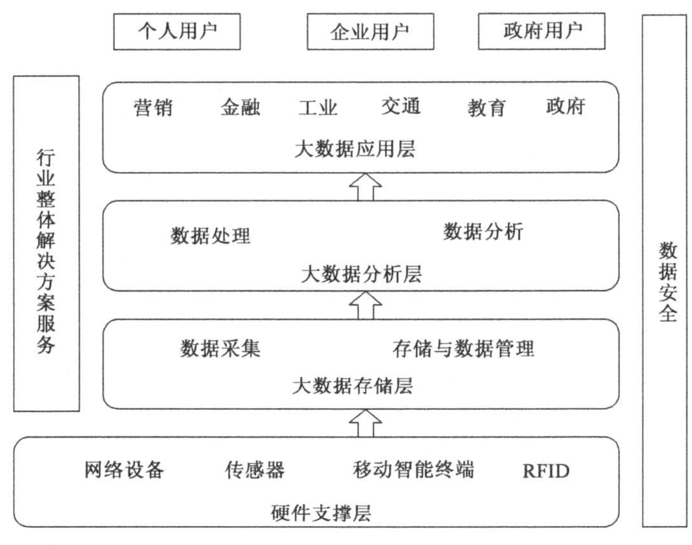

图 1-2 大数据产业架构图

处理后的大数据可以为众多领域提供有价值的信息。例如，在城市规划方面，通过对城市地理、气象等自然信息，经济、社会、文化、人口等人文社会信息的挖掘，可以为城市规划提供强大的决策支持，强化城市管理服务的科学性和前瞻性；在交通管理方面，通过对道路交通信息的实时挖掘，能够有效缓解交通拥堵，并快速响应突发状况，为城市交通的良性运转提供科学的决策依据；在舆情监控方面，通过网络关键词搜索及语义智能分析，能提高舆情分析的及时性、全面性，全面掌握社情民意，提高公共服务能力，应对网络突发的公共事件，打击违法犯罪；在安防领域，通过大数据的挖掘，可以及时发现人为或自然灾害、恐怖事件，提高应急处理能力和安全防范能力。政府服务类大数据与民生密切相关，其应用主要包括智慧交通、智慧医疗、智慧家居、智慧安防等。下面以几个实例介绍大数据在电子商务和交通运输领域的具体应用情况。

(1)大数据在电子商务中的应用

电子商务是以信息网络技术为手段，以电子交易方式进行交易活动和相关服务的活动，其中包括商品在线选购、电子支付、地面运输等环节，是传统商业活动各环节的电子化、网络化、信息化，因此，在电子商务全过程中会产生大量信息。目前的电子商务交易市场进入数据时代，电子商务的竞争在很大程度上就是大数据的竞争，由于平台所产生的巨大信息量及其所收集到的用户信息具有真实性、确定性和对应性的特点，因此，电子商务具有了利用大数据的天然优势。大数据的应用将贯穿整个电商的业务流程，成为公司的核心竞争力。下面以几个实例简单介绍大数据在电子商务领域的应用。

①阿里巴巴通过对贷款企业运营数据控制放贷风险。阿里巴巴通过在淘宝、天猫等网站积累的数据资料对用户的销售终端、资金使用等数据进行追踪和收集，以此了解中小企业的交易状况。从中可筛选出财务健康、讲诚信的企业，为他们发放无担保贷款，解决其贷款难的问题，不仅新增了盈利模式又可以防范风险。

②大型电商平台通过用户浏览记录进行精准广告推销。相比与传统实体零售商的统一广告推销方式，大型电商平台可以利用用户的搜索浏览数据，结合每个用户的个人情况对用户进行精准的广告推销。例如，当当网、卓越网等电商企业通过协同算法来找到商品之间的联系，即：当消费者购买某件商品时，推送同类商品或相关商品的详情。这能够为用户查找相关商品提供方便，提升客户体验，同时，利用了商品之间的互补性与相关性，增加了销量。除此之外，对平台用户的浏览痕迹进行记录分析，可针对不同层次类型的用户提供特定的商品推荐信息。

(2)大数据在交通运输领域的应用

智能交通系统(Intelligent Transportation System，简称 ITS)是未来交通系统的发展方向，它是将先进的信息技术、数据通信传输技术、电子传感技术、控制技术及计算机技术等有效地集成运用于整个地面交通管理系统而建立的一种在大范围内、全方位发挥作用的，实时、准确、高效的综合交通运输管理系统。智能交通系统中存在着大量的交通数据信息——一卡通信息、打车信息、物联网传感器信息、GPS 信息等，它们都可被分析应用，从而合理配置交通资源，提高效率。下面以几个实例简单介绍大数据在交通运输领域的应用。

①滴滴打车基于大数据建立智能出行平台。滴滴打车的实质是网约车，对于乘客，可以更快打到车；对于出租车司机，可以减少空驶比例，提高效率；对于社会，由于空驶比例的下降，可以以较少的出租车总行驶里程完成同样的运输量或者以同样的总运输里程完成更多的运输量，因此，网约车是一种优质的新型运输服务方式。

网约车运营公司的实质是互联网公司。这些公司在运营前期通过大量的资金投入获得用户出行数据、交通量时空分布信息，通过这些数据可以持续优化车辆路网布设方案、基于不同出行者制订营销方案，提高网约车服务质量、获取更多利润。滴滴打车公司通过用户在其手机应用上的下单情况和注册车辆的行车路线数据推出了智能出行平台。通过智能出行平台可以看到全国各个城市每天的交通情况，包括车辆行驶情况、路网情况以及打车需求情况等。工程师们通过算法分析不同用户的打车数据，了解其消费习惯，例如，部分价格敏感人群在有代金券的情况下才会发生打车行为，因此，平台会通过应用给这部分出行者提供更多的代金券，提高用户黏性。

②大数据与电子地图。电子地图(Electronic Map),即数字地图,是利用计算机技术,以数字方式存储和查阅的地图。百度地图作为当今最为流行的电子地图之一,利用大量用户的手机定位数据及其变化情况实现对交通状况、人口流量和流向的实时监控和预测。例如,百度在春节期间推出的百度地图春节人口迁徙大数据(简称"百度迁徙")技术品牌项目,通过对拥有的出行大数据进行全样数据处理、分析和挖掘,实现了全程动态、即时、直观地展现我国春节前后人口大迁徙的轨迹与特征。

③基于大量一卡通数据对城市公交线网进行规划和设计。传统的公交线路规划在数据采集阶段需要投入大量的人力、物力。而公交一卡通的基本普及为规划者提供了大量 OD 数据,通过对这些数据的分析可到相关的交通流量、流向数据、同一张卡的出行路线和换乘次数等详细信息。在上千万人口的大城市,每天的流量数据都会相当大,这些数据可帮助公交部门进行公交运营线路的调整,帮助城市规划者进行公交规划的修订。

1.1.6 政府大数据建设

2015 年 9 月 5 日,国务院发布了《促进大数据发展行动纲要》(以下简称《行动纲要》),标志着大数据在我国的发展与应用上升到国家战略层面,《行动纲要》可以解读为:三个着力、五大目标、三项任务、十项工程、七项措施,其中与政府大数据建设有关的为"加快政府数据开放共享,推动资源整合,提升治理能力",重点是大力推动政府部门数据共享,稳步推动公共数据资源开放,统筹规划大数据基础设施建设,支持宏观调控科学化,推动政府治理精准化,推进商事服务便捷化,促进安全保障高效化,加快民生服务普惠化。按照《行动纲要》,2020 年大数据产业初具规模,形成大中小企业相互支撑、协同合作的大数据产业生态体系。

交通运输行业作为我国经济支柱产业之一,为适应新变化、满足新需求,贯彻落实国家关于促进大数据发展和政务信息资源共享管理的有关要求,交通运输部对于交通行业大数据发展做出了相应部署。2016 年 8 月交通运输部发布了《关于推进交通运输行业数据资源开放共享的实施意见》(以下简称《意见》)。《意见》指出将通过 3 ~5 年时间,实现基本建成行业数据资源管理体系、行业数据资源开放共享平台、开展一批跨部门、跨地区、跨领域协同应用的试点示范三大目标。2017 年 1 月,交通运输部出台了《交通运输部推进"互联网 + 政务服务"工作方案》(以下简称《方案》)。根据《方案》,交通运输部将进一步加快转变政府职能,切实提高政务服务质量与效率,2020 年底前,将实现互联网与部政务服务深度融合,政务服务质量与效率大幅提升,企业和群众办事更方便、更快捷、更有效率。

全国各省市也陆续开展了"互联网 +"建设和行业大数据发展等相关建设。广东省交通运输厅于 2017 年 5 月印发了《广东省交通运输"互联网 + 便捷交通"实施方案》,提出了全面打造 O2O 的客货运输生产和服务新模式,交通公共信息资源全面开放共享,交通运输创新创业蓬勃发展的新目标,确立发展"互联网 + 交通设施、互联网 + 出行服务、互联网 + 物流服务、互联网 + 政务服务"四大类共计 21 项重点工程建设。

1.2 公路工程造价管理大数据建设

交通运输行业作为基础性行业,在我国 GDP 中占有较大比重,不仅如此,交通运输行业的发展更是与普通百姓的生活息息相关。按照运输方式的不同,交通运输行业可以分为 5 个子系统:公路系统、铁路系统、水路系统、航空系统和管道系统。为了实现各个系统的运转,一般从以下几个方面对其进行管控:①基础设施管理;②运输装备管理;③运输服务管理;④固定资产投资管理;⑤生产安全管理;⑥能源消耗与环境保护管理。互联网技术和计算机技术的进步,使构建国家层面的综合交通大数据平台成为可能。

公路系统作为交通运输行业的 5 个子系统之一,改革开放以来发展迅速,根据 2017 年 3 月交通运输部发布的《2016 年度全国公路养护统计年报》显示,全国公路总里程为 4696236 公里,其中高速公路、一级公路、二级公路、三级公路、四级公路与等外公路分别为 130973 公里、99152 公里、371102 公里、424443 公里、3200874 公里、469719 公里,公路网密度达到 48.92 公里/百平方米,33.96 公里/万人,乡镇通达率为 99.99%,乡镇通畅率为 99.00%。虽然我国公路网已经基本形成,但依然存在总量不足和结构矛盾突出等问题,根据《国家公路网规划》,到 2030 年,还有 2.6 万公里国家高速公路待建,10 万公里普通国省道公路需要改造升级,因此,我国公路依然处在以建设为主的发展期。公路建设项目耗资巨大,以 2016 年为例,全年完成公路建设投资 17975.81 亿元,比上年增长 8.9%。其中,高速公路建设完成投资 8235.32 亿元,同比增长 3.6%;普通国省道建设完成投资 6081.28 亿元,同比增长 14.0%;农村公路建设完成投资 3659.20 亿元,同比增长 13.4%,新改建农村公路 29.90 万公里。公路工程造价管理作为公路建设管理的重要内容,面对高速增长的公路建设投资,其管理效率和管理水平亟待增强,大数据时代的到来为进一步提高公路工程造价管理水平提供了契机,规划好公路工程造价管理顶层设计,完善造价监管体系,以信息化为抓手,不断完善造价管理流程、优化造价数据处理技术、深入挖掘造价数据价值,将更好地助力于公路基础设施建设。

1.2.1 公路工程造价数据的特征

大数据特征可归纳为多样性、规模性、速度快和价值性,公路工程造价数据也具有这样的特征,具体体现在以下几个方面。

(1)公路工程造价数据的多样性

公路工程造价数据包括不同类型的数据和数据源,其中既有结构化数据、半结构化数也有非结构化数据,公路工程造价数据的多样性主要体现在以下 3 个方面。

①数据种类多。公路工程造价数据涉及公路工程造价相关的定额标准、编制办法等规范性文件的数据,从公路建设项目立项至竣(交)工全过程各阶段的造价编制文件、审查文件、监督文件等造价数据,造价从业人员、从业单位等行业管理数据,以及公路造价费用项目要素、编码、名称、单位、内容和人工、设备、机械、材料的规格、类

型及价格等标准性数据。

②数据格式多样。公路工程建设涉及的参与主体多,时间跨度大,不同主体利用不同工具软件进行数据处理,因此,涉及的数据类型也较多。包括:纸质类数据,如工程估算、概算、预算、招标、合同、管理台账、变更、结算、竣工决算等造价数据以及与之相关的数据,有 Excel 格式数据,也有设计图纸 CAD、PDF 格式数据,利用专用造价工具软件编制的 *.smbx 格式的项目格式数据包,道路横断面设计的 CAD 格式数据等。

③数据结构多样。公路工程造价数据包括结构化数据、半结构化数据和非结构化数据。结构化信息包括项目基本信息、从业人员信息、项目单位基本信息、工料机价格数据等。半结构化数据包括各阶段的造价报表数据,如工程量清单、工程项目清单、分项清单等,其特点是自描述性的,数据的结构和内容混在一起,没有明显的区分。非结构化数据包括各类办公文档或者文本形式存储的数据,如计价依据标准文档、施工图设计文件等。

(2)公路工程造价数据的规模性

公路工程造价在前期阶段(估算、概算、预算阶段)的分析决策都要依据大量数据类比,而不再依靠少量样本数据,依靠海量历史数据更加准确地进行决策。仅考虑公路建设项目的数据规模,假设按照每个项目 50G 的容量来计算,一个省按照每年 20 个项目算,那么十年的数据量将达到 10T。

(3)公路工程造价数据的产生速度快

截至 2016 年底,我国公路网密度为 48.92 公里/百平方公里,根据《国家公路网规划》,我国公路建设目前仍处于快速增长的阶段,在今后的几十年中我国公路造价数据还将会以一定规模继续快速增长。同时,随着造价精细化管理的推进,以及新技术、新工艺、新设备和新材料的发展应用,均伴随着新的造价因素(新的费用项目、新的工料机等)等数据不断产生。

(4)公路工程造价数据的价值性

大数据强调数据的规模性和混杂性,数据不可能完全错误,至少会反映大致的发展趋势,这会帮助我们进一步接近事实的真相。公路工程造价管理者可通过构建各种算法模型,对海量的公路工程造价数据进行提炼,从数据中发现规律,提高公路工程造价管理的效率,如对海量的竣工决算数据进行聚类分析,得到不同类别工程造价的重要影响因素,构建相应的模型,运用于公路工程前期决策和初步设计阶段的造价快速估算。通过以往历史造价项目数据进行分析,提炼出公路工程最优成本模型,用于推动设计方案技术经济比选,为方案决策提供数据支持等。

1.2.2 公路工程造价管理大数据建设

公路工程造价数据数量庞大、种类繁多、内容丰富,下面从项目的技术标准、建设规模、工程方案、工程数量、各阶段造价、工料机价格等造价及相关基本信息入手,对如何实现公路工程造价数据的采集、标准化、信息化、数据共享、数据挖掘作简要说明。

(1)造价大数据采集

数据采集前先要确定采集的标准,对将要采集的造价数据类型进行归类,如果已建项目的数据与现行通用的工程数据有格式方面的差异，则需要制订历史项目数据与现行项目数据的比对规则。

公路工程造价相关数据可通过以下几种方式获取：

①专业造价管理机构的造价数据收集。各省级造价管理机构、市级造价管理机构的造价管理平台的数据库中，都存储着海量已建项目造价历史数据和在建项目造价数据。

②公开信息的造价数据收集。公开数据包括交通运输部发布的行业法规、规范、标准，各省份交通运输行业主管部门发布的标准、指南、管理规程等，各省级统计局发布的年报有关数据，其他市场机构的研究报告，或者项目建设过程中的相关文件，以及其他公开零散的有关信息等。

(2)造价大数据标准化处理

数据标准化是大数据平台建设的核心基础。如果数据分类标准不统一，数据格式和存取方式不一致，数据本身与工程特性脱钩后，数据将变得毫无用处，或者数据的标准化程度不够，也将导致数据的远程传递、加工处理和统一存储变得非常困难，数据资源的内在质量不高，将导致数据信息维护更新困难，不能满足行业管理和生产需要。例如，相同的一份桥梁设计图纸，不同设计单位给出的工程实物体、工程活动或工程细目的描述、定义就存在不一样的表达。数据标准化是现阶段解决这一问题的最佳方法，标准化可以提高造价数据的互通性，进而提高造价数据的可利用性。对于各阶段造价文件，按照标准化方法审查完成后的造价文件可实现报表中有效数据的提取，并存储于标准造价数据库中，原始文件则可存储于文件库中，需要时可随时调取；对于材料价格数据，可以按照材料来源地分类按月存储于材料价格数据库中；对于参与造价编审工作人员的基本信息、资历、基本业绩等，可以按规定格式存储于从业人员数据库中；造价文件的审批意见、监查报告、招标文件、相关设计评审意见以及会议纪要等项目建设、设计、施工、定价的依据等文档类资料，可分类存储于文件资料库中。

工程造价信息标准化可分为7个层次：

①建设基于全过程一体化的造价信息采集和发布标准。

②设计工程量和计价信息采集的标准化。

③各阶段造价数据链处理流程、方法和输出的标准化。

④数据结构的标准化(主要指数据库结构)。

⑤工程造价信息编码的标准化(建设行业工料机编码、单位工程名称编码等编码的统一)。

⑥造价管理工具的标准化，同一行业或组织或公司使用相同的造价管理工具，如设计图纸工程量批量处理软件、造价文件编审软件。

⑦建立基于各参与者共同需求的造价管理平台。

(3)造价大数据交互

数据交互是标准化完成后的数据分析处理过程，是指利用造价大数据平台代替传统的纸质文件形式完成各阶段造价数据在数据库与不同造价参与者之间的输入与输出,不同行业或组织或者公司的数据交互的方式可能有一些差异,以广东省公路工程造价交互为例,具体包括各阶段造价数据报送、数据核查与调整、数据入库、数据调取4个方面的内容。

①数据报送。造价编制人员在造价编制工具软件中完成造价文件的编制后,生成项目包文件,登录综合管理系统交互平台完成造价文件的报送。

②数据核查与调整。造价数据核查时,核查人员登录造价综合管理系统,首先进行格式核查,对报送文件的类型、数量和格式进行核查,此部分核查由造价综合管理系统的内置程序智能化完成,若存在不符合规定的则要求建设单位重新报送,若第一步核查无误则进行第二步核查,包括技术核查、实物量核查和合法性核查三个方面,第二步核查完成后核查人员将造价数据包文件下载至造价编审工具软件中对数据进行调整,并形成核查评价文件。

③数据入库。数据入库指全过程造价数据的自动归档,分类存放在相应数据库的过程。造价文件中从立项阶段的估算到竣(交)工阶段的决算数据存入造价信息数据库,造价文件、批复文件资料存入文件库,价格信息存入材料价格数据库,人员信息存入从业人员数据库,项目基本信息存入项目基本信息数据库。各类数据库之间可实现关联,数据库为造价编审、监督管理、信息服务、行业管理决策等提供准确的基础数据支撑。

④数据调取。数据调取是指用户对数据库中数据进行交互的操作。用户可根据需要直接调取存储于任一数据库中的历史数据,如从造价信息数据库调取××高速公路第一合同段估算、概算、预算的工程量数据,从材料价格数据库调取2017年2月圆钢的价格数据。除直接调取数据外,用户还可设置关联条件跨数据库进行关联数据的调取,如查询某造价编制人员参与过的项目需要将从业人员库与造价信息数据库进行关联,关联条件调取要求在数据库字段设计时考虑实际工作中关联数据调取的需求。为便于用户分析利用,在需要时可对调取出的数据进行数据可视化处理,如将2016年12个月的沥青价格数据输出为沥青价格走势图、将省内的所有料场位置输出在可视化电子地图上等。

(4)数据共享

数据共享指在不同地点使用不同计算机、不同软件的用户能够读取他人数据并进行各种操作运算和分析,最终达到数据资源的最大化利用。要实现数据共享,需要公路造价大数据系统包含各类数据交换平台,实现原有业务系统的数据级集成,由于多种造价数据本身的多样性,要在造价数据标准化和造价数据交互的基础上完成数据在不同造价参与者之间的选择性公开,避免形成信息孤岛。公路造价大数据并不是只是完成一段时期内公路工程造价相关数据的收集,而是要通过多元造价数据集成不同时期、不同自然条件、不同类型公路的造价特征,以供不同公路建设参与者在实际中工作中分析利用,促进相互之间技术共享,以数据为基础实现我国基础设施建设行业的健康发展。

(5)造价大数据挖掘

造价大数据的采集、标准化、交互和共享是造价大数据挖掘的基础和前提,造价大数据的价值最终是通过造价数据挖掘来实现的。不同造价参与者可利用数据库中存储的从业人员数据、材料价格数据、料场数据、定额数据、不同阶段造价数据，互联网中的材料价格数据、材料交易数据等造价相关数据，运用统计学、机器学习算法等方法挖掘数据规律并进行预测。例如，大型的施工企业可以通过分品种、分产地的互联网材料价格数据，结合企业内部的交易价格形成市场价、定额价、计划价、内部成交价等多种价格。了解这些价格对于降低企业采购成本大有裨益；行业管理部门可以通过从业人员数据挖掘从业人员资质现状和参与项目情况，助力对从业人员的信用管理；造价管理部门可以通过对不同地区、不同类型公路工程建设项目的造价数据进行挖掘，获得不同自然条件、不同等级公路的造价指标特点，结合机器学习算法（如人工神经网络、支持向量机等）进行快速估算预测。

1.2.3　公路工程造价大数据管理应用

面对海量的工程估算、概算、预算、决算文件，广大造价从业人员仍按照传统的经验做法进行处理，效率较低且无法保证百分之百的正确率，相关管理部门也不便对各类历史数据进行深度挖掘利用。公路工程领域作为基础设施建设行业中投资较大的行业之一，从前期决策到工程设计再到中期实施，至最终的竣工决算都会产生大量的与造价管理有关的数据。因此，以信息技术为手段，充分挖掘利用公路造价全过程数据资源，借助大数据发展的浪潮，实现高效化的造价编制，精细化的造价审核，实时化价格信息管理，可量化的从业人员和从业单位的管理与考核，辅以强大的综合查询分析系统，将会为公路行业的快速、健康发展发挥至关重要的作用。

（1）大数据实现造价文件审核精细化

在公路工程的建设规划到竣工通车期间，有许多政府管理部门和相关机构参与了造价文件的审核和管理工作。例如，发展改革部门承担了公路建设项目投资额的审查、批复，审查公路建设项目资金需求、投资控制情况等工作；财审部门负责审查公路建设项目（财政投资项目）的资金使用情况，扮演资金使用管理者的角色；审计部门是国家财政资金监督部门，在公路造价管理过程中扮演着对项目建设过程中审计概预算的执行情况及完工后对竣工决算进行审计的角色；交通运输部门和其下属专业造价管理机构对公路工程全过程各阶段的造价进行确定、对计价行为进行监督管理，扮演着全局和全过程管理者的角色。

公路建设“四新”技术（新技术、新工艺、新材料、新设备）应用逐渐广泛，大型、超大型公路桥梁建设更趋庞大复杂，公路附属设施亦渐趋复杂多样，一份造价文件动辄几十页、上百页，造价数据排列上万行，如果仅以少量人员进行编制或审查需要几个月的时间。在传统的造价编审活动中，经验丰富的造价从业人员往往借助自身积累的经验，尤其是审查人员，一是对自己日常审查中经常遇到的问题，进行重点核查；二是基于日常审查积累的经验数据，如果发现与经验数据有较大出入则进行重点核查，此法虽缩短了造价文件审查的时间，但审查的精细化却无法得到保证。且对于刚刚入行或对待审项目缺乏经验的审查人员，只能采用逐项费用核查的方法完成工作，效率较低。特别是近年公路项目建设规模及复杂性日益增加，受审查时限和工期压力制约，对工作效率提高的需求更为迫切。利用现代技术模拟部分标准化人工处理过程，自动对报送造价文件的格式、数据的闭合性进行核查，对不符合规范要求的信息进行提示；基于大数据的挖掘分析功能对标准化后的历史数据进行分析，可用于和同类型需要审核的造价文件的重点部分进行横向比对，发现和提升造价文件质量，提高造价文件编制和审核的速度，缓解从业人员的工作压力，为全过程造价审核精细化提供帮助，达到提升资金管控绩效的目的。

(2)大数据推动定额更新的快速化

公路工程定额是编制工程概预算的核心依据，目前我国公路工程定额体系更新周期偏长，如目前使用的公路工程估算指标是在1996年版本的基础上沿用15年后修订更新的，概预算定额是在1992年版本的基础上沿用16年后修订更新的。各省交通运输行政管理部门结合其实际情况制订了部分补充定额，由于目前公路工程定额编制方法还未规范统一，造成即使相同工程类型的定额指标不同省份编制的定额水平也有较大差异，无法相互参考，借鉴性不强，由此引发了两个方面的问题：一是利用定额、指标测算的工程成本容易偏离工程实际，不能准确反映公路产品的价值规律；二是我国公路造价采用定额计价或工程量清单计价两种模式。定额计价主要用于工程前期造价控制，包括编制工程估算、概算、预算，工程量清单计价主要用于招投标、计量支付和工程结算，若定额编制的精度不够将会给实现定额计价与清单计价对接的全过程造价管控增加困难。

动态化的定额管理将解决以上这些问题。规范的定额编制分为5个阶段，分别是：准备工作阶段，收集资料阶段，编制定额阶段，定额测算阶段，送审报批出版阶段。随着技术的进步，公路工程项目在施工工艺、施工机械以及施工材料方面都在变化，定额也应作适当调整，例如，随着工艺的进步和机械化水平的提高，单位产品消耗的人工、材料呈降低趋势，那么应在进行市场调查后对原有子目的人工、材料消耗量进行调整；对不断出现的新材料、新机械，应新增定额子目或者对原有子目进行调整。

利用“大数据”优势可实现快速的定额更新，市场情况信息将由过去的滞后收集到基于互联网技术的更快速、更便捷地收集，如此一来，在减少了公路工程造价管理机构工作人员工作量的同时，定额将更能反映出公路工程造价的实际价格与价值规律，有利于项目前期的造价控制，也能更好地与招投标阶段、实施阶段、竣(交)工阶段的造价相衔接，做到全过程造价管控。

(3)大数据实现价格信息管理动态化

公路建设工程计价涉及的人工、材料、机械的类型和规格繁多，“四新”技术在公路建设行业越来越广泛中也使其类型和规格不断增多，同时受市场和政策影响这些工料机常处于波动状态，如何反映市场价值规律，准确又高效地确定工料机的动态价格，从而合理确定工程造价是公路工程造价管理中值得关注的问题。目前，通过相关管理部门的造价大数据管理平台和电子商务平台，均可以获得较为准确的材料价格数据信息。

材料价格的信息发布管理分四个步骤进行：一是价格信息采集；二是价格信息分析；三是价格信息确定；四是价格信息发布。实现动态化的价格管理，首先应对价格信息进行标准化，然后利用数理统计模型剔除不合理价格，采用算术平均、去最值平均、加权平均、自定义方法等算法，并结合市场同比价格、基期价格、经济政策等影响因素调整后，作为材料价格信息发布的“修正值”，根据历史数据构建数学模型对未来一段时间的材料价格进行预测形成材料价格“预测值”，汇总生成报表，编制定价分析报告提交造价信息化领导小组审定后，根据工料机种类按月或按季度在网络平台上发布。

除此之外，通过电子商务大数据也可获取公路工程建设相关材料或设备的价格。电子商务是以信息网络技术为手段，以电子交易方式进行交易和相关服务的活动，包括商品在线选购、电子支付、地面运输等环节，是传统商业活动各环节的电子化、网络化、信息化，因此，在电子商务全过程中会产生大量信息。目前的电子商务市场交易处于基于数据的时代，平台所产生的巨大信息量以及其所收集到的用户信息具有真实性、确定性和对应性，电子商务的竞争很大程度上就是数据的竞争，电子商务具有了利用大数据的天然优势。大数据的应用将贯穿整个电商的业务流程，成为公司的核心竞争力，同时通过电子商务平台，卖家也获取了更丰富的商品信息。在公路工程建设行业，人工、材料和机械市场价格的获取主要依靠各地价格信息员采集当地当月价格数据，信息员定期按规定程序报送相关信息至地市级造价管理站或省管项目建设单位，再由地市级造价管理站、省管项目建设单位汇总及综合后报至省级造价管理机构。另一个人工、材料和机械市场价格的获取渠道是主动通过互联万搜索相关信息。随着电商时代的到来，越来越多的 B2B(Business-to-Business)电子商务平台涌现，公路建设工程涉及的材料、机械的价格确定方法将会逐步改变，电商平台可快速获取不同地域、不同品种的实时材料和机械价格。

如图 1-3 所示是利用电子商务网站阿里巴巴(https://www.1688.com/)搜索钢材——管材得到的结果，通过该电子商务平台，用户可以方便地获取不同厂家不同产地的实时管材报价信息，并实现与供货商第一时间的联系，还可以通过对某段时间的商品成交数据进行进一步挖掘，得到不同产地材料、设备价格及销售量的变化趋势和价格分布。

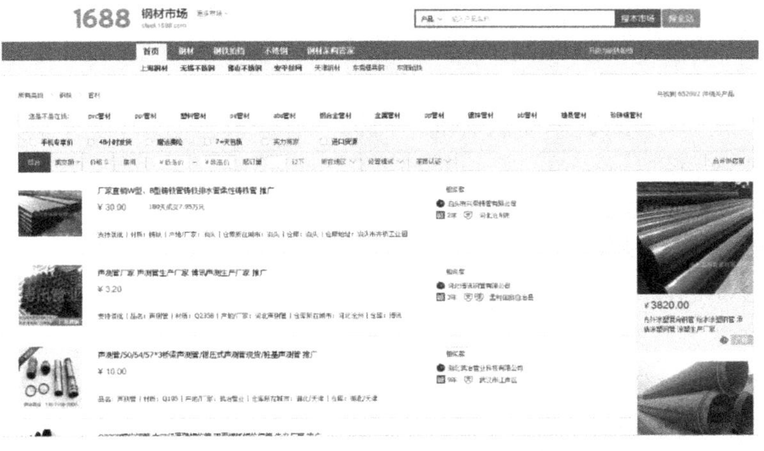

图 1-3　阿里巴巴电子采购批发平台

(4)大数据实现造价编制办法动态化管理

各类造价文件编制办法及其配套指标或定额标准(简称“编制办法”)是编制公路工程各类造价文件的依据。“编制办法”规定了公路工程各阶段造价的基本组成、计算方法和计价标准,形成动态化的造价编制办法管理对加强造价文件编制的科学性、适用性、准确性有着重要意义。

“编制办法”的动态化管理是指交通运输部或各省新颁布的造价管理办法能够被及时地添加到造价编制计价依据数据库,并通过线上平台或系统为造价编制人员提供快速、便捷的查询和使用服务。

(5)大数据推动从业人员和从业单位信用管理

公路工程造价从业人员主要指从事造价文件编制、审查和造价技术咨询等工作的人员,其工作能力、职业素养和从业水平对造价管理效果有重要影响。由于各种原因,相关部门对公路工程造价从业人员和单位缺乏有效监管,技术上也缺乏系统、可操作的制度和行为规范设计,从而造成“加强从业人员和单位管理”常挂嘴边,但实际上并未落到实处。

从业人员管理方面,持交通运输部门造价资格证上岗执业的制度迟迟未能得到落实,从业人员年检、继续教育基本也未开展,少数尝试性开展的省份,其培训内容、方式、课时、考核也尚处于探索阶段,还未形成规范的制度和体系;人员信用管理方面,缺乏对信誉客观、量化的评价体系和对失信行为的惩处措施;对造价从业单位(咨询单位)的管理手段更是缺失,无论对于资格准入、执业监督还是信誉管理,目前都没有介入的渠道。香港的工料测量师(与造价从业人员职责相似)行业自律机制主要是通过香港测量学会工料测量师分会来实现的,学会通过严格控制执业资格,制定学会成员的职业道德规范,通过“黑名单”制度来淘汰不合格的专业人员,实现了工料测量师的自我约束和自律机制。借鉴香港的经验,应重视对公路工程造价从业人员的管理,提高从业人员的素质、规范其行为,确保从业人员水平。

从业人员信用管理的要点是建立从业人员基本信息数据库,采集并存储从业人员基本信息、从业经历、信用等级评定等数据;建立从业单位基本信息数据库,采集并存储从业单位基本信息、参与项目介绍、信用等级,并提供开放式的查询服务,可以为项目建设单位选择合适的造价咨询单位,为造价人员执业良性循环提供数据支持。

(6)大数据实现基于各方需求的数据挖掘分析

大数据时代,大量的数据蕴藏着的信息都具有分析价值,综合查询分析系统的强大之处在于它可以进行全方位、全过程的造价数据分析比对,对历史造价信息进行充分的挖掘,达到对工程造价实现更好的监管的目的。利用信息技术可以实现公路工程项目造价海量数据的汇总,按纵向、横向、交叉对比方式进行造价分析,实现各项目、项目间、各合同段、合同段间的造价数据对比、显示,筛选可利用数据,能够快速、便捷地满足公路工程各方参与者的决策需求。

(7)大数据助力公路承包业务发展

公路承包业务中如何有效地利用大数据处理技术,快速精确地支撑营销和市场决策,可成为公路承包业务寻找新的业务增长点和突破点的关键。公路承包业务的大数据应用主要从以下几个方面考虑：

①分析新老客户在消费行为方面存在的差异。通过大数据挖掘客户工程业务发包的频次和品类的结构变化、价格变化的特点与趋势、价格敏感度等，可分析业务开展的年份，将工程业务发包的次数、频次、工程类别和工程金额等信息列表展示，可以采取报表数据查询、多维分析查询等措施寻求到有价值的信息，获得消费行为特点与差异，运用于公司业务方案的制订，服务公司高层的战略制订。

②销售潜力和工程业务资源利用分析。不同工程业务市场需求周期长短不一，但是业务数量特点可在刚刚开始投入服务的前几周就能看出趋势与潜力。例如利用各类工程业务在第一周、第二周及第三周销售量数据的变化情况以及各类工程业务资源投入产出效率的分析，能较好地把握销售机会以及合理控制业务规模。通过业务相关资源的数据分析，可得到各类工程业务的投入时间与其所得到的毛利的关系，进一步得到经营过程中的资源利用效率。

③承包人行为分析。对投标单位每次的中标记录进行分析，能够得到承包单位在限定时间内承包业务的所有记录，从而得出该承包人所有完工项目的类型、规模、中标下浮率、涉及重大变更的项目数量及变更金额等行为信息，形成承包人信用体系，减少公路项目招投标过程中信息不对等的现状，促进公路建设市场竞争体系健康发展。

2　公路工程造价管理参与者的造价管理需求分析

公路工程造价管理是一项综合性管理工作，存在于公路建设的各个阶段中，其整个过程中参与者众多，涉及多方利益，具有多主体、全方位、多环节、多层次的特点。本章以各方参与者在造价管理框架中的定位及其职责为基础，分析各方参与者在公路工程造价管理过程中对造价数据的需求。

2.1　公路造价管理参与者

公路工程造价管理的特点之一就是数据量特别庞大，长期以来存在造价文件标准化、信息化程度低，数据口径不一致，数据存储分散等问题，大量具有潜在价值的数据无法通过数据挖掘、数据分析等技术转化成生产力。近十几年来 IT 技术的快速发展，标志着信息化进入了新时期，将 IT 技术充分应用于造价管理，实现从经验主义到"数据说话、数据分析、数据决策"的管理方式。

海量公路工程造价数据的汇集和公开，将给公路工程造价各方参与者带来一系列积极的变革，包括：提高全过程各环节造价管理的规范化、高效化、透明化程度；促进廉洁政府建设，保证社会大多数公民的利益；建立完整、有序、高效、公平、透明的市场秩序，消除"黑幕"；鼓励更优化的设计方案，更经济的施工方案，更高效的技术手段，更优秀的管理团队参与公路工程建设；实现历史数据的充分利用；建立健全行业标准、项目的标准化数据库；实现各部门数据共享，促进参与造价管理的政府部门合作，简化办事流程，提高管理效率。

公路造价管理利益相关者包括：用路人或纳税人；居民等沿线资产所有者；交通运输管理部门、发展改革部门、财政部门、审计部门、纪检监察部门等政府部门；出资人；项目建设单位（政府投资项目），建设单位，总承包单位，勘察设计、施工、监理、咨询等单位，我国公路工程造价参与主体及其造价管理职责如表 2-1 所示，其关键利益如表 2-2所示。

我国公路工程造价参与主体及其造价管理职责　　表 2-1

参与主体		参与管理阶段及其对应阶段职责
政府部门	发展改革部门	项目建议书、可行性研究阶段：备案、核准企业投资项目（除技术改造项目外）的投资估算，以及审批政府投资项目项目建议书、可行性研究报告的投资估算
		初步设计阶段：审查审批设计概算

续上表

参与主体		参与管理阶段及其对应阶段职责
政府部门	财政部门	审核财政性资金投资项目工程概算(参与),审核财政性资金投资公路项目工程预算、结算和竣工财务决算,监管公路工程建设项目(财政投资项目)的资金使用
	审计部门	初步设计阶段:概算审计
		施工图设计阶段:预算
		竣工阶段:决算
	交通运输主管部门	可行性研究阶段:提出投资估算的行业审查意见
		设计阶段:审查批准设计概算、修正概算;审查批准施工图预算(部分地方的设计概算由发展改革部门审查审批)
		招标阶段:核备招标控制价
		施工阶段:监督施工过程的造价管理,监督检查造价台账,审批重(较)大设计变更
		竣(交)工阶段:核备工程竣工决算
	纪检监察部门	建设项目各阶段:廉政监督
建设单位	项目建设单位/投资商	可行性研究阶段:组织编制项目建议书和可行性研究报告投资估算
		设计阶段:组织编制项目概算,修正概算;组织编制施工图预算
		项目招标阶段:组织编制招标文件,工程量清单及其预算文件,确定标底或招标控制价
		施工阶段:组织计量支付,组织重较大工程变更概算预算编制、申报,批复合同及一般变更工程费用
		竣(交)工阶段:办理合同结算,组织编制竣工决算,办理合同支付款
交通建设服务提供者	施工单位	招投标阶段:组织编制投标文件(含投标价)
		施工阶段:编制造价台账、变更费用文件、计量支付报表文件等
		竣(交)工阶段:编制合同结算文件,协助项目建设单位编制竣工决算文件
	监理单位	施工阶段:按合同约定做好计量支付报表、造价台账、工程变更等造价文件的审核及确认
		竣(交)工阶段:检查工程量,审核合同结算,协助编制竣工决算
	勘察设计单位	设计阶段:编制设计概算修正概算、施工图预算
		招投标阶段:按合同约定,编制招标标底或清单预算
		施工阶段:编制重(较)大设计变更概算、预算
	咨询单位	建设项目各阶段:根据委托单位要求可提供公路建设项目各阶段的造价技术咨询服务
专业造价管理机构	各级(部属、省级、地市级)专业造价管理机构	建设项目各阶段:承担(或者受委托承担)全过程造价监督管理的事务性工作,承担全过程不同阶段的造价专业审查审核工作,搭建全过程造价管理信息平台,发布造价信息,为行业部门进行科学决策提供造价技术支撑
社会公众	用路人/纳税人	建设项目各阶段:不直接参与公路工程造价管理,而是利用公开的信息渠道监督公路建设项目资金的使用是否合理,促进廉政建设和社会公平

公路工程建设参与者及其关键利益 表 2-2

公路工程造价参与者	关键利益
发展改革部门	关心项目社会效益，关心项目对社会运行成本、社会公平和人民生活幸福指数的影响，对经济社会发展的拉动；关心项目资金需求的合理性，政府出资比例，对项目投资进行总体控制
财政部门	关心项目的资金需求规模、申请拨款额度和财政拨款使用的合理性
审计部门	关心项目资金使用是否合法、合规
交通运输主管部门	关心项目对缓解交通拥堵、承担通行能力的效果，所花费的总费用和项目质量安全进度，期望花较少的钱修更多的路
纪检监察部门	关心项目全过程是否存在贪污腐败现象
项目建设单位/投资商	作为企业，关心承包价高低，工程总投资是否合适；工期、质量、建设管理是否顺利；交竣工验收是否能通过
施工单位	作为企业，关心自身经济利益，是否可以中标；承包费用高低；工程实际成本多少；盈利多少
监理、勘察设计、咨询单位	作为企业，关心自身经济利益，技术服务费用高低，承担的合同义务是否公平合理
各级（部属，省级，地市级）造价管理机构	关心各个阶段工程造价确定是否符合计价标准；过程中的造价编制是否规范；总投资控制是否合法、合规、合理
用路人/纳税人	关心道路通行费的高低和财政支出的合理性

由于参与者众多且参与者之间的关系交互复杂（图 2-1），每个参与者只参与部分数据处理过程，缺乏全过程的数据管理者，从数据化管理的角度，各级专业造价管理机构应承担起数据整合和信息平台建设的任务。本章分别从政府部门（发展改革、财政、审计、交通），建设单位（出资人、项目管理者），交通建设服务提供者（勘察设计、施工、监理、咨询单位），社会公众（用路人或纳税人、居民等沿线资产所有者）和专业造价管理机构等不同角度基于各方参与者需求讨论其在大数据时代下的造价管理需求，并讨论从需求出发，大数据时代的到来为各参与者提供了哪些契机。

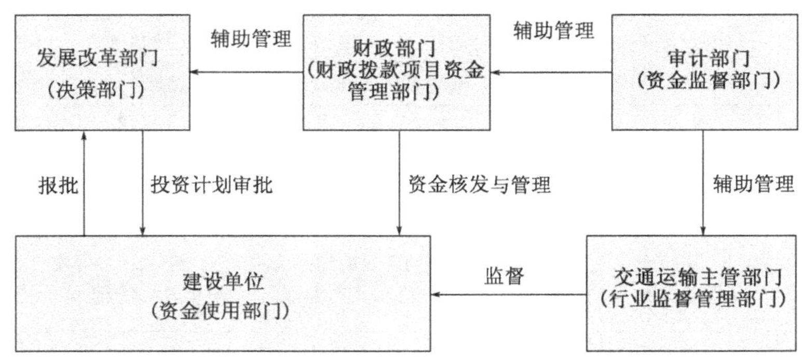

图 2-1 公路造价管理政府参与者及关系

2.2 政府部门及其造价管理需求

公路建设属于公益性基础设施项目，具有投资大、建设周期长、回报率不高等特点，这决定了政府投资是公路工程建设项目融资的最主要方式。对于公路建设项目，政府部门首要考虑的是公路建成后的社会效益，政府部门希望用最少的财政资金修出质量最好、社会效益最大的公路。公路工程造价控制，就是在项目决策阶段、设计阶段、实施阶段、竣(交)工阶段等各个阶段，依法依规按程序，把公路建设项目的造价控制在批准的限额范围之内，随时纠正发生的偏差，以保证项目管理的顺利实现，力求在建设项目中合理使用人力、物力、财力，取得好的投资效益和社会效益。然而，近年来在公路建设中决算超预算、预算超概算、概算超估算的“三超”现象仍较普遍，公路建设项目投资失控，资金缺口较大。如何才能有效地进行造价控制和管理呢？下面我们对参与公路工程造价管理的各个政府部门的造价管理现状及存在问题进行分析，尝试去分析大数据将为政府部门管理公路工程造价带来怎样的改变。我国政府部门在公路工程建设项目中造价管理角色分析列表见表 2-3。

我国政府部门在公路工程建设项目中造价管理角色分析列表(各地不尽相同)　表 2-3

<table>
<tr><th colspan="2">项目阶段</th><th>参与主体</th><th>阶段成果</th><th>审批(核准)部门</th></tr>
<tr><td rowspan="2">可行性研究</td><td>国家重点公路</td><td>省交通运输主管部门(含委托的造价管理机构)、咨询单位、省发改委(含委托的咨询机构)、交通运输部</td><td>工可
(估算)</td><td>国家发展改革委</td></tr>
<tr><td>一般公路</td><td>设计咨询单位、地方交通运输主管部门(含委托的造价管理机构)</td><td>工可
(估算)</td><td>地方发展改革委</td></tr>
<tr><td rowspan="2">初步设计</td><td>国家重点公路</td><td>项目建设单位、勘察设计单位、省交通运输主管部门(含委托的造价管理机构)、咨询单位</td><td>设计文件
(概算)</td><td>交通运输部</td></tr>
<tr><td>一般公路</td><td>项目建设单位、勘察设计单位、地方交通运输主管部门(含委托的造价管理机构)、咨询单位</td><td>设计文件
(概算)</td><td>地方交通运输主管部门</td></tr>
<tr><td>施工图设计</td><td>所有公路</td><td>项目建设单位、勘察设计单位、各级交通运输主管部门(含委托的造价管理机构)，咨询单位</td><td>设计文件
(预算)</td><td>交通运输部或地方交通运输主管部门</td></tr>
<tr><td rowspan="2">招标</td><td>国家重点公路</td><td>项目建设单位、投标单位、评标委员会等</td><td>中标价</td><td>省交通运输主管部门执行，交通运输部监督</td></tr>
<tr><td>一般公路</td><td>项目建设单位、投标单位、评标委员会等</td><td>中标价</td><td>地方交通运输主管部门</td></tr>
<tr><td rowspan="3">施工</td><td rowspan="3">所有公路</td><td rowspan="3">项目建设单位、施工单位、监理、勘察设计单位、地方交通运输主管部门(含委托的造价管理机构)、财政部门</td><td rowspan="3">结算、
变更费用</td><td>项目建设单位(一般变更)</td></tr>
<tr><td>地方交通运输主管部门(较大变更)</td></tr>
<tr><td>交通运输部、省级交通主管部门(重大变更)</td></tr>
</table>

续上表

项目阶段		参与主体	阶段成果	审批(核准)部门
竣工	国家重点公路	项目建设单位、省交通运输主管部门(含委托的造价管理机构)、审计部门、财政部门等	决算	交通运输部(含其委托的省级交通主管部门)
	一般公路	项目建设单位、地方交通运输主管部门(含委托的造价管理机构)、审计部门、财政部门等	决算	地方交通运输主管部门

注:可行性研究阶段前一般有项目建议书(预可)阶段,参与主体与可行性研究阶段相似。

2.2.1 发展改革部门造价管理需求分析

发展和改革委员会简称发展改革委,分为国家发展改革委和地方发展改革委,国家发展改革委与地方发展改革委是业务指导的上下级关系。国家发展改革委是国务院下设的职能机构,归国务院领导,是综合研究拟订经济和社会发展政策,进行总量平衡,指导总体经济体制改革的宏观调控部门;地方发展改革委是各地方政府下设的职能机构,归各地方政府领导,是研究本地经济社会发展政策,进行省内宏观调控,综合协调经济与社会发展的部门。

在公路建设方面,发展改革委扮演着对项目投资进行总体决策的角色,考虑的是国民经济社会的协调发展、生产力的合理布局,关注项目的投资规模和投资结构,关心资源的合理分配。发展改革委主要负责公路建设项目投资的审核、批复,审查公路建设项目资金需求、概算控制情况以及项目建设是否符合基本程序等方面,其中对于国家重大项目(投资超过5000万元),省级发展改革部门负责审核本省内由交通运输主管部门提交的公路建设项目投资计划,并将审核结果上报交通运输部,并由交通运输部上报国家发展改革委,执行最终审核程序,并批复;对于一般项目(投资小于5000万元)而言,省级发展改革部门负责审核本省内由交通运输主管部门提交的公路建设项目投资计划,并执行最终批复。对于企业投资而不使用国家资金的公路建设项目,由发展改革委直接备案、核准。

发展改革委主要是对项目的投资估算进行审查审批。投资估算是指根据规划在项目建议书阶段和可行性研究阶段对拟建项目所需投资的预估算,是立项和决策的重要依据,是控制概算或预算的一个尺度。在项目建议书阶段,按照有关规定,编制投资估算,经发展改革委审批,作为拟建项目列入国家中长期计划和开展前期工作的控制造价。可行性研究阶段,按照规定编制的投资估算,经发展改革委审批,即为该项目国家计划控制造价。

(1)项目建议书阶段造价管理需求

项目建议书是公路建设项目的一种意向书。是以国民经济和社会发展规划、路网规划和公路五年计划为依据,通过踏勘和调查研究,提出项目建议的技术标准,修建公路的长度(公里)或独立大型桥梁的桥面面积(平方米),并以《公路工程估算指标》(JTG 3821—2018)中的“综合指标”和规定的编制办法,进行投资估算的编制。

故其工作深度不是依靠详细的计算，而是根据粗略的估计。但为了使投资估算尽可能符合客观实际和合理可靠，考虑到公路建设工程受自然条件等客观影响的因素多，所以在勘察过程中应对主要工程多做调查和分析工作，以便与“综合指标”工程量进行对比并作为调整的依据。即运用这项综合指标时，应结合工程的实际情况，进行必要的分析，需要调取尽可能多的同种条件下的历史工程项目造价资料数据。

(2)可行性研究阶段造价管理需求

《可行性研究报告》根据上阶段批准的项目建议书及《公路建设项目可行性研究报告编制办法》的要求编制，是论证项目技术上可行性、经济上合理性的技术文件。对高速公路，要通过必要的测量，对其中的大型桥梁、隧道及路基的不良地质地段，应进行地质勘探并做较深入地调查研究，在调取历史数据的基础上，提出不同的建设方案及其路基工程、路面工程、桥梁工程、涵洞工程、隧道工程、交叉口工程等各分部分项工程的主要设计工程数量和占用土地与拆迁建筑物、建筑数量，按照《公路工程估算指标》(JTG/T 3821—2018)中的“分项指标”和编制办法，分别编制投资估算，同时应进行技术论证和经济评价。投资估算一旦确定，即要确定资金来源，除去中央建设专项资金、省政府安排的财政性资金，其余部分需要还贷解决，根据“贷款修路，收费还贷”的思路，发展改革委批复的资金额将直接影响收费公路收费年限。交通运输部公布的《2016 年全国收费公路统计公报》显示，截至 2016 年底，全国收费公路累计债务余额为 48554.7 亿元。2016 年度，全国收费公路通行费总收入为 4548.5 亿元、总支出为 8691.7 亿元(其中偿还债务本金支出 4750.5 亿元，偿还债务利息支出 2313.3 亿元)、收支缺口为 4143.3 亿元，较 2015 年度增加 956 亿元，增长了 30%，从数据可以看出，我国公路建设项目资金缺口较大，因此，利用大数据手段在公路建设项目前期做好交通量预测和较为准确的投资估算预测显得尤为重要。

为了防止项目建设单位联合设计单位、咨询单位故意高估冒算造价等行为，借鉴英国、美国等发达国家在决策阶段的类似经验，企业按照行业、协会统一规定的工程分项方法和成本编码系统对工程进行分项划分，按照规定的工程量计算规则计算工程量，根据过去累积的工程造价资料、公开出版的刊物及政府、协会发布的造价资料确定工程造价。美国甚至不要求统一的工程量计算规则，依据经验、数据库和相关资料直接进行工程量计算和成本套算。在大数据背景下，我国也应建立公路工程造价数据库，应用数据挖掘技术将待审批的投资估算与其自然条件、建设规模相似的项目的历史造价数据进行比对，达到合理确定投资估算的目的。

2.2.2 交通运输主管部门造价管理需求分析

(1)交通运输行政管理部门职责分析

交通运输部及地方交通运输厅(局、委)作为公路造价管理业务的主管部门，主要职责是为基础设施建设筹措资金，监管资金使用、工程建设、运营维护等情况。我国现在基本建立了中央、省级和地方的三级公路工程造价管理体系，每一级又包括交通主管部门及其所属专业造价管理机构，其中交通主管部门负责行业的宏观监管，其所属专业造价机构负责公路工程造价的日常管理。专业造价机构受同级交通运输主管部门领导，为交通运输主管部门提供决策技术支持；交通运输主管部门以其所属造价机构的技术服务支持，通过审查、监督等行政手段，价格杠杆等经济手段，信息技术、标准规范、数据预测等技术手段，控制和协调各参与方的利益分配，保证基础设施建设的客观性和公正性，实现资源最优配置，维护公路事业健康发展。

我国公路工程造价采取分级管理的原则，国务院交通运输主管部门负责全国公路工程造价行业管理工作，具体的日常管理工作委托相关单位承担。省级和地市级交通运输主管部门分别负责本行政区域内公路工程造价管理工作，具体日常管理工作由省级交通运输主管部门确定相关单位或机构承担。根据交通运输部发布施行的《公路工程造价管理暂行办法》（交通运输部令 2016 年第 67 号），交通运输主管部门的造价管理职责如下：

①交通运输部制定公路工程造价依据（造价依据是指用于编制各阶段造价文件所依据的办法、规则、定额、费用标准、造价指标以及其他相关的计价标准）。省级交通运输主管部门可以根据交通运输部发布的公路工程造价依据，结合本地实际，组织制定补充性造价依据。

②交通运输部对通用性强、技术成熟的建设工艺，编制统一的公路工程定额。省级交通运输主管部门对公路工程定额中缺项的，或者地域性强且技术成熟的建设工艺，可以编制补充性定额规定。

③交通运输主管部门应当及时组织造价依据的编制和修订工作，促进造价依据与公路技术进步相适应。

④交通运输主管部门应当按照职责权限加强对公路工程造价活动的监督检查。公路工程造价监督检查主要包括以下内容：

a. 相关单位对公路工程造价管理法律、法规、规章、制度以及公路工程造价依据的执行情况。

b. 各阶段造价文件编制、审查、审批、备案以及对批复意见的落实情况。

c. 建设单位工程造价管理台账和计量支付制度的建立与执行、造价全过程管理与控制情况。

d. 设计变更原因及费用变更情况。

e. 建设单位对项目造价信息的收集、分析及报送情况。

f. 从事公路工程造价活动的单位和人员的信用情况。

g. 其他相关事项。

⑤省级以上交通运输主管部门组织对从事公路工程造价活动的人员和造价咨询企业的信用情况进行监管，纳入统一的公路建设市场监管体系。

⑥交通运输主管部门应当按照国家有关规定，及时公开公路工程造价相关信息，并接受社会监督。交通运输部建立公路工程造价信息化标准体系，建立部级公路工程造价信息平台。省级交通运输主管部门建立省级公路工程造价信息平台，并与部级公路工程造价信息平台实现互联互通和信息共享。公路工程造价信息公开应当严格审核，遵守信息安全管理规定，不得侵犯相关单位和个人的合法权益。

⑦交通运输主管部门应当对公路工程造价信息及公路工程建设项目造价执行情

况进行动态跟踪、分析评估，为造价依据调整和造价监督提供支撑。

⑧交通运输主管部门应当将监督检查活动中发现的问题及时向相关单位和人员通报，责令其限期整改。监督检查结果应当纳入公路建设市场监管体系。

基于以上分析，交通运输主管部门在造价管理中的职责可分为以下几个方面：

a. 建立从地方法规、行业规范性管理文件到各类造价管理技术标准的制度体系。

b. 负责政府投资公路项目部分阶段的造价审批。

c. 负责行业造价监管，开展造价监督检查，维护公平、公正、公开的市场环境。

d. 发布区域范围内公路工程造价依据及造价信息公开。

e. 对下级交通运输主管部门进行业务指导。

(2)交通行政管理部门造价管理需求

从交通运输主管部门的造价职责分析可以看出，作为宏观调控部门，交通运输主管部门最需要的是及时、清晰地了解政府投资公路项目的工程造价情况。如不同等级公路每公里造价、占投资比重较大的大型工程投资控制情况、市场工料机价格波动情况、从业人员情况及单位信用情况。交通运输主管部门主要有以下几个方面的数据需求：

①造价文件审批需求。交通运输主管部门需要对国家重点公路工程项目的投资估算进行行业审查以及对设计概算、施工图预算等造价文件进行审批。与相同自然条件的公路项目的历史造价数据进行对比，可为审批投资规模、确定项目投资额提供分析参考意见，从源头上控制造价，这就需要在国家层面上建立分区域、分公路等级的造价指标体系，并建立相应的数据库，并以此为基础实现造价指标体系的快速更新。

②公路工程造价市场监督管理的需求。市场监管是指市场监管主体对活动主体及其行为进行限制、约束等直接干预活动的总和。交通运输主管部门作为实施市场监管的主体，需要全面而及时地了解全国各省造价市场情况、从业人员情况等的数据变动情况并分析背后的原因，出台相应政策，确保市场规范、有序、充满活力。建立交通建设服务单位诚信体系，防止恶意竞争、服务质量差等问题的出现，通过将有不道德或是不诚实行为的交通建设服务参与者列入“黑名单”阻止或终止其参与政府项目来规范交通建设单位市场秩序。

③组织发布全国工程造价信息的需求。适应“互联网+”的时代需求，动态化了解全国各省交通建设项目的工、料、机价格情况，搭建全国公路材料价格信息平台，消除各省公路材料价格信息孤岛，对实现共享互换有着重要意义。

④推进造价管理阳光政务的需求。公路建设投资大，为贯彻落实国务院《关于全面推进政务公开工作的意见》精神，以公开为常态、以不公开为例外，推进行政决策公开、执行公开、管理公开、服务公开和结果公开。交通运输主管部门应本着对人民负责的态度，公开工程造价资料，全面推进阳光政务建设。这有利于各单位领导切实担负起主体责任，由“一把手”负总责，分管领导具体抓，一级抓一级，层层抓落实，把推进阳光政务建设落到实处，切实抓紧抓好，抓出成效。

⑤推进“互联网+政府服务”，实现各部门造价信息共享的需求。在公路工程造

价的各个阶段，不同阶段参与管理的政府部门不同，各个阶段的造价数据之间不连贯，形成了“信息孤岛”，目前，普遍存在以下情况：在项目前期，发展改革委作为审批项目投资估算的主体，交通运输主管部门作为审批项目概算、预算的主体，在项目的实施和竣（交）工等中后期并没有发挥出有效的作用，而对竣（交）工期的结算、决算具有（参与）审核、审计职责的财务部门和审计部门，也无法对项目前期的投资审批有所了解和把握。交通运输主管部门作为交通建设工程造价控制的核心，应积极推进“互联网＋政府服务”，搭建造价数据共享平台，强化部门协同联动，打破信息孤岛，一方面，应解决多头管理的问题，规范造价文件的审批流程；另一方面，应实现造价信息互通，有利于各部门有效联动控制造价。

2.3 公路专业造价管理机构及其造价管理需求

2.3.1 公路专业造价管理机构及其职责

公路工程造价管理参与者众多，项目时间跨度大，有些阶段存在多头管理现象，为了更好地进行造价管理，使得造价信息透明、公开，协调各管理部门工作，为各管理部门提供相应造价管理所需依据，化解各参与者之间的利益矛盾冲突，各级专业造价管理机构应运而生，负责对应区域内的造价管理日常工作。我国基本形成了公路工程三级造价专业管理机构的体系，负责公路建设项目造价管理和造价从业人员管理。

（1）交通运输部层面

部公路局承担造价管理职责，其中公路建设项目的造价管理由其职能处室承担，国家重点公路的可行性研究报告投资估算委托部属的专业咨询单位提出行业审查意见，报国家发展改革委审批；国家重点公路的设计概算委托部属或者市场专业咨询单位提出行业审查意见，由部公路局自行审批；行业的造价监管由公路局相关处室承担；造价相关政策法规和定额标准的制定，委托直属事业单位——交通运输部路网监测与应急处置中心承担或者委托具有相应实力的地方造价管理机构、专业单位承担；造价从业人员管理由交通运输部职业资格中心承担。其中，交通运输部路网监测与应急处置中心受托承担全国公路工程造价的日常管理工作。主要职责大致如下：

①交通运输部路网监测与应急处置中心受部委托负责收集、储存、分析已完工程造价资料，建立公路工程造价数据库，搭建全国公路造价管理信息系统工程平台，并做好与各省公路造价管理信息系统平台的衔接工作。

②交通运输部职业资格中心负责公路工程造价从业人员资格管理和执业管理工作。

（2）省级层面

设立省公路造价管理机构，其性质一般为交通行政主管部门直属部门，代政府行业主管部门行使造价管理的日常工作，对属地内的公路工程建设项目进行造价管理，统计各省情况。主要职责大致如下：

①负责全省交通建设工程造价管理，对全省交通建设工程大中型项目的投资估

算、设计概算、施工图预算、竣工决算进行审查，为审批提供依据。

②负责交通建设工程定额管理工作。对交通建设工程定额资料进行收集、研究；对交通建设工程劳动定额进行测定；对新工艺、新技术定额进行测定；编制工程补充定额标准。

③负责省管交通建设项目造价监督检查工作。制定交通建设工程造价监督计划，编制交通建设造价监督检查报告，针对检查落实有关问题，并责成相关单位查找原因，提出整改措施，报交通运输主管部门（部分省的事业单位承担的行政职能改革后，造价监督职能由省级交通运输主管部门承担）。

④负责全省交通建设工程造价人员的培训工作；参与省内本行业优秀勘察、优秀设计的评审工作；对申报国家（部）级优秀勘察、设计项目的造价情况提出评定意见。

⑤负责本省交通建设工程造价纠纷的调解工作；接受法院等司法部门的委托，对交通建设工程造价纠纷提供鉴定意见。

⑥负责本省交通建设造价信息发布工作。为本省交通建设工程造价、定额提供信息、咨询等服务工作；负责交通建设工程材料价格的发布和定额解释工作。

⑦参与本省交通建设项目招投标工作，对交通建设项目的施工图预算进行审查，为建设单位和评标委员会确定控制价和标底提供决策依据。

⑧承办省交通运输主管部门交办的其他工作。

（3）地方层面

地方交通造价专业机构不同于前两级造价管理机构，地方交通造价专业机构的工作重心是公路建设项目造价管理的具体工作，如组织或参与审查本地区农村公路、干线公路建设的估算、概算文件，负责造价信息采集和整理发布等，经统计各地情况，主要职责如下：

①贯彻执行国家和省有关基本建设方针、政策、法规以及省交通运输主管部门、省级交通造价管理机构有关工程造价管理的规定，依法对区域内交通建设工程项目造价进行管理。

②负责对同级立项交通建设项目的投资估算、设计概算、施工图预算、工程结算、竣工决算等文件的审查工作，并提出审查意见，为交通运输主管部门提供决策依据。

③负责对本区域管辖交通建设项目进行全过程的造价监督检查工作，实行动态造价管理。

④参与管辖范围内交通建设项目的招投标管理工作，进行招标标底审查，监督检查中标价的合理性，并收集整理招投标资料，建立招投标资料造价信息库。

⑤负责管辖范围内交通建设项目造价纠纷的调解工作，对司法机关委托的交通运输工程造价纠纷提供鉴定意见。

⑥定期检查、整理全区域内的造价从业人员、交通建设材料价格信息采集人员的基本信息，收集整理已完工工程的造价资料，建立公路建设工程造价数据信息库，向省级交通造价管理机构提供公路、水运工程有关补充定额的基础资料和数据。

⑦承担省级交通造价管理机构委托的造价审核和管理工作。协助省级造价管理机构做好工程造价咨询机构和从业人员执业资格管理工作。

2.3.2 大数据时代公路专业造价管理机构需求及发展契机

(1)部属公路造价管理机构需求及发展

部属公路造价管理机构作为全国公路工程日常造价管理的执行者,是公路工程造价管理体系的核心,主要从宏观上做好管理体系的顶层设计。此外,要利用资源满足造价管理其他参与者的合理需求,例如:为交通运输主管部门、发展改革部门提供精准的决策依据,为社会公众提供动态化材料价格信息数据和历史造价数据。充分利用互联网,使政府管理与互联网深度融合,充分利用大数据,使政府管理实现从微观事务管理逐步转向宏观政务管理的改变。

从部属公路造价管理机构的职责出发,部属公路造价管理机构的需求分为两个层次:

第一个层次的需求即“互联网+造价管理”需求。即首先对造价各阶段数据采集方式、处理方式组织制订行业标准,然后做好信息化顶层设计和数据接口规范制定工作,会同各省级公路造价管理机构,构建全国互联互通、信息共享的公路工程造价管理信息化平台。例如,构建全国材料价格信息子平台,建立统一的代码标准和材料价格的项目属性,并考虑与市政、房建、水利等行业材料价格对比,与今后的造价大数据要求相融合,使公路工程材料价格信息更贴近市场,更好地为行业造价从业人员和社会公众服务。通过造价管理与互联网的融合,实现政府职能的转变、适应公路建设体制变化和满足造价从业人员业务需求。

第二个层次的需求即“大数据+造价管理”需求。即基于全国造价管理信息化平台,将按统一标准收集的各类造价资料分类存储,建立相应的公路工程项目全过程造价数据库、计价依据数据库、材料价格查询数据库、从业单位与从业人员数据库等。其中,公路工程项目全过程造价数据库主要用于造价数据的挖掘分析,梳理资金使用线索,分析各个阶段资金使用合理性,查找资金使用的问题,既可提高资金使用绩效为以后项目提高参考依据,又可促进廉政建设;计价依据数据库,包括行业颁布和各地方补充的定额标准、造价文件编制办法和工程量计量规则等内容;材料价格查询数据库可实现历史材料价格和实时材料价格及所在地的查询,为造价管理部门和企业、个人提供材料价格信息;从业单位与从业人员数据库,输入企业名称可以查询企业简介、参与过的项目、企业信誉等,输入从业人员姓名,可以查询其工作单位、联系方式、执业资格编号等信息。

(2)省级公路造价管理机构需求及发展

我国各省已基本建立了省级公路造价管理机构,造价管理成效显著。以广东省为例,2016 年累计完成造价审查业务 280 项,其中公路业务 249 项,水运业务 31 项;审查总金额 5443 亿元,其中公路业务 5113 亿元,水运业务 330 亿元。除此之外,造价管理机构还为企业、社会公众提供造价信息服务,例如广东省建立了全省砂石料场电子地图,帮助施工企业及时、准确地掌握材料场信息,降低工程成本。在造价信息化建设方面,各省也都做了大量工作。有些省通过网络发布查询造价编制办法、定额标准、工料机价格信息,如图 2-2 所示;有些省研发专业软件测算工程定额、编制估算、概算、预算、决算、合同清单等造价文件；有些省开发项目造价管理系统，实施施工过程中造价动态管理；有建立造价信息数据库存储、查询从业人员基本信息、历史项目造价信息的；还有将自己管辖范围的造价业务整合开发综合管理系统并借助互联网实现不同单位、人员之间的信息交互，如图 2-3 所示。综合以上情况，在大数据时代，省级公路造价管理机构的需求主要集中在三个方面：全过程造价管理的需求；更好地服务于公路工程造价相关企业的需求；对大量造价数据进行整合、挖掘分析的需求。

图 2-2　云南省交通工程造价管理机构网页

图 2-3　广东省公路造价管理机构建设的管理系统

①造价一体化管理的需求。公路建设项目，从项目立项到建成运营，要经历项目决策和可行性研究、设计、招投标、施工和交（竣）工等多个前后接续的环节，具有分阶段多次计价的特点，每一阶段的工程造价相互关联但又独立计价，因此应该按照工程项目的过程与活动的组成与分解的规律对项目进行全过程造价管理，实现项目各个阶段的网上报送、审批和存储，实现施工期中的造价监督管理。整个造价管理过程中，用批准投资估算造价控制设计方案的选择和初步设计概算造价，用批准设计概算造价控制技术设计和修正概算造价，用批准设计概算造价或修正概算造价控制施工图设计和预算造价，用批准设计概算和预算造价控制工程决算造价，最终合理控制工

程项目实际总造价。

②对各类数据进行整合的需求。省级公路造价管理机构肩负着计价依据管理、价格信息管理、造价从业人员和从业单位管理的职责，随着数据量的增加和科技的进步，依靠纸质版或者计算机单机存储传统做法已经不能满足需求，因此需要对数据进行整合，建立相应计价依据数据库、价格管理数据库、造价从业人员与从业单位管理数据库，并建立相应的系统实现对各数据库的动态维护、管理和互联互通，还应提供相应的查询功能。

③更好地服务于社会和公众的需求。专业造价管理机构既是行业的管理者，也是行业的服务者——为从业单位、从业者、社会公众提供更好的造价信息服务。帮助从业单位合理利用资源，提高经济效益；指导从业者及时掌握新的职业技能，提升职业素养；为社会公众提供准确的价格信息和技术经济指标信息，提高社会效率。例如：提供材料料场信息及材料价格信息的查询服务，提供从业人员与从业单位信用的查询服务，提供造价依据和造价指标的查询服务，提供标准化的造价编审等信息化的工具软件等。

④对造价数据进行挖掘分析的需求。在过去，因人工无法完成对海量的造价数据和信息的归纳、总结，大量造价数据的潜在价值未被挖掘。在大数据时代，基于建立的各个造价信息数据库，利用大数据技术，对大量历史造价信息进行分析、挖掘，提炼出有参考价值的技术经济指标，既有助于在造价编制和审查过程中充分借鉴、提高工作效率，也有效利用于估算、概算、预算指标和定额标准的修订，还可为不同参与者提供造价数据信息的查询服务。

2.4 公路建设单位及其造价管理需求

建设单位也称为业主单位、项目业主或项目法人，指建设工程项目的投资主体或投资者，同时也是建设项目管理的主体。公路工程建设项目作为公共基础设施项目，有别于一般建筑工程建设项目，其投资主体多为各级政府或其授权的国有资产管理机构，建设单位往往只是项目的管理者。结合我国公路基础设施建设市场现状，交通基础设施建设单位多为经各级人民政府批准成立的国有企业，主要代表政府负责交通建设投融资和政府还贷公路的建设、经营和管理，省级的此类企业总资产多高达百亿元，甚至千亿元，拥有多个分(子)公司，统筹管理多个在建、筹建、已通车运营的公路项目。因此，在造价管理方面，建设单位的造价管控需求分为两个层次：一是基于总公司的层面，围绕着如何对公司所有项目的投资、建设、运营和养护多阶段全过程资金情况进行统筹管理；二是基于单一项目管理层面，如何做好一个公路项目建设全过程的资金管控。

(1)建设单位总体资金管控需求

高速公路建设单位多为集团公司，同时负责多段高速公路的建设投融资和政府还贷高速公路的建设、经营和管理，例如，广东××交通投资建设有限公司，截至2017年初，负责建设、经营和管理的高速公路项目共20多个(段)，总长约2000公里，总投资近3000亿元。其中营运项目4个(段)约270公里,在建项目14个(段)共1600余公里,筹建项目5个(段)约150公里。因此,为避免建设资金短缺、资金周转不灵导致停工,建设单位需要借助信息化技术建立建设管理信息平台,规范资金管理流程,动态化掌握筹建项目投融资情况、建设项目进展及资金情况、运营项目成本及收入情况等,综合统筹资金管理。

(2)单一项目造价管理需求

单一高速公路建设项目多由建设单位下设的项目管理处或项目法人公司具体承担,其资金管控需求集中在如何通过管理手段使公路工程造价处于可控范围内,避免"三超"现象的发生。在立项阶段,一般情况下,建设单位委托具有专业能力的勘察设计单位进行项目投资估算和设计概算的编制,勘测设计单位编制前期投资的造价文件的质量,将会直接影响后期资金的投入和使用,因此,建立交通建设服务者信用体系能够为建设单位选择承包人提供参考。在设计阶段,建设单位应积极与勘察设计单位沟通配合,对设计工作提出合理要求,使勘察设计人员及时掌握有关资料,优化设计方案、减少后期工程变更。招投标阶段,为避免低价恶意中标后期增加工程变更的情况,建设单位需要参考入围施工单位的历史参与项目及完成情况的相关资料。施工过程中,建设单位需要尽量避免重大、较大设计变更,重视计量支付的合同计量工程师的选择,注意收集原材料产地价格信息数据。工程交工验收后,建设单位应及时组织施工单位进行工程结算,依据合同条款,公平、公正地处理合同遗留问题。

2.5 公路建设服务提供者及其造价管理需求

2.5.1 施工单位

施工单位作为公路工程建设项目施工阶段造价控制的主体,其造价管理阶段主要涉及招投标阶段、施工阶段、竣(交)工验收阶段。在项目招投标阶段,施工单位根据项目建设单位给出不同合同段的工程量清单,编制投标报价文件;中标后在合同签订阶段,合同双方应签署工程量清单文件形式的合同价。施工单位作为谋求企业利润最大化的盈利组织,其关心的主要问题是,是否可以中标,中标后盈利的情况如何。

在激烈的市场竞争中,对一般的公路建设项目,投标价格越低中标的可能性才越大,毕竟投标价在评标中占分比例很大,因此,施工单位需要利用各种造价资料去分析对比,支持他们做出最好的决策,这也有助于提升公路建设行业的整体管理水平,促进技术革新和新材料、新工艺的推广应用。

(1)时效性强的工料机价格数据的需求

在公路工程造价的构成中,工料机价格数据是确定公路工程建造成本的基础数据,建设项目所用工料机价格是确定和控制工程造价的基础数据,尤其是材料价格数据。材料费是工程建安费的重要组成部分,一般可占到工程建安费的50%以上,材料费直接影响着工程造价的高低。因此,施工单位需要了解不同地区、不同市场、不同时期材料价格,一方面可以更全面地了解市场报价,衡量自己的报价是否合理,综合考虑料场离施工点的距离，材料报价后做出总材料成本最低的料场选择决策；另一方面，不同时期的材料价格信息使得不同时期有相同特征的公路工程项目的造价比对成为可能。

(2)历史造价数据的需求

就公路工程建设项目而言，不同时期、不同地区的同类工程造价各不相同，不同时期、不同地区的经济发展、物价水平、贷款利率也不一样，但如果剥离这些影响因素，劳动力、机械台班、公路建设用材料等形成工程结构物的实体消耗是有规律可循的，项目造价信息库的建立和公开，可以使具有相似特征项目的横向对比成为可能，施工企业可以通过项目造价信息的横向对比，对造价更低企业的造价资料进行分析，对比自身企业情况，向先进的企业看齐。同时，建立项目造价信息库也可以为施工企业提供行业平均状况信息，可有效避免施工企业为了中标，盲目降低合同报价，中标后偷工减料，想方设法工程变更等情况。建立公开的项目造价信息库，有助于提高施工企业的竞争力和推动公路行业建设市场健康可持续发展。

2.5.2 监理单位

监理单位作为工程建设管理的第三方，是一种比较科学的制度设计，对于加强工程质量和安全监管、提升项目管理水平具有不可或缺的作用。随着公路工程建设市场的变化，投资方式的多元化发展和建设规模的不断攀升，监理制度暴露出了一系列问题，因而，我国公路监理制度仍处于不断的改革和完善中。《公路工程施工监理规范》(JTG G10—2016)将监理机构定义为在项目现场设立的履行监理职责的组织，包括总监理工程办公室(简称“总监办”)及驻地监理工程办公室(简称“驻地办”)，将监理工作定义为对公路施工质量、安全、环保、费用和进度等实施的监督管理及咨询服务。从中可看出，监理定位由“独立的第三方”回归到“集质量、安全、环保、费用、进度于一体的为建设单位服务的咨询性机构”。建设单位和承包人追求的是在保障质量、安全、环保、进度的前提下各自的经济效益的最大化，因此，为了顺应公路工程市场发展，增强自身竞争力，工程监理机构应重视费用管控工作并不断提升费用管控水平。目前，我国监理机构主要在施工阶段和竣(交)工阶段发挥着重要的作用，在工程施工阶段的费用管控方面，监理的任务是监督施工单位合同履行情况，及时核定工程进度款的计量和支付，准确复核变更工程费用，处理好工程费用索赔及工期索赔，并挖掘节约造价的途径等，努力使工程实际造价控制在批准的限额内；在工程竣(交)工阶段，监理的造价管理职责是严格审查施工单位提交的工程结算，在审查过程中如发现错误应及时反馈给施工单位作修改，使完工造价符合合同约定和工程实际。

为合理监督工程实际进展、减少施工中因设计变更而引起的索赔，监理人员必须熟悉公路工程的设计方案、施工方案、技术规范、合同文件等基础性资料，工程的估算、概算、预算、工程量清单、造价台账、工程结算和竣工决算等造价文件中的项目表及甲、乙组文件组成的不规范、设计工程量与清单计价工程量的不对应和清单计价与定额计价的不统一等因素，都会给监理工作带来困难。因此，监理单位对全过程的造价标准化体系有强烈的需求。

2.5.3 勘察设计单位

勘察设计是工程建设的重要环节，勘察设计的好坏不仅影响建设工程的投资效益和质量安全，其技术水平和设计理念对区域经济的发展也会产生重大影响。设计单位应综合分析项目建设条件，结合项目使用功能，注重设计方案的技术经济比选，充分考虑工程质量、施工安全、环保要求，科学确定设计方案，合理计算工程造价。勘察环节，设计单位应确保勘察工作深度，以获得准确的地形地貌地质信息，为设计阶段提供翔实精准的基础数据；设计阶段，设计单位应对其编制的造价文件的真实性和质量负责，应做好工程项目建设前后阶段的造价对比，重点加强对设计概算超批准投资估算、施工图预算超批准设计概算等的预控。在造价管理中，勘察设计单位主要参与了设计阶段和招投标阶段，负责项目概算、预算和招标标底或者招投标控制价的编制，其需求主要围绕如何将技术与经济有机结合在一起，即在满足设计指标的前提下追求方案的经济性。

通过参考与待设计路段所处类似自然地理条件、地质条件、项目功能、项目规模的历史设计方案及相应的造价指标，可避免出现方案设计与造价测算割裂的现象，通过方案的优化来有效控制工程造价，设计出技术先进、经济合理的方案。

2.5.4 工程咨询单位

工程咨询公司是提供工程咨询业务的公司，其职能是运用多学科知识和经验、现代科学技术和管理方法，遵循独立、科学、公正的原则，为政府部门和投资者对经济建设和工程项目的投资决策与实施提供咨询服务，以提高工程项目宏观和微观的经济效益。在信息化高速发展的时代，数据是咨询公司开展业务的基础，数据收集、存储、处理与利用的能力决定了工程咨询公司的竞争力。现如今，工程咨询行业的业务涉及勘测设计、质量安全、造价控制等多个方面。就公路工程造价咨询行业而言，其核心数据是工程量、价格这两个基本要素及其相关的设计方案，相应地，对于数据的需求也集中体现在这三方面数据的存储、分析和利用上。参考欧美国家工程咨询行业先进经验，结合我国工程咨询行业现状，公路工程造价咨询行业对未来数据方面的需求集中在以下两个方面。

(1)历史项目造价数据利用需求

历史造价数据的用途主要体现在两个方面：一方面，这些数据可对后续业务起到一定的指导作用，例如，在可行性研究阶段，可从历史数据库中筛选出与现有项目类似的项目，调取其造价指标数据作为可行性研究报告项目投资估算的依据，得到快速、准确估价的效果；另一方面，通过历史项目造价数据建立公路工程典型设计方案库及工程量信息数据库，并计算出相应造价指标，通过将这些数据有偿提供给有需要的建设管理、勘察设计、施工等单位转化为经济价值。现阶段，我国大多数造价咨询企业未建立历史项目数据库，工程项目所涉及的相关数据还是以纸质版文件的形式或是以软件数据包的形式存储于各个分散的单机电脑上，使后续数据的快速查询和提取难于实现。因此，造价咨询单位应建立属于单位内部的造价信息系统平台和相应数据库,方便数据的存储、调用和分析。

(2)材料价格及调整系数数据需求

造价大数据最基本的构成要素是工程量数据和价格数据。其中,工程量数据可从历史项目造价数据中抽取分离,而价格数据会随市场情况持续波动且与之相应的运距调整系数、物价上涨系数等因素也受不同行政区划的影响,例如,人工、木材、水泥、钢材、土、中砂、碎石、汽油、机械及其相应的运距调整系数。然而,仅依靠专业造价管理结构发布的材料信息价格并不能很好地满足实际使用中的数据需求。因此,造价咨询公司需建立不同原产地、不同时点的材料价格及调整系数的数据库。

2.6 社会公众及其造价管理需求

这里的社会公众指的是用路人或者纳税人,他们是公路建设成本最终的承担者。社会公众不直接参与公路工程造价管理,而是通过行使知情权了解公路投资成本和运营情况,对其个体要承担的筑路成本和运营成本,通过法律、社会舆论等途径进行维权。

(1)行使知情权的需求

交通行业被评为“第四高危行业”,随着公路建设项目的兴起,贪污腐败事件时有发生且涉案金额巨大,社会公众在不知情的情况下为高造价和延期过路费买单。公众有权利了解公路造价管理的各项规章制度、公路建设各阶段的造价数据、公路项目投资情况、相关的运营与管理成本等信息,这样公众才能监督公路工程建设和运营资金的合理、合规、合法性。因此,政府需借助互联网平台将相关资金使用数据有选择地公开,接受社会公众的监督,这对预防公路建设领域贪腐和职业犯罪,打造廉洁交通,降低公路工程成本,建立规范、有序、高效、公平的市场秩序有着重要的意义。

(2)维权的需求

社会公众对于政府投资公路的建设过程或是运营过程中资金使用存在疑问的,需要通过一定的渠道向政府有关部门反应,以求维护其公民合法利益。因此,交通运输主管部门应在互联网等公开平台中公布维权渠道,例如,开设群众信访电子信箱,有关部门应高度重视群众维权意见,将阳光政务落到实处。

3　大数据时代的广东省公路工程造价管理创新

3.1　广东省公路工程造价管理大数据建设情况综述

3.1.1　总体情况

广东省公路建设事业发展迅速，公路建设投资额巨大，其成本的合理与否直接关系到社会公众的切身利益，造价管理作为做好公路投资管控的抓手，省交通运输厅一直以来十分重视。根据1988年原交通部发出的《要求省、自治区、直辖市成立公路工程定额站》的通知，广东省率先设立了行业的专业造价管理机构承担省内公路、水运工程造价管理的具体事务。广东省交通运输工程造价管理站作为广东省交通运输厅技术支撑机构之一，承担全省交通造价管理的具体工作，其主要任务是：承担省管和国家授权省管交通运输工程造价监督和管理工作；承担省管交通运输工程造价的审查工作；承担交通运输工程施工定额和概预算补充规定等计价依据的有关工作；承担全省交通运输工程造价监督和管理业务的指导工作；提供交通运输工程造价信息服务；参与制定省交通运输工程造价管理的法规、规章及规范性文件；承担、参与造价监督管理新技术的研究及推广应用工作；承担全省交通运输行业造价人员从业资格管理工作等。2017年，广东省作为全国四个承担行政职能事业单位改革的试点省份，率先在包括交通行业在内的几个行业开展事业单位去行政职能改革，改革后的广东省交通运输工程造价事务中心的职能为：承担造价监管新技术的研究及推广应用等工作；研究推广应用省级交通运输工程造价定额、标准、规范等；承担交通运输工程造价信息服务；为省管交通建设项目提供造价技术服务。

为积极响应交通运输部提出的公路建设“五化”（人本化、项目管理专业化、工程施工标准化、管理手段信息化、日常管理精细化）的要求，全面推行现代工程管理，顺应时代与技术发展，广东省进行了公路造价管理创新，提出了“全过程一体化造价管理”的理念，并在工程实践中逐步实现完善，标志着全省造价管理改革创新到达了一个新的层面。管理体系所强调的“一体化”，是指专业化、标准化和信息化的三位一体。标准化是基础，专业化是保障，而信息化是手段。只有通过信息化，才能让标准化、专业化通过工具、手段应用于实践。“全过程一体化造价管理”创新过程可分为三个逐步推进的阶段，分别是：“标准化建设阶段”“信息化建设阶段”和“大数据分析利用阶段”，这三个阶段层层递进。其中，标准化是信息化的基础，只有形成了造价要素的技术标准，形成规范的编码规则、编制格式、管理流程，才能真正实现造价管理的信息化;而标准化和信息化作为全过程一体化造价管理的抓手,实现了不同阶段计价依据的衔接,保证了造价数据的连贯性,使得全过程造价一体化管理的实现从技术上成为可能,建立公路工程造价信息可比性的数据库,为开展大量造价信息数据的分析、利用提供可能。

(1)广东省公路工程造价管理标准化建设

标准化是指在经济、技术、科学和管理等社会实践中,对重复性的事物和概念,通过指定、发布和实施标准达到统一,以获得最佳秩序和社会效益的过程。标准化过程可以改进过程、服务、产品的适用性,消除技术壁垒,促进技术合作。建立可依照的标准体系是标准化建设的基础性工作。

结合我国公路工程造价管理发展现状,造价业务内容主要包括:计价依据管理、造价文件的编制与审查管理、造价从业人员(机构)资格资质管理、造价监督管理等。从 2006 年开始,广东省交通运输工程造价管理机构即开展了对公路造价标准体系进行顶层设计,并着力于公路工程造价管理标准体系的建设。为确保标准体系的全面性、系统性和科学性,整个体系依照自上而下的金字塔式体系逐级构建,分别从法规层面、标准层面和规程层面,将公路工程造价管理及数据工作层层细化,最终落到具体的执行层面。在《中华人民共和国公路法》、交通运输部《公路工程造价管理暂行办法》和《广东省建设工程造价管理规定》等相关法律法规设定的框架下,结合公路工程建设项目造价管理的特点及实际需求,广东省重点开展了公路工程造价文件标准格式研究,制定公路工程不同阶段造价文件的编制标准,从技术上实现各阶段造价数据贯通;制定公路工程的工程量指标和经济指标提取格式标准,以实现各类造价指标的及时提取和应用。通过十多年来的持续推进,逐步实现了从公路工程造价技术标准的总领性标准(《公路工程建设项目造价文件管理导则》)、阶段性标准(《公路工程三级清单编制标准》《设计工程量编制标准》等)、重点领域四新技术定额计价标准(《外海桥梁、隧道补充定额标准》等),到计价依据标准、造价管理流程标准和质量评价标准的一体化造价管理标准体系成果。

(2)广东省公路工程造价管理信息化建设

公路工程造价管理标准化建设解决了造价数据贯通的问题,为全面深入地推行这一行之有效的管理体系,契合广东省公路工程造价管理的实际需要、提升管理水平和效率,2010 年 10 月申请立项开发“广东省公路工程造价综合管理系统”,内容涵盖公路工程项目基本信息、造价文件编审、造价监督、计价依据、价格信息、造价人员资质与资格等管理模块和交互平台子系统的开发,以及配套的公路工程设计工程量数据标准化处理软件、估概预算造价文件编审软件、竣工决算文件编审软件、定额标准测算排版软件的研发。利用信息技术,建立起全省公路工程造价监督管理平台、造价事务综合业务平台、造价编制专用软件、省级公路工程造价信息综合数据库,最终实现科学、高效、全过程的广东省公路工程造价信息化管理综合集成系统。基于公路工程管理“五化”的目标,以造价管理标准化建设和信息化建设为抓手,广东省率先实现了公路工程造价全过程一体化管理。

(3)大数据背景下的广东省公路工程造价管理

广东省立足现状,积极探索,利用先进的信息化技术手段,统一造价管理数据标准,规范造价文件编制和审查流程,统一数据存储标准和共享接口,以行业标准、技术规范和质量管理体系为依据、以造价文件编审为主线、以造价动态管理为核心、以全过程造价管理为目标进行造价大数据平台顶层设计,构建了"项目管理系统平台—广东省公路工程造价综合管理系统平台—广东省公路工程建设项目基建管理平台"三级平台管理体系,完成了基于建设项目的基础数据采集与处理、全省造价数据审查与造价行业数据管理、全省交通工程建设行业数据管理与发布的造价大数据体系建设。

3.1.2 大数据建设主要成果

公路工程造价数据在形成完整闭合数据链的过程中,主要存在两方面衔接问题。一方面,公路建设项目从项目立项到建成运营,要经历项目决策和可行性研究阶段、设计阶段、招投标阶段、施工阶段和项目竣(交)工阶段等多个相互关联却独立计价的环节,在每个环节中造价数据在不同处理者之间流转,使得造价数据在生成和处理环节出现程序性断裂。另一方面,我国公路工程建设项目前期采用以定额为核心的计价方式编制估算、概算、预算来预测工程造价;在项目实施中、后期,则采用以工程量清单为核心的市场计价方式进行招投标、确定合同价、计量支付和工程结算,由于工程量清单的市场计价方式是一种综合计价模式,其方法对工程数量统计过于综合,对工程价格的约定过于笼统,不能直接反映各设计图纸中的工程数量明细;加之不同编制主体对工程量、综合单价数据的表达方式、格式、内容量均可能存在差异。因此,无法构成可互通关联的工程量和价格数据链。为解决以上问题,广东省造价大数据建设确定了"一环一链一体系"的数据处理过程,"一环"指从估算到决算的完整闭合全过程造价数据链闭环,"一链"指完成设计—实施—竣工阶段从工程量至造价结果的数据链,"一体系"指造价标准化体系,并将"一环一链一体系"造价数据管理技术与信息化技术紧密结合,开发了"广东省公路工程造价综合管理系统"及其专项配套软件。其各个阶段成果如下:

(1)构建广东省公路工程造价标准体系

实现以技术标准为核心、管理标准和质量标准相配套的全过程一体化造价管理标准化体系。根据全过程一体化造价管理标准体系建设要求,结合完整数据链形成需求,广东省开展了"定额计价体系"与"工程量清单体系"的数据链衔接研究,率先提出了"三级清单"数据链处理模式;开展不同阶段造价文件展示模式研究,制定公路工程不同阶段造价文件编制标准并形成相应编制指南,实现各阶段造价数据贯通;制定管理规程,落实重点环节的造价管理主体责任;制定公路设计工程量指标和经济指标提取标准,实现各类造价指标规范提取和应用;制定质量评价标准,实现造价文件编制和审核质量的定性定量评价。最终,形成了一整套造价管理标准体系。

(2)开发具有现代工程特色的公路工程造价集成管理系统

通过分析不同造价管理参与者对系统平台的需求,结合公路工程造价管理有关法规规定及标准体系成果,按照规范化、模块化的原则,重点开发全省高速公路建设项目造价信息采集子系统,实现了对重点公路建设项目各阶段造价信息的管控;开发公路工程造价文件编审子系统,实现前期、实施期造价数据链的完整和贯通;开发公路建设项目决算编审子系统,实现结算、决算阶段造价数据链的完整和贯通;开发公路造价监督管理子系统,实现公路造价监督管理的实时化和责任细分;开发造价从业人员资格管理子系统,实现对人员资格管理的规范化、可持续;开发公路建筑材料价格采集与定价管理子系统,实现对材料价格采集、分析、定价、发布的准确化、可追溯。

(3)建成集多种类型造价信息为一体的数据库

根据设定的规则,建立起全省高速公路项目从工程投资估算到竣工决算的各阶段造价信息数据库,相应配套分别建立了项目基本信息库、项目联系信息库、项目单位分类信息库、定额标准库、材料信息员信息库、地材料场分布信息库、材料价格信息库、造价从业人员信息库等。各类数据库能系统性地存储、调用、关联,全面规范和统一了广东省公路建设项目的基本情况信息和造价管理相关信息,实现为造价编审、监督管理、信息服务提供准确资讯的目标。

(4)研发各具特色的专业造价管理工具软件

充分利用桌面型单机版工具软件本地化处理批量数据效率高、计算精确、快速导出报表、所见即所得等技术优势,在统一造价数据输入、输出标准的基础上,研发设计工程量数据标准化处理软件、估算概算预算编审软件、工程竣工决算编审软件,自动生成标准格式的清单数据,自动汇总数据,导出不同需求的造价文件报表,以解决手工编制、审查造价文件效率低、易出错等问题,并为各类工具软件设计数据交换接口,便于同广东省公路工程造价综合管理系统进行数据交互。以上造价管理工具软件与以往造价软件相比,一方面,解决了过去造价软件由于软件的自动化程度不高,仍需要手工采集大量的基础资料录入、工程数量手工复核、工作繁重、计算量大、易出错的问题;一方面,解决了过去造价软件仅针对单个公路建设项目的估算、概算、预算进行数据采集和文件编制,编制出的独立成套的软件无法将同一项目各个阶段的价格、造价进行纵向对比,更无法与其他同类型项目的价格、造价进行横向对比,进而无法利用积累的历史项目信息有效地对未来新建项目造价管理起到借鉴和指导作用的问题;此外,还解决了公路工程造价前期阶段与实施阶段、竣(交)工阶段造价数据文件的不连贯和不统一,使得全过程公路工程造价管理难以实现、实际造价难以动态掌握的问题。

(5)强化项目管理系统中造价管理模块

项目建设单位是造价数据处理的第一道经手者,引导项目建设单位在设计、招投标、合同、计量与支付、统计分析、设计变更、工程结算等环节加强信息化建设,并与交通运输行业主管部门和造价专业管理机构采用统一的数据采集标准,保障基础数据采集的准确性和一致性,非常必要。一方面,避免重复工作;一方面,保证了造价基础数据的准确性和真实性;另一方面,多方数据资源共享,实现双赢。

3.2 基础数据的采集及处理——结构化造价数据处理方法

造价数据与传统意义上的大数据相比,其区别主要体现在三个方面。一是造价大数据的准确性。造价数据反映工程成本，不同于反映趋势的传统大数据，造价大数据必须是结合设计图纸、计量支付规则等依据得到的精确数据。二是造价数据的复杂性。不同于传统大数据较为简单的数据关系，造价大数据流转阶段多，数据关系复杂。三是造价数据的组成特殊性。根据造价数据的结构组成，工程量和价格是构成造价数据的两个基本要素，但随之衍生出与造价基础数据密切相关的技术标准、工程规模等数据。

综合以上特征，造价数据采集与处理要解决的首要问题是如何衔接好多个阶段的造价数据。要解决这一问题，数据的采集与处理要按照一定的技术标准来进行。通过预先设定工程量采集标准、各阶段数据采集及呈递格式可使造价数据以结构化形式呈递，因此，标准化的数据衔接处理技术、标准化的工程量采集方法、标准化的各阶段造价数据呈递方式是造价基础数据采集及处理的研究重点。

3.2.1 造价管理标准体系构建

基于造价数据不同阶段在各方造价管理参与者之间流转的实际情况，从全过程造价管理的需求出发，以标准化的数据衔接处理技术、标准化的工程量采集方法、标准化的各阶段造价数据呈递方式为核心，广东省开展了“法规—标准—规范”由上至下的三级层次的造价管理标准体系建设。

(1)法规层面

法规层面包括各级政府规章、行业监督管理规范性的文件等。广东省基于本省实际补充了相应内容，主要包括《广东省建设工程造价管理规定》《广东省交通运输厅关于公路工程造价管理的实施细则》《广东省水运工程造价管理办法》等，如表3-1所示。

公路工程造价管理法规建设情况 表3-1

类　型	上位法规	广东省级层面
法律	《中华人民共和国公路法》	无
政府规章、规范性文件	《公路工程造价管理暂行办法》《公路工程设计变更管理办法》《公路工程施工招投标管理办法》《公路建设市场管理办法》《公路建设监督管理办法》	《广东省建设工程造价管理规定》
实施细则	《公路工程造价人员资格认证管理实施细则》	《广东省交通厅关于公路工程设计变更管理的实施细则》《广东省交通运输厅关于公路工程造价管理的实施细则》《广东省水运工程造价管理办法》

(2)标准层面

标准层面包括计价依据标准和工作评价标准两方面内容，主要包括造价文件编制导则、补充规定、补充定额、造价文件编制指南等标准性文件。

①计价依据标准

a.定额标准建设。广东省对部颁公路工程造价定额体系进行完善，在交通运输部颁布定额标准的基础上结合广东省实际情况，补充制定了《广东省公路工程预算补充定额》《广东省高速公路沿线绿化工程费用指标》《气泡混合轻质土填筑工程补充定额》《路面工程沥青混合料拌和补充定额》《广东省公路小修保养概算定额》《广东省公路养护工程预算定额》《广东省公路养护工程预算补充定额》《广东省农村公路日常养护定额(试行)》等,如表3-2所示。通过定额标准化建设使定额项目更加全面,能够覆盖各类工程结构类型和施工工艺、施工技术,更符合工程实际和管理需要,造价文件审核的依据性更强,方便造价从业人员对于估算、概算、预算文件的编制。

公路工程造价管理计价依据管理情况 表3-2

公　路	国家统一定额	广东省补充定额
建设工程	《公路工程估算指标》(JTG/T 3821—2018)、《公路工程概算定额》(JTG/T 3831—2018)、《公路工程预算定额》(JTG/T 3832—2018)、《公路工程机械台班费用定额》(JTG/T 3833—2018)、《公路工程施工定额》	《广东省公路工程预算补充定额》 《广东省高速公路沿线绿化工程费用指标》 《气泡混合轻质土填筑工程补充定额》 《路面工程沥青混合料拌和补充定额》 《广东省公路工程施工定额》 《广东省公路小修保养概算定额》
养护工程	无	《广东省公路养护工程预算定额》 《广东省公路养护工程预算补充定额》 《广东省农村公路日常养护定额(试行)》

b.造价文件编制方法标准化建设。造价文件编制办法是编制各阶段造价文件的依据,它规定了公路工程各阶段造价的基本组成、计算方法和计价标准。广东省在部颁造价文件编制办法的基础上,编制了交通运输部行业标准《公路工程建设项目造价文件管理导则》(JTG 3810—2017),并结合地方实际情况和公路工程特点补充了《广东省执行交通运输部〈公路工程基本建设项目投资估算编制办法〉(JTG M20—2011)补充规定》《广东省执行交通运输部〈公路基本建设工程概算预算编制办法〉的补充规定》《广东省执行交通运输部〈公路工程标准施工招标文件范本(2009年版)的补充规定》《广东省高速公路建设标准化管理指南(试行)(工程造价标准化管理)》《广东省公路养护工程预算编制办法》及其配套定额、《广东省交通建设项目主要建筑材料价差调整指导性意见》《广东省航道养护工程预算编制办法及预算定额》《广东省农村公路养护工程招标文件范本》《广东省公路工程施工图设计文件工程数量总表(标准格式)编制指南》等具体作业指导性标准,构建起较完善的公路工程造价文件编制办法标准体系,如表3-3所示。

公路工程造价管理造价文件编制方法标准化情况 表3-3

阶　段	国家统一标准	广东省补充标准	广东省作业指导性标准
可行性研究阶段(估算)	《公路工程基本建设项目投资估算编制办法》(JTG M20—2011)	《广东省执行交通运输部〈公路工程基本建设项目投资估算编制办法〉(JTG M20—2011)补充规定》	《公路工程建设项目估算、概(预)算管理指南》
设计阶段(概预算)	《公路工程基本建设项目概算预算编制办法》(JTG B06—2006)	《广东省执行交通运输部〈公路基本建设工程概算预算编制办法〉的补充规定》《广东省航道养护工程预算编制办法及预算定额》	《广东省公路工程施工图设计文件工程数量总表(标准格式)编制指南》

续上表

阶　段	国家统一标准	广东省补充标准	广东省作业指导性标准
招投标阶段	《公路工程标准施工招标文件范本》	《广东省执行交通运输部〈公路工程标准施工招标文件范本(2009 年版)的补充规定》《广东省农村公路养护工程招标文件范本》	《广东省公路工程施工招标清单预算管理规程》
施工阶段	无	无	《广东省公路工程施工图设计变更预算管理指南》
竣(交)阶段	《公路建设项目工程决算编制办法》《交通基本建设项目竣工决算报告编制办法》	无	《广东省公路工程竣工决算管理指南》
养护阶段	《公路养护工程预算编制导则》	《广东省公路养护工程预算编制办法》及其配套定额	无
综合管理	《公路工程建设项目造价文件管理导则》(JTG 3810—2017)	《广东省高速公路建设标准化管理指南(试行)(工程造价标准化管理)》	《广东省公路工程材料价格信息管理规程》
其他	《关于转发广东省交通厅关于交通建设项目主要材料价差调整指导性意见的通知》	《广东省交通建设项目主要建筑材料价差调整指导性意见(系列文件)》	无

②工作评价标准

评价标准的目的是引导造价从业单位和人员向高素质、高质量、高效率方向发展,推进造价优质资源的合理发展和应用。目前国家层面尚未出台相关标准,广东省在工作评价标准方面规划的工作主要包括广东省公路建设造价评估标准、广东省高速公路运营期成本评估标准、广东省公路造价信息服务标准、广东省造价文件编审质量评分标准等内容。

(3)规程层面

规程层面包括造价各阶段编审管理规程及造价专项技术(管理)指南等。管理规程和技术指南明确了造价管理流程和专项造价业务编制格式、内容,规范了造价管理一些重要的具体环节的做法,落实了管理责任。主要包括《广东省公路工程建设项目估算、概(预)算管理指南》《广东省公路工程施工招标清单预算管理规程》《广东省公路工程施工图设计变更预算管理指南》《广东省公路工程竣工决算管理指南》《广东省公路工程材料价格信息管理规程》《广东省水运工程建设项目造价文件管理规程》等。

3.2.2　造价管理标准体系实践

根据公路工程造价管理标准化体系建设目标,结合工程造价管理现状,广东省重点从统领性标准、全过程数据衔接标准、格式衔接标准、操作与实施标准、质量评价标准五个方面开展了公路工程造价标准体系的实践。

(1)统领标准——造价文件编制导则

根据交通运输部公路局关于做好2012年度公路工程行业标准规范制(修)订项目准备工作的通知要求,以广东省交通运输行业已实施多年的公路工程建设项目全过程造价管理经验为基础,以实现公路造价的规范化、标准化、信息化管理为目标,以各阶段造价文件这一最能反映造价管理成果的载体为研究重点,充分吸收融合全国各省公路工程建设项目造价文件管理的实用成果,着重考虑设计方案比选、全过程投资控制的造价需求,广东省牵头编制了《公路工程建设项目造价文件管理导则》(JTG 3810—2017)(以下简称《导则》)。《导则》作为公路工程造价文件编制的统领性准则,是公路工程造价类标准和制度在制、修订时规范造价文件编制要求的基础性标准。

作为统领性标准,《导则》考虑到造价文件的系统性、全面性、可比性的基本需求和造价大数据建设的发展需求,系统地构建出贯通公路工程建设项目全过程的造价文件框架体系,规范公路工程建设项目自决策至竣工全过程对应不同阶段相对固化的要素费用项目类别及其编码,系统地搭建了各阶段分类清单的框架体系,优化了公路工程建设项目造价费用项目和造价文件报表,以实现不同建设项目之间(包括不同省份之间、不同建设管理模式之间)的横向和同一建设项目不同阶段之间的纵向造价对比。《导则》由总则、术语、公路工程建设项目造价文件体系、公路工程费用项目分类及编码、工程前期阶段的造价文件编制、工程实施阶段的造价文件编制、竣(交)工阶段的造价文件编制共7章及相关5个附录组成。

(2)数据衔接标准

①全过程数据衔接标准——公路工程三级清单编制标准。为了有效解决定额体系与清单体系的衔接问题,广东省于2006—2011年开展了有关定额计价体系和工程量清单计价体系衔接问题的研究,并率先开创了工程量清单与概算预算定额相结合的"三级清单"计价体系,实现两种计价模式的有效对接。其中,三级清单是指分项工程量清单、工程项目清单和工程量清单。工程量清单是指为计量支付方便划分工程内容的一种表达形式,由工程量清单说明、投标报价说明、计日工说明、其他说明、工程量清单表(第100章~第800章等清单子目)、计日工表、暂估价表、投标报价汇总表组成,是投标人根据招标文件约定,对招标工程进行投标报价的依据;工程项目清单是指为体现工程规模和比较设计方案划分工程内容的一种表达形式,并在其间内嵌工程量清单;分项工程量清单是将设计文件工程数量明细(如设计工程量、工程部位、设计图号等)以预算项目节格式为主骨架,并建立与工程量清单子目对应关系的表格,是生成工程量清单和工程项目清单的基础性数据文件,是搭接设计工程量信息与概算、预算、清单计量计价信息的桥梁。广东省通过三级清单的层级管理技术,实现设计预算管理与合同清单管理的无缝对接,消除了一直来存在的概算、预算与招投标阶段的造价数据可比性差的困扰,满足精细化的建设管理(进度、投资)需要和工程计价计量需要。

为更好地将"三级清单"体系推广于应用实践当中,广东省编制了《广东省公路工程三级清单编制标准》,并作为行业规范性文件发布实施。主要内容包括公路工程三级工程量清单编制办法、工程量清单计量与支付规则、工程量清单标准项目库、工程项目清单标准项目库、分项工程量清单标准项目库。该标准用于招标文件、工程量清单的编制以及后期的设计变更、合同变更、工程阶段、竣工决算管理，通过不同工程层次和内容的清单形式，实现设计工程量、概预算项目、工程量清单的数据交换，目的是建立定额计价和清单计价的对接标准。

②工程量数据衔接标准——公路工程施工图设计工程量编制指南。广东省结合公路建设管理需要，为加快推进公路工程设计分项工程量清单(三级)、工程项目清单(二级)、工程量清单(一级)文件工程量编制标准化工作，广东省开展了设计工程数量表标准化及应用软件研发的专题研究工作，在研究成果的基础上发布了《广东省公路工程施工图设计工程量总表(标准格式)编制指南》，供施工图设计阶段规范设计工程量数据。开展设计工程数量标准化建设的最终目的一是确保设计工程量采集的规范性和准确性；二是兼顾信息化建设需要，可将技术人员从人工采取设计工程量的繁重、重复、枯燥的工作中解脱出来，提高效率。该项标准结合现有工程管理习惯并考虑了信息化管理需求，统一了广东省公路工程施工图设计中的工程量汇总表通用格式和工程数量展现方式，并配套研发了专用工具软件，大幅度提升了设计、招标阶段造价文件的编制效率和质量。

(3)格式衔接标准——公路工程造价文件标准化编制指南

为加强公路基本建设工程造价管理，规范公路工程造价文件的编制，提高造价文件编制质量，落实公路工程造价全过程动态管理及标准化、规范化管理的需要，结合近年来交通运输部多项与公路工程造价管理有关的文件的出台，2011年，广东省编制了《广东省高速公路建设标准化管理指南(工程造价标准化管理)》(粤交基〔2011〕158号)，作为部门规范性文件发布实施，该指南用于指导公路建设工程各阶段造价文件的编制和管理。一方面，对估算、概(预)算、招标清单及预算、合同清单、变更费用、工程结算、造价台账、竣工决算等各类造价文件，从文件组成、内容、输出形式上予以规范，形成标准格式；一方面，增加征地拆迁费、材料信息价、勘察设计费、工程监理费等专项费用的编制标准表格，细化了交通运输部相关编制办法的取费项目。

(4)操作与实施标准——公路工程造价文件编审管理规程

在各阶段造价文件管理过程中，设计、咨询单位编制造价文件，项目建设单位、建设管理单位负责审核，造价专业机构负责审查(核备)，编制、审核、审查各环节规范行为，是为了更好地落实各方责任，如设计负编制责任、建设单位负审核责任、造价专业机构负审查(核备)责任，使各方各司其职，管理流程规范化。广东省编制并实施(实操)的管理规程主要有：《公路工程估算概算预算编审管理规程》《公路工程招标清单及预算核备管理规程》《公路工程设计变更预算编审管理规程》《公路工程竣工决算编审管理规程》。各类规程从技术方面，详细地规定了造价文件编制和审核的依据、格式、内容、质量要求；从管理要求方面，明确了各方应负责任，尤其是建设管理单位必须承担起初审或审核责任，文件报送责任，督促设计、咨询单位修编、完善造价文件的责任。此外，对造价专业部门从审查时效、信息公开等方面也提出了明确规定，进行了约束。

(5)质量评价标准——公路工程造价文件编制质量评价标准

建立公路工程造价管理质量评价标准体系有助于提升造价管理水平,合理控制工程造价,有效开展造价从业单位和个人的信用管理。造价文件编制质量是造价管理质量的重要体现,因此,有必要构建公路工程造价文件编制质量评价标准,以考核公路工程造价文件编制的质量高低,落实造价文件编审的主体责任。评价标准应包括造价文件编制的实效性、内容的完整性、格式的准确性和采用计价依据的合理性等方面,其中造价文件的编制格式是否规范是确保编制质量的基础。《广东省高速公路建设标准化管理指南(工程造价标准化管理)》明确给出了造价文件编制质量评分标准的阶段划分、评分办法、评分的程序等要点,表3-4为造价文件编制质量评分标准。此外,为评价建设单位报送综合系统的造价文件质量,广东省还建立了综合系统造价文件文档管理质量评价标准,给出了各阶段文档质量和汇总文档质量的评价方法,表3-5为综合系统造价文件文档管理质量评价汇总表。

造价文件编制质量评分标准 表3-4

序号	评分内容	各行标准分值(分)	扣减分值说明	计算说明或示例
1	漏列行	1	漏列1行减1分	如漏列1座小桥,可根据类似项目,估测漏列行数
2	重列行	0.5	重列1行减0.5分	如有10行重复编列1次,则原10行按正常行评分,重复编列的10行各行标准分值按0.5分计
3	编制深度不够减行	1.0	漏列1行减1.0分	如高边坡没有分级编制,漏列的行数可根据高边坡的级数和高边坡已列出的行数估测,或者按补充规定约定重新编制,并按实计取行数
4	工程量清单数量行	2	数量错误扣2分;子目编号、名称、单位与标准不一致扣减1分;清单数量位置不对减0.5分	适用于有清单的造价文件编制阶段
5	软基、边坡、桥梁、隧道等分部分项工程中预算项目节行	1.5	数量错误减1分;预算项目节编号、名称、单位与标准不一致减0.5分;设计数量位置不对减0.5分	
6	其他分部分项工程中预算项目节的工程量有误	1	数量错误减1分;预算项目节编号、名称、单位与标准不一致减0.5分;设计数量位置不对减0.5分	
7	设计位置、设计图号行	1	错误扣1分	适用于三级清单中分项清单的编制阶段
8	设计细目行	1	设计数量有误扣1分;设计数量位置不对减0.5分	适用于三级清单中分项清单的编制阶段

综合系统造价文件文档管理质量评价汇总表　表 3-5

项目名称					统计时间	
登录账号			联系人		联系电话	
序号	阶段	权重系数	××××年度应完成		××××年度自评	××××年度站核查
			分段数	良好率(%)	良好率(%)	良好率(%)
1	工可估算	0.05	0	100		0
2	设计概算	0.1	0	100		0
3	施工图预算	0.1	0	100		0
4	招标预算	0.25	0	100		0
5	合同签订	0.15	0	100		0
6	设计变更					
7	造价台账	0.1	0	100		0
8	交工文件					
9	竣工决算	0.25	0			
综合评分		1				0
说明:1. 以统计时间前应完成各环节工作量计算的综合评分 = 各分阶段权重系数 × 各阶段应完成分值/分阶段权重系数累加;无相应阶段的权重不纳入计算基数。 2. 各窗口评价标准中对应大项错一般指对应批复文件中具有的估(概、预)算项目节层级,批文中具有独立部分细目是专项工程(如交安、绿化、房建、机电等)。图表文档中的规模性数据误差不大						

3.2.3 造价管理标准体系发展

广东省通过多年探索建立了公路工程造价标准化管理体系,标准体系作为造价数据结构化采集的基础依据,是一个随公路建设发展而不断完善的体系,也是一个与信息化技术融合而不断完善的体系。广东省计划于 2020 年前健全交通运输工程造价管理标准体系,部分标准在交通运输部层面的组织下进行完善,分块、分步进行规划和实施。预计到 2030 年末,广东省将会健全包括广东省水运工程建设项目造价管理规程、广东省造价数据采集及管理标准、广东省公路造价信息服务标准、广东省公路建设造价评估标准、广东省高速公路运营期成本评估标准等在内的广东省公路工程造价标准体系,进一步规范造价管理所需基础数据的采集和分析利用。

3.3 广东省公路工程造价管理大数据平台建设

3.3.1 公路造价管理大数据平台建设综述

国务院办公厅在关于运用大数据加强对市场主体服务和监管的若干意见中明确指出,政府大数据建设的四个目标是:提高大数据运用能力,增强政府服务和监管的有效性;推动简政放权和政府职能转变,促进市场主体依法诚信经营;提高政府服务水平和监管效率,降低服务和监管成本;政府监管和社会监督有机结合,构建全方位的市场监管体系。充分运用大数据的理念、技术和资源,完善对市场主体的全方位服务,加强对市场主体的全生命周期监管。根据服务和监管需要,有序推进政府购买服务,不断降低政府运行成本。通过政府信息公开和数据开放、社会信息资源开放共享,提高市场主体生产经营活动的透明度。有效调动社会力量监督市场主体的积极性,形成全社会广泛参与的市场监管格局。

信息技术在数据采集、传输、存储、更新、查询、调用、关联、组合、计算等方面具有绝对的优势,在标准化体系建设的基础上,对公路工程造价管理进行信息化建设,有助于将标准化建设落到实处,实现以数据为主线的全过程造价管理,这也是造价管理的现代专业化发展需要。近年来,我国各级造价管理机构陆续建设各种类似"造价数据库""造价信息管理系统",但由于各地区、各行业的业务范围权限、需求深度、对信息化管理的力度、项目的出发点不同,最终建设的"造价数据库系统"亦存在较大差异,但普遍存在概算预算与工程结算决算造价数据脱节等典型问题。在实施以标准化、信息化技术为基础的全过程一体化公路工程造价管理之前,广东省交通造价管理机构的工程造价审核、审查工作,主要采用手工方式和单机软件,工作量大、过程复杂、效率低,各造价软件互不兼容,数据资源难以共享,工程概算、预算、结算未能准确对比,对造价数据缺少深入分析,未形成具有指导作用的技术经济指标,经济分析及评价工作未能有效开展起来,造价工作程序化、规范化、动态化管理程度较低。工程造价管理信息化的应用还只仅停留在单机版工具软件应用的层面,对于更高层次的造价数据监控、审查、分析、共享、互联等业务,现有的造价规矩软件无法满足使用需要。

为解决以上问题,进一步完善造价数据管理体系,广东省在造价管理标准体系、造价信息化建设的基础上,结合造价数据处理多次计价、层层审批的流转需求,进行了造价数据管理的顶层设计工作,形成了从省交通运输厅交通基本建设工程建设项目综合管理平台,到省交通运输工程造价管理机构的公路工程造价综合管理系统平台,再到公路建设单位的项目管理系统平台的三级造价大数据平台体系。其中,项目管理平台(HCS)负责建设项目造价基础数据的采集、处理、应用,为最底层;公路工程造价综合管理系统平台统筹管理全省公路基本建设项目造价数据和相关造价业务数据,为中间层;省交通基建工程建设项目综合管理平台统筹管理包括造价数据在内的全省基本建设项目的相关数据和数据的发布、应用,处于三级造价数据管理平台的最顶层。

3.3.2 公路建设项目管理系统的数据采集

公路建设项目管理系统是项目管理者用于开展项目质量、安全、进度、造价等管理的综合性软件,是在有限的资源约束下,运用系统的观点、方法和理论,对项目涉及的全部工作进行有效地管理。近年来,广东省省管高速公路工程建设项目普遍采用专门进行研发推广的项目管理系统,是面向已公路建设单位为主导,设计、监理、施工等参建单位参与的处理公路建设管理业务的大型 MIS(Management Information System,即管理信息系统)系统。

（1）系统总体情况介绍

针对公路建设项目一般具有投资规模大，建设周期长，点多、线长、面广及管理工作繁杂的特点，项目管理系统以项目建设单位进行建设管理为中心，对项目前期、设计、招投标、征地拆迁、造价、材料、合同、计划进度、质量、安全、档案、决算等全过程、全方位，提供一体化的计算机管理。系统以“三大控制（质量、造价、进度）和两大管理（合同、信息）”为核心，可完成基础数据的采集，从总体上提高项目管理水平、有效控制工程造价、增加工程管理透明度，保证投资者的利益。

公路建设项目管理系统下设造价管理子系统（有的子系统称为计量支付子系统），该子系统为建设单位提供项目整个建设过程中造价数据的处理及维护。利用该子系统完成以建设单位为核心的概算预算数据、分项工程量清单数据、工程变更数据、工程计量数据等的标准化采集和处理，通过造价数据的管理与控制，在公路项目建设的整个阶段，把公路建设工程造价的发生控制在批准的造价限额以内，及时发现数据偏差，保证公路建设项目的顺利推进。

（2）系统主要功能介绍

造价管理子系统通过概（预）算管理、分项清单管理、工程变更管理、工程计量管理、清单修编管理与管理费用登记等业务模块来处理相应的业务数据，如图3-1所示为公路建设项目管理系统造价管理子系统框架图。其中，分项清单管理是结合广东省特有的公路工程“三级清单”技术标准的编制要求设定的，用以系统方便地实现概（预）算数据与工程量清单费用数据的对比分析。

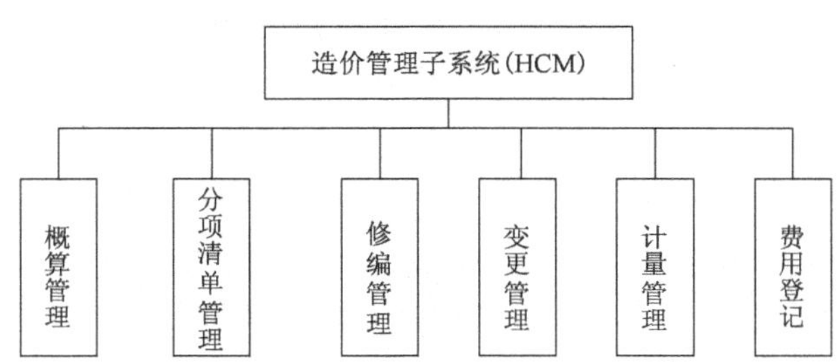

图3-1　公路建设项目管理系统造价管理子系统框架图

①概算管理。由用户录入已获批复的初步设计概算详细数据，根据工程进度计划，系统将已计量工程进行汇总，实时动态生成整个项目的概预算执行情况动态表和各种统计信息，反映出整个项目的概算执行情况，最终实现工程竣工决算金额与批复设计概算金额对比可视化、相关图形报表输出，为建设单位的决策和计划提供快速、准确的数据依据。

②分项清单管理。分项清单是开展合同修编、工程变更、计量与支付、工程进度计划等业务的基础，建立各标段详细的分项清单信息，录入相应工程的单价、数量、金额，经审批程序完成后作为后续各项造价业务的原始数据。系统可提供三级清单导入方式编制标段工程量清单。

③修编管理。针对已纳入系统的合同工程量清单的数量、单价、金额进行调整，为保障数据安全，清单修编需要经过各级核准或审批方可生效，系统据此自动更新成

修编后的合同工程量清单。

④变更管理。一般用于处理建设过程中的合同变更。一般由施工单位申报各类工程变更,依据变更类别不同,按对应的审批程序在网络平台上进行审批。变更管理产生的数据信息将参与工程进度计划的制定、工程计量与支付。每次变更的主要信息及变更清单由用户输入,核准或审批后方可生效,系统据此自动更新工程量和费用数据进行造价预控。

⑤计量管理。处理建设过程中各类工程按合同约定的分期计量与支付工作。用户按设定的业务流程在本子系统上进行计量与支付事项的申报审批,计量的工作量及费用作为工程按合同支付的依据,根据中间计量单中录入的数据,系统自动生成完善的计量与支付报表。对清单支付报表、中期支付证书、工程变更汇总表、价格调整支付表、索赔支付表、违约支付表、计量支付传递单等各类表格进行统一管理,按照分配的单据流程逐级审批核准,生效后的计量计价数据是以后支付、工程结算的基础和依据。

⑥费用登记。登记无合同的费用支出,一般为项目管理费用,如业主人员的办公费用、工资、奖金等。为使这些费用能体现到项目造价台账中,需要项目业主定期将当月所有发生的项目管理费用登记到此模块中。

3.3.3 公路造价综合管理系统的数据管理

公路造价管理综合系统在“三级造价数据管理平台”中处于承上启下的核心位置。该系统平台的构建应以行业标准、技术规范和质量管理体系为依据,以对造价数据库的标准设计为基础,以各阶段造价文件编制和审核工作为主线,以实现造价动态管理为核心,以造价数据查询与分析功能为手段,以实现全过程的造价监控为目标,由计价标准数据库、造价基本信息数据库、造价综合管理系统、造价专业工具软件、数据共享接口五部分内容有机集成,可完成数据采集、造价编审、行业管理、电子政务、信息服务、造价数据存储等应用,是实现造价大数据管理的核心平台。

(1)系统总体情况介绍

根据公路工程造价数据管理的需求,公路工程造价综合管理系统可设计成九个业务子系统,分别是:项目管理、造价标准管理、造价文件编审管理、监督管理、计价依据管理、价格信息管理、资质与从业资格管理、综合查询分析、交互平台。这9个业务子系统主要实现建立项目信息库、造价文件档案库、造价标准数据库、广东省三级清单标准项目库及造价文件编制规则标准库、计价依据和编制办法查询库、材料价格信息数据库、造价从业人员信息库,实现各阶段造价文件网络送审、自动流转审查、数据校核入库,实现造价监督检查管理业务办理、数据处理,实现工料机价格信息数据采集、定价、发布业务,实现造价从业人员考试、注册、年检、培训等业务。在考虑需求和经济性要求等情况的基础上,广东省公路造价管理系统由综合管理系统和4个桌面型造价专用工具软件组成,总体结构如图3-2所示。

这9个业务子系统数据之间可实现相互连通,数据、文件归类统一入库,交互平台接口子系统统一提供对外用户的数据上报采集业务窗口,综合查询分析子系统提供统一的数据检索、汇总、分析、输出报表窗口,其他业务子系统分工处理数据。业务流程如图 3-3 所示。

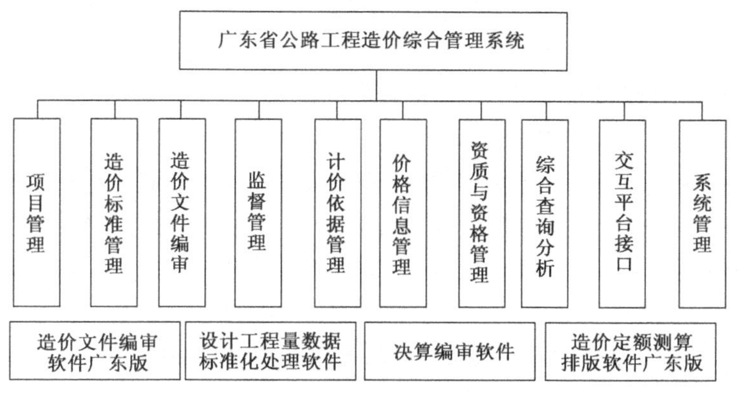

图 3-2　公路造价管理系统总体框架图

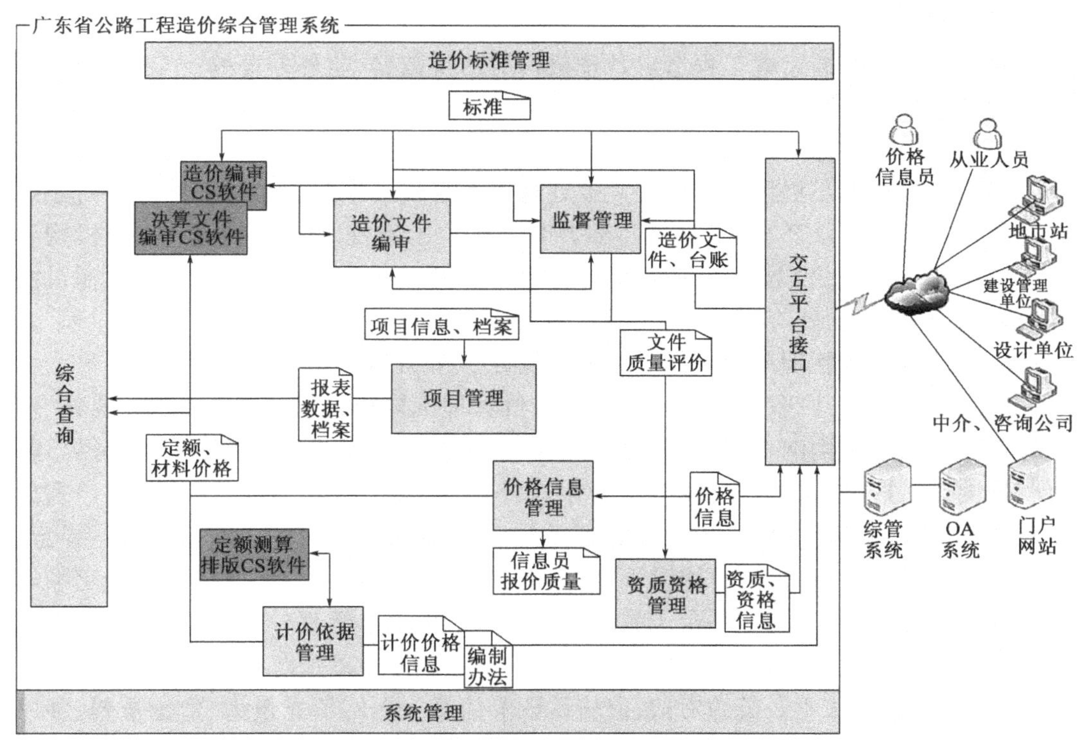

图 3-3　各业务子系统之间的信息关系

4 个桌面型造价专用工具软件分别是:造价文件编审软件(广东版)、设计工程量数据标准化处理软件、工程竣工决算编审软件、定额测算排版软件(广东版)。造价文件编审软件(广东版)主要实现估算、概算、预算、招标清单及预算等阶段造价文件的编制功能,可提供估算、概算、预算项目节标准和三级工程量清单标准模板套用,实现工程量和费用数据自动汇总、对清单标准编号自动校核,输出标准格式的各阶段造价文件的甲、乙组报表。设计工程量数据标准化处理软件主要实现设计图纸工程量转化为造价文件工程量的自动编制功能，实现自动读取设计文件中 Excel 格式工程数量统计报表，自动统计定额工程量、清单工程数量，便于设计单位编制统一标准的设计工程数量表，输出标准格式的设计工程数量报表和工程量清单，导出的数据可以直接导入造价文件编审软件（广东版）中自动生成编制造价文件的基础数据，免除计算工程量的大量手工劳动，大幅度提高工程量数据采集的效率和准确度。工程竣工决算编审软件可实现导入工程合同结算数据、自动汇总生成决算报告的甲组文件报表，可自动校核工程结算、竣工决算数据的闭合关系和修正错误的数据值，输出标准格式的竣工决算甲组文件报表和三级工程量清单体系数据。定额测算排版软件（广东版）可实现自动读取拟测算工程的工料机消耗调查数据、自动分析汇总计算定额基价，提高手工编制定额组成表的效率和准确度，输出标准格式的定额组成表。

9 个业务子系统与 4 个单机版造价专用工具软件功能互补。9 个子系统构成造价综合管理统一平台，主要统一数据标准、远程采集、传输、存储、共享、业务办理流程、数据库查询分析等功能。4 个单机版专用工具软件实现离线数据编辑、运算、输出报表功能。

根据广东省交通运输工程造价管理机构对造价数据、业务办理的安全性要求，结合现实已建设的网络环境，公路造价综合管理系统分为内网、外网两部分安装部署。内网为管理机构内部局域网，部署数据库系统、应用服务器、文件服务器，为机构内部用户即造价管理人员提供造价综合业务处理及系统权限维护等功能。外网为对建设管理单位等社会公众开放的互联网，部署交互平台子系统、文件服务系统，为机构外用户提供文件报送、数据查询、信息公开等服务功能。内、外网独立运行，两者通过网闸有限制地交换内、外应用数据。

公路造价综合管理系统整体部署网络设计如图 3-4 所示。

如图 3-4 所示，广东省交通运输工程造价管理机构领导以及技术、定额、监督、信息等业务科室通过内网直接访问部署在内网上的综合管理系统，进行各项业务处理，接收外网传送进来的造价文件和数据，审查办理，数据汇总入库等；对外网用户发出消息、业务查询单等信息，系统管理员可对内、外管理所有用户的访问权限进行界定。各地市级造价管理机构、项目建设管理单位、造价从业人员、材料价格信息员、定额调查人员等群体，可通过交互平台子系统访问公路造价综合管理外网系统，接收查看省级造价管理机构发出的相关通知、消息，按要求提交造价文件送审，填报材料价格数据信息，查询造价从业人员的考试、资格认证等信息。内网信息量大、数据重要、涉密性高，内、外网两个系统隔离部署便于各自独立运行，一方发生故障不影响另一方运行，特别地可防止外网用户非法访问获取内网的造价数据，以及防止外网非法用户入侵、破坏内网系统和数据库。

公路造价综合管理系统要按照多层应用架构和模块化的设计思路来构建，系统功能架构要分级、分层设置，并根据不同参与者的管理需求分权限进行部署，再进行功能层次的细分。实现集中管理、分散实施的总体运行模式，既要满足造价信息数据集中存储和组织有序、业务逻辑集中运行和管理分类的整体基本要求，又要让参与各方根据自己的需求在合理的权限内提取最有效的信息；既能存储本省行政区域内重点公路建设项目的基本信息和造价数据，对数据进行二次挖掘，针对一些各方关心的实际问题做局部重点描述，又能实现更智能、便捷和高效的造价管理。基于这些目标，公路造价综合管理系统设置了九个业务子系统，相互之间分工协作，实现公路工程造价业务的全过程管理。

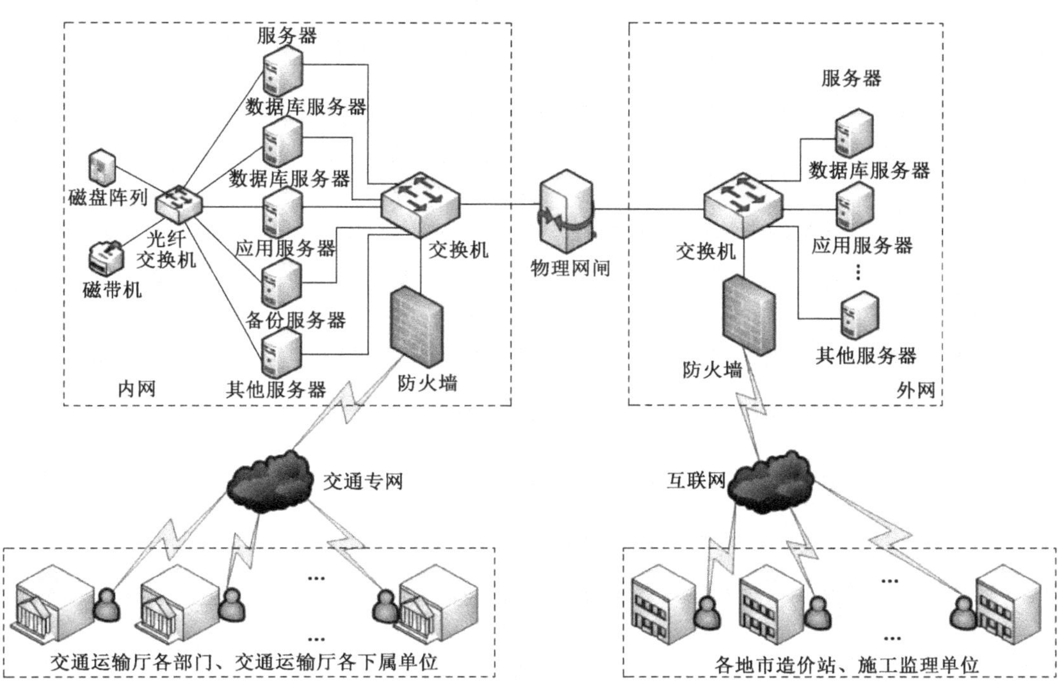

图 3-4　系统部署

(2)九大业务子系统功能介绍

①项目管理子系统

该子系统实现对省级造价管理机构的造价管理所涉及的全部公路项目的基本信息的建立、维护(入口)。功能模块如图 3-5 所示。

“项目基本信息”包括全省重点公路建设项目不同基建管理阶段的工程规模、技术标准、主要工程数量、阶段工程造价主要构成、工料机消耗量及造价是否获得批准等基础性信息。建设单位在立项、初步设计、施工图设计、交竣工等各阶段报送造价文件时创建的项目信息经过编审后自动汇集到该功能模块。当项目的造价文件分多合同段或分段报送时，项目基本信息可由其(合同)段或分段信息自动汇总更新。项目基本信息功能模块可实现对每个项目的数据维护、查询功能。

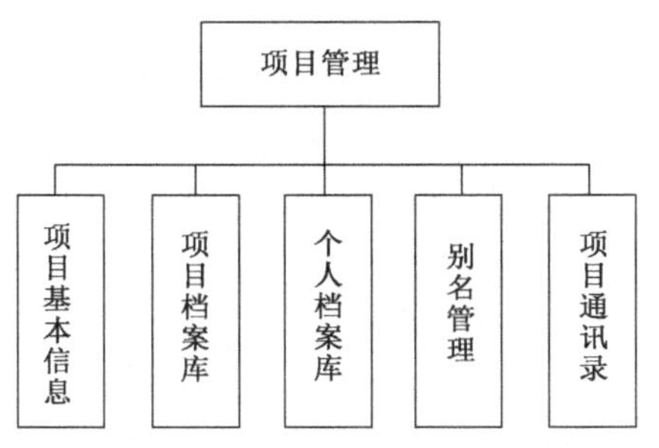

图 3-5　项目管理子系统功能模块

“项目档案库”实现对公路建设项目以造价文件为主的统一归档、分类整理。约定分类原则，包括对项目在不同阶段产生的多类造价文件、数据包、相关单位来往的文档资料、传输收集的与造价相关的数据等，还包括造价文件编审过程及结果数据资料等。

“个人档案库”实现系统中对个人用户办理的项目的造价数据档案管理，并对个人用户从项目档案库、综合查询子系统中查询的运算结果进行存储、维护。

“别名管理”是针对公路建设项目多环节多阶段的计价特点，实现对报送到公路造价综合管理系统的同一项目在不同阶段采用不同名称时的维护，或者对同一标段不同名称时的维护。通过别名管理，建立对项目的主名、别名的维护，以实现对报送项目的基本信息与系统内部创建的基本信息的统一维护。

“项目通讯录”通过对项目通讯录数据库的维护，实现不同项目、不同阶段报送造价文件或开展造价管理工作的联系人的姓名、联系方式等主要信息的查询、管理和使用。

②造价标准管理子系统

该子系统实现对交通运输部、省交通运输厅发布的编制公路工程造价文件需依据的技术标准信息（如项目表、清单、工料机编码、标准化表格等）的维护。功能模块如图 3-6 所示。

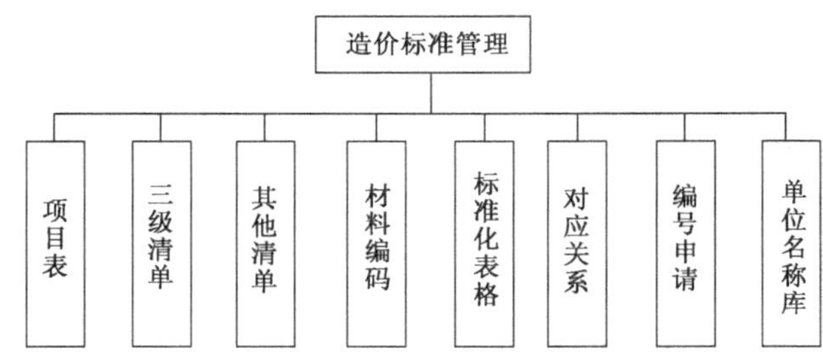

图 3-6　造价标准管理子系统功能模块图

“项目表”实现对公路工程建设项目编制投资估算、设计概算、施工图预算、竣工决算等造价文件时，所采用的计价项目表的层级和内容的管理。建立标准化的造价项目节，规范名称、统一编码规则、建立计价单位数据库，有利于实现造价文件的标准化编制，有利于规则化采集、存储。

“三级清单”实现对公路工程建设项目在开展主体工程招投标工作采用统一的工程量清单分级管理，即按分项（sub-item）工程量清单、工程项目（item）清单、工程量清单（BQ）所构成的“三级清单”标准内容进行招标、合同、阶段等环节的数据维护。

“其他清单”实现对除主体工程以外的征地拆迁补偿、勘察设计、工程监理等工作的清单化管理，以及对设计工程量标准化编制、造价技术经济指标的编制等专项编制标准内容的维护。

“材料编码”实现对公路工程用建筑材料的分类、名称、价格采集编码等基本信息的维护。

“标准化表格”实现对公路工程估算、概算等各阶段造价文件编制格式标准的维护。

“对应关系”实现按项目表标准和按三级清单标准编制计价工程量时建立起的子目对应关系，目的是实现概预算体系和工程量清单市场体系的数据对接。

“编号申请”实现对新增各类造价标准的准入管理。包括项目表的项目节细目、工程量清单子目、拆迁补偿费清单子目、勘察设计费清单子目、监理费清单子目等在现有标准库外新增内容的申请、批准、应用;包括材料编码库之外新增材料种类、编号、价格采集与发布的申请、批准、采用。

"单位名称库"实现对公路建设项目各类参建单位的分类(如行业管理、建设、设计、施工、咨询、监理等)、名称及其主要信息的维护。

③造价文件编审子系统

该子系统实现对公路工程造价管理中造价审查行为的管理、维护。功能模块如图 3-7 所示。

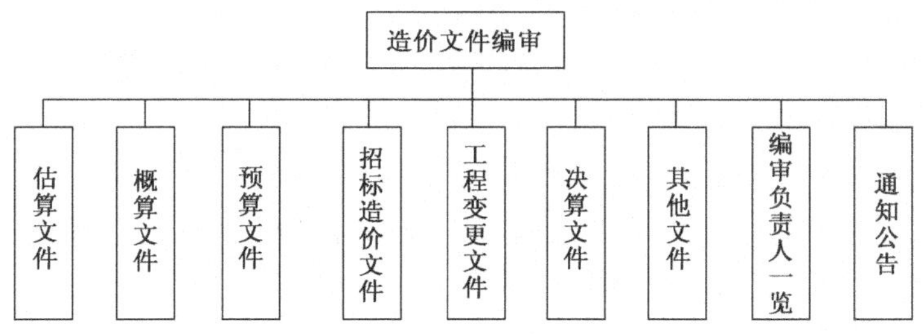

图 3-7　造价文件编审系统功能模块

按估算、概算、预算、招标清单(预算)、工程变更费用、决算等文件分类,实现对公路建设项目不同基建管理阶段的造价文件及配套相关资料(如标准文件、质量评分文件、数据包、其他资料等)的报送、过程审核、最终审定等行为的维护,实现对省交通运输工程造价管理机构内部审查人员的任务分配,创建审批公文时自动提取造价审定数据值,归档、锁定报送、审核造价文件,将造价文件报送人、造价审核负责人等信息与项目通讯录、项目档案等模块关联数据。

④监督管理子系统

该子系统实现对公路工程建设项目在建设施工期的现场造价监督检查等行为的管理、维护。功能模块如图 3-8 所示。

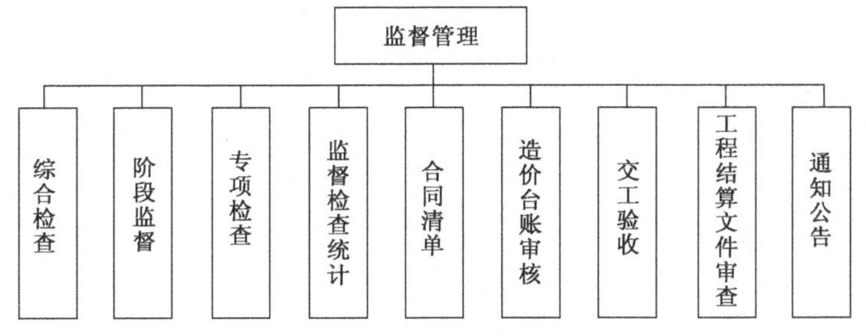

图 3-8　造价文件编审系统功能模块

"综合检查"实现对全省重点公路建设项目中拟检查项目的选择、检查计划的制订、通知、实施记录,查看项目报送的受检资料(如自查报告、公路项目基本情况、变更情况、造价管理台账、其他相关资料等),记录检查、抽查情况,向项目建设单位发送、接收查询单,编制监督检查报告等管理功能。

"阶段监督"功能设置基本类同"综合检查"功能,主要是以突出按时间和项目阶段对检查情况进行分类管理。

“专项检查”实现征对造价专项监督检查时,上传专项监督检查资料等功能。

“监督检查统计”实现按标准格式对造价监督检查情况、建设项目总体情况、造价执行情况、招标中标价下浮率情况、工程变更检查情况、持有造价资格证人员情况表等系列监督检查成果的统计与维护。

“合同清单”“造价台账审核”“交工验收”“工程结算文件审查”等模块实现对建设项目合同签订、施工过程、交工验收等环节的基本信息的报送、校核、复核等功能,对对应各环节的造价文件或管理文件的报送、审核环节的流转过程进行记录,指派审查人员,归档、锁定报送、审核造价文件等功能。

“通知公告”实现创建、发布、编辑与造价监督管理子系统相关的通知公告,以便及时向特定群体或社会公众发布。

⑤计价依据管理子系统

该子系统实现对公路工程建设工程或养护工程的定额标准、计费办法等计价依据的管理、维护。功能模块如图 3-9 所示。

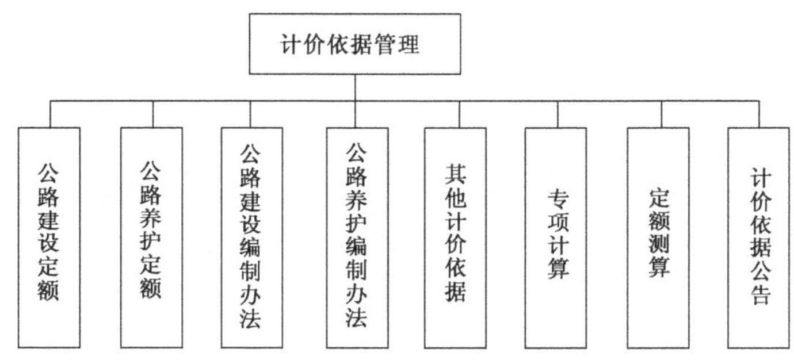

图 3-9 计价依据管理系统功能模块

“公路建设定额”模块实现对历史及现行交通运输部公路建设相关的部颁定额、指标标准,广东省补充定额、各省参考定额,其他相关行业专业定额标准的数据库维护与管理。

“公路养护定额”模块实现对交通运输部部颁养护工程造价指标,广东省公路养护工程定额标准,各省养护工程定额标准,其他相关行业专业养护定额标准的数据库维护与管理。

“公路建设编制办法”模块实现对历史及现行交通运输部公路建设相关的部颁估算、概预算编制办法,广东省相关补充规定,其他各省相关补充规定,相关行业的计价标准,企业内部的计费标准等数据库的维护与管理。

“公路养护编制办法”模块实现对公路养护工程的概算、预算编制办法等数据库的维护与管理,按交通运输部、广东省、其他各省、相关行业分类划分归类,便于查询和采用。

“其他计价依据”模块实现除公路建设、养护两大类工程以外的计价办法(含编制办法、指标、定额等)的维护与管理。如各地的征地拆迁补偿计费标准、公路营运期的计费标准、勘察设计费计费标准等。

“专项计算”模块是指针对公路工程计价中出现的部省估算、概算、预算编制办法未明确计价标准的一些专项费用的计价的维护和管理，通过搜集其他行业或特定机构发布的计费办法，系统重点实现与之配套的计算工具的研发。如实现土地征用及拆迁补偿费、专项评价（估）费［如：环境影响评价费、水土保持费、地震安全性评价费、地质灾害性评价费、压覆重要矿床评估费、文物勘查费、通航论证费、防洪论证（评估）费、林业评估及使用林地可研报告编制费、用地预审报告编制费、放射性评估收费、规划选址意见书等］、建设期贷款利息、材料价差费等计算功能。该功能的开发，补充了现有编办对一些专项费用计算办法缺失的不足，具有较好的应用性。

“定额测算”模块实现创建新的定额调查工作计划，复核通过系统报送来的现场调查数据和支撑文件，可实现对分析报送的定额调查数据的初步分析，生成初步分析数据等功能。

“计价依据公告”模块实现创建、发布、编辑与计价依据管理子系统相关的通知公告，以便及时向特定群体或社会公众发布。

⑥价格信息管理子系统

该子系统实现对公路工程建设所用建筑材料的价格信息采集、统计、分析、定价、发布等功能，并对分布在全省各地的材料信息员进行管理与考核。功能模块如图 3-10所示。

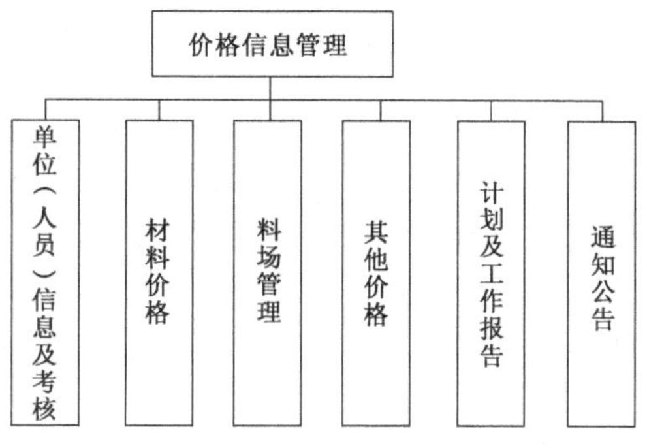

图 3-10　价格信息管理系统功能模块

“单位（人员）信息员管理及考核”实现对分布在省交通造价管理机构、地市级交通造价管理机构、项目建设单位的信息员的基本信息采集与管理，记录信息员的培训情况，对地市级交通造价管理机构上报的信息员上报情况和年度考核数据等进行维护与管理。

“材料价格”实现查看地市级、省级信息员上报的分析定价数据，创建、编辑外购材料分析定价数据表，创建、编辑地方材料分析定价数据表，根据系统设定的数学模型计算定价；按每月、每季度发布外购材料定价和地方材料定价数据，查看、添加邻省材料价格数据，上传分析预测定价的参考资料等功能。

“料场管理”实现对全省已调查的材料料场的基本信息、料场材料信息、储备量、价格水平等内容的维护与管理；实现在电子地图上展现料场分布主要信息；实现查看地市级上报的料场材料分析定价数据，查看省级信息员填报的料场材料价格；创建、编辑料场材料分析定价表，根据系统设定的数学模型自动计算。按月、季度发布料场材料定价数据信息。

“计划及工作报告”实现查看地市级交通造价管理机构价格信息的采集计划及相关工作汇报。

“其他价格”实现对除材料意外的其他价格信息的分类，查看相关价格信息记录等功能。

“通知公告”实现创建、发布、编辑与价格信息管理子系统相关的通知公告，以便及时向特定群体或社会公众发布。

⑦资质与资格管理子系统

该子系统实现对公路工程造价从业人员、从业单位的统计、培训、考核等管理。功能模块如图 3-11 所示。

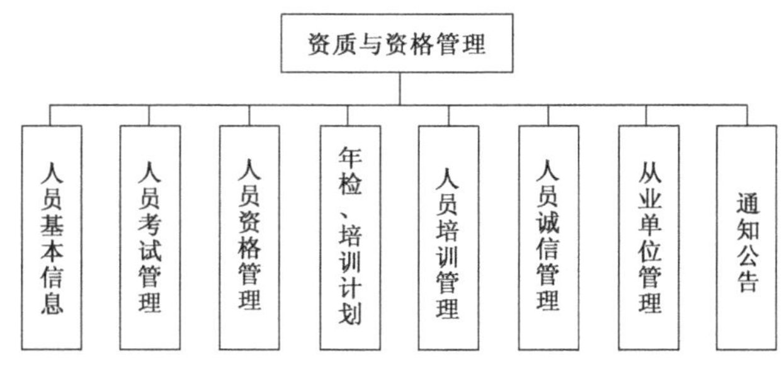

图 3-11　价格信息管理系统功能模块

“人员基本信息”实现创建、查询、编辑公路造价从业人员基本信息，从 Excel 文件导入基本信息至本系统；给入库的造价从业人员发送手机短信通知，实现省级交通造价管理机构对从业人员的业绩记录查看、创建、删除等管理。

“人员考试管理”实现对公路工程造价从业资格考试名单的导入、查看，查询考生信息、考场信息、考试成绩、合格名单，创建、删除合格标准，创建、查看、审核免试申请等功能。

“人员资格管理”实现对公路工程造价从业人员执业资格信息的导入、查看，查询人员执业资格证信息、注册信息，查看、审核人员资格年检申请，查看、审核人员变更信息等功能。

“年检、培训计划”实现创建、查看公路工程造价从业人员年检培训计划，给参训人员发送手机短消息、统计计划量等功能。

“人员培训管理”实现查看、导入、查询参加培训人员的信息，查看培训报名情况，创建网上培训内容，统计参训人数等功能。

“人员诚信管理”实现按公路工程造价从业人员信用评价标准，利用系统统计到的数据信息对执业人员进行评价等功能。

“从业单位管理”实现创建、编辑公路工程造价从业单位基本信息，编辑、查看单位的工商登记、注册资本、资质登记等主要信息，其主要管理功能还待根据管理制度进一步开发。

“通知公告”实现创建、发布、编辑资格与资质管理子系统相关的通知公告，以便及时向特定群体或社会公众发布。

⑧综合查询分析子系统

该子系统实现对公路工程建设项目各类与造价管理相关的信息查询、统计、分析对比、造价指标采集等功能。功能模块如图 3-12 所示。

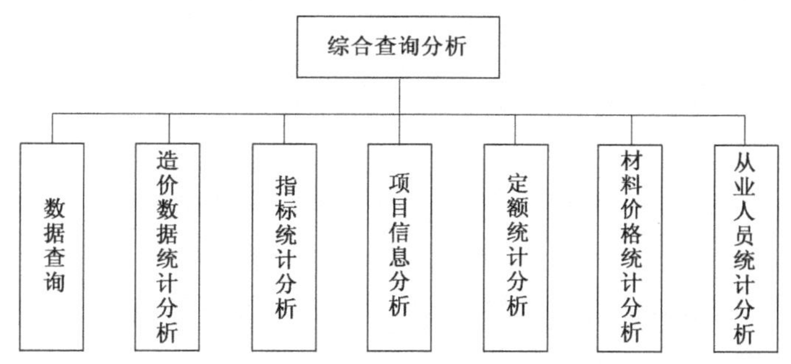

图 3-12 综合查询系统功能模块

“数据查询”实现公路工程建设项目造价档案、计价依据、材料价格、从业人员数据的查询功能。

“造价数据统计分析”实现公路工程建设项目造价数据的汇总，可按纵向、横向、交叉对比方式选择统计模式，实现各项目、项目间、各标段、标段间的造价数据对比、显示，按一定的规则筛选可利用数据。

“指标统计分析”实现公路工程建设项目造价数据汇总后按一定的规则生成各类技术经济指标或工程量指标数据，可进行指标的纵向、横向、交叉对比，标段造价指标对比，筛选可利用指标数据，为类似项目估算造价提供参考。

“项目信息分析”实现公路工程建设项目基本信息中的工程规模、技术指标、主要工程量、工程造价基本信息的纵向、横向对比，提取分析结果。

“定额统计分析”实现对不同定额水平的工、料、机数据对比，提取分析结果。

“材料价格统计分析”实现对公路建设项目所用材料的价格同比、环比分析，按年、月或按地方、外购材料类型设置查询条件，按类别汇总价格变化趋势，提取分析结果。

“从业人员统计分析”实现按年度、地区统计汇总考试报名人数、参加考试人数、考试通过人数、继续教育人数，对人员进行分类统计功能。

⑨交互平台接口子系统

该子系统实现公路工程造价管理业务中与来自本系统外的各类信息数据的交换、流转功能。功能模块如图 3-13 所示。

“首页、登录”实现省交通造价管理机构外网用户（如项目建设管理单位、地市级交通造价管理机构、造价从业人员等）访问本系统的登录界面，根据选择不同的业务类型登录不同的界面权限；用户账号注册申请表下载、申请等功能。

“文件报送”实现项目建设管理单位创建其建设项目各阶段与造价管理相关的项目基本信息、标段基本信息，上传需上报至行业主管部门的各类造价文件，检查校核其造价文件的编制是否符合编制标准；查看、反馈省交通造价管理机构与各单位相互间发出的查询单内容，根据省交通造价管理机构内网系统审核后的反馈意见进行补充、重报，查看历史报送项目造价文件记录等功能。

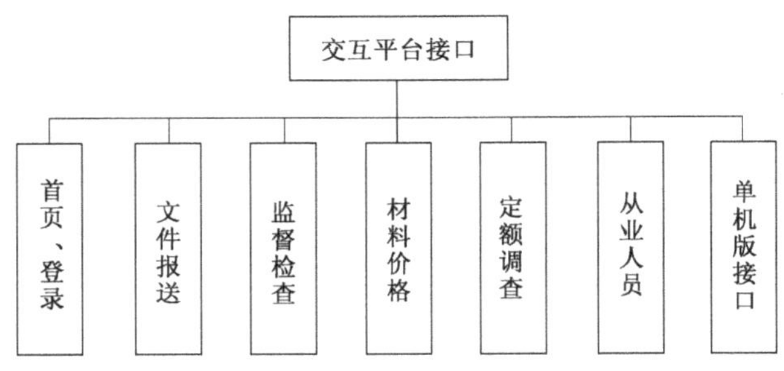

图3-13 交互平台接口系统功能模块

“监督检查”实现项目建设管理单位通过本系统及时查看行业造价管理机构发布的造价监督检查计划，上传项目自检报告、造价管理台账文件，填报项目基本数据、工程变更情况、造价执行情况、招标下浮情况等。可实现校核报送的造价管理台账文件是否符合编制标准，及时查看查询单和重报要求，上报其他文件等功能。

“材料价格”实现外网用户材料信息员填报其调查到的材料价格信息、料场分布及产量信息、采购价格，并按时上传至本系统等功能。还可实现信息员及时接收到省交通造价管理机构发出的通知及要求；地市交通造价管理机构实时查看信息员的报送数据，综合分析辖区内的材料价格浮动情况，汇总、创建信息员的报送情况、对信息员进行年度考核，记录信息员培训记录，编辑信息员账号信息等功能。

“定额调查”实现对外网用户发出新增定额调查通知，特定外网用户填报并上传定额调查数据，填报并上传新增人工、材料和机械消耗量调查表等交互功能。

“从业人员”实现公路造价从业人员登录本系统查看其个人信息，查看考试成绩、资格证信息、注册信息、培训记录、信用评价，创建培训报名、年检申请、变更申请、免试申请等需求并提交，查看、创建个人业绩信息，实现对个人信息的管理功能。

“单机版接口”是为利用各类单机版造价文件编审专业工具软件报送造价文件时，系统为此提供的数据接口，便于方便、快捷、准确地报送造价数据。

(3)造价综合管理子系统之间的业务交互

上述九个子系统实现的造价管理业务相互依赖，分工协作，交互平台接口子系统负责完成信息发布、数据采集、初步校核，之后根据业务分类分发传送到其他业务子系统进行处理。造价文件编审子系统负责接收、处理估算、概算、预算、招标清单、变更费用、决算等各类造价文件数据，审查负责人结合各类造价文件编审单机版工具软件进行专业审查，审查结束后将数据入库，形成造价审查报告及审查结果汇总表并提交；该系统生成的造价文件编制、审查人员的信息可交互至资质与资格管理子系统用于对从业人员和企业的考核评价，生成的造价文件成果数据可交互至项目管理子系统和综合查询分析子系统使用。监督管理子系统负责制订、发布监督检查计划、通知，接收、处理监督检查送审资料、造价管理台账；审查工程结算文件，业务办理结束后文档、数据统一入库，形成造价监督检查报告并提交。价格信息管理子系统接收通过外网报来的工料机价格数据信息，系统实现汇总、分析，按材料分类制定多维度分类价格,生成月度材料价格信息分析报告提交审定,再将审定后的价格信息发布到交互平台接口子系统向社会公开。计价依据管理子系统先建立标准定额库、编制办法库,便于用户开展造价管理业务时可实时查询引用所需的计价标准,接收来自交互平台接口子系统交互过来的工料机消耗调查数据,进行初步分析形成定额调查初步分析报表,提供数据交换接口以便数据交换到定额测算单机版软件中进行下一步处理和从单机版软件中提取发布的补充定额数据。资质与资格管理子系统先建立造价从业人员、企业信息库,自动提取造价文件编审记录与个人业绩关联,将从业人员的考试、认证、培训、注册、业绩、变更等信息发布到交互平台接口子系统上便于个人查询,接收、处理交互平台接口子系统分发来的从业人员变更、报名业务单,审核处理结束后结果再发送到交互平台接口上。造价标准子系统建立标准体系数据库,为其他子系统提供数据校核、存储、汇总、入库处理编码和关系的基线,项目管理子系统集中管理、存储项目信息库、造价文件库、造价数据库、业务审查权限等。综合查询分析子系统从统一的项目信息、文件、数据、权限数据库中提取、汇总、分析数据,汇总分析结果又传输给项目管理子系统统一存储。

3.3.4 公路造价管理专业工具软件的数据处理

在高效、便捷地完成单阶段的造价数据的编制、流转、利用等细节方面,桌面型专用工具软件具有不可被替代的优势。为适应公路建设项目规模大、计价复杂、造价数据量大等变化,提升管理效率势在必行,广东省交通运输工程造价管理机构联合软件研发专业公司,与项目建设管理、设计单位合作,分别研发了公路工程设计工程量数据标准化处理软件、广东公路造价编审专用软件、竣工决算编审专用软件、定额测算排版专用软件等专用工具。其中,设计工程量数据标准化处理软件、广东公路造价编审专用软件、竣工决算编审专用软件主要解决了公路工程建设项目从设计图纸工程量到编制概算、预算、结决算等造价文件的数据自动化的转换处理,自动计算,统一数据标准、统一报表标准等功能的实现,定额测算排版专用软件主要用于编制企业定额、补充定额,具有同步分页、大批量数据校对等功能。

(1)公路工程设计工程量数据标准化处理软件

造价的编制首先要从工程量计算开始,公路工程建设项目一般采用初步设计和施工图设计两阶段,设计文件中设计工程数量表是编制工程概算、预算等造价文件的基础信息源。长期以来,造价编制时,只能通过手工采集设计图纸工程量数据到计价软件中,工效低、差错大,且校核数据困难。如何推进设计工程数量表与工程各阶段编制造价应用利用与衔接,衔接过程中如何实现造价管理的规范化、标准化是迫切需要解决的问题。

目前,造价从业人员在编制概、预算及工程量清单时,是以设计文件中的工程数量表为基础,编制过程依靠大量的手工采集设计工程量进行拆分或汇总统计,效率低且容易出错。广东省历经三年时间,对典型公路工程施工图设计工程量类别数据进行解剖,对概算、预算定额标准及计价工程量子目类别数据进行分析,研发出公路工程设计数量表算量软件,实现自动提取 Excel 格式的设计图纸工程数量表,实现设计工程数量的自动统计，实现设计工程量与计价工程量建立对应关系后的自动化数据对接。可通过导入图纸 Excel 格式的数量表直接生成公路工程招标文件的工程量清单，完成 Excel 设计数量总表的数据链与既有造价计价数据链的无缝衔接，数据生成流程图如图 3-14 所示。

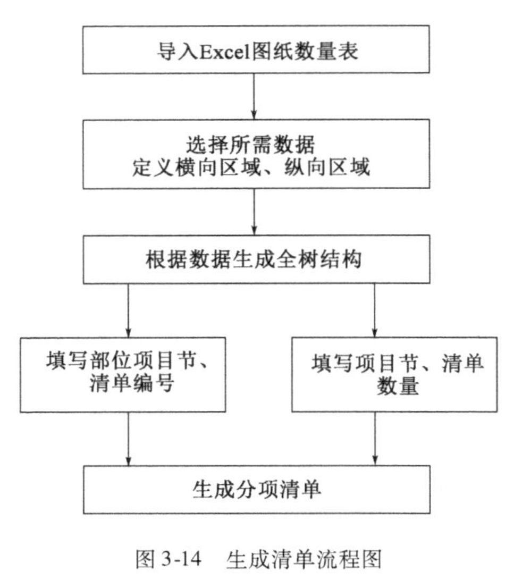

图 3-14　生成清单流程图

软件实现工程量自动提取后，还可实现定额的自动套用，概算、预算项目表自动划分，工程量清单自动提取；可挂接设计图纸等相关文件电子版，实现设计文件电子版档案管理；数据可追溯，方便审核审计；让造价人员将更多精力专注于计价准确和造价分析；提升了造价文件编制质量，加快了项目进度推动；同时，通过对设计工程量表标准化设计，规范各类设计单位的出图深度和出图格式内容的统一。通过该软件工具最终生成的数据，可直接衔接应用至广东公路造价编审软件。公路工程设计工程量数据标准化处理软件具有以下功能特点：

①让造价人员专注于造价分析，而不是花费大量精力核算工程量。免除计算工程量的大量手工劳动，有效提高工程量数据采集的效率和准确性。

②加快项目设计进度、提升造价文件编制质量。设计与招标清单、预算文件的编制可以同步交叉进行。完成一张设计工程量数量统计表，即可编制一张表对应的招标工程量清单、预算文件，最后一键汇总。大幅度缩短了编制招标清单、预算文件的工作周期。

③工程数量表标准化。有利于设计院内部统一工程数量表出图的格式，规范出图深度，避免各数量表数据间的歧义、遗漏、重复。如预应力钢绞线计量数量与非计量数量包含与否问题，桥梁数量表的台背回填量与土方数量表填方量的扣除问题等。

④为高层决策提供造价指标数据支持。编号在模板中标准化，可以汇总各设计院、各项目的造价指标数据，积累形成造价指标数据库，方便实现设计方案的技术经济对比分析。

⑤图纸档案管理。挂接了相关文件的电子版，各级造价审核者时可以直接查看，无须翻查图纸。

⑥与 Excel 的数量表格式无关。设计院可以使用现有的惯用表格，对表格各列编号即可自动提取清单数量及定额数量。即只要现有工程数量表可以反映足够的清单工程量、定额工程量编制信息，就可以直接使用。

⑦编号模版化。编一次号，存为模板，后续标段重复使用。

⑧设计改变后，只需替换个别数量表，整个标段清单、定额数量即可自动重新汇总，便于方案比选。

(2)广东公路造价编审软件

广东省公路造价编审软件是在常规通用性三算(估算、概算、预算)编制软件上的技术革新和功能深化,实现了公路工程投资估算、设计概算、施工图预算、招标清单及清单预算编制阶段的标准化处理。以招标清单预算编制为例,可导入由公路工程设计工程量数据标准化处理软件生成的 Excel 格式的工程量清单,直接套定额组价,即实现以设计工程量表为基础编制三级清单及预算,造价文件编制流程图如图 3-15 所示。该软件在功能上可实现施工图设计预算与工程量清单预算同步编制、同步出版,即一次预算编制、两套输出报表。

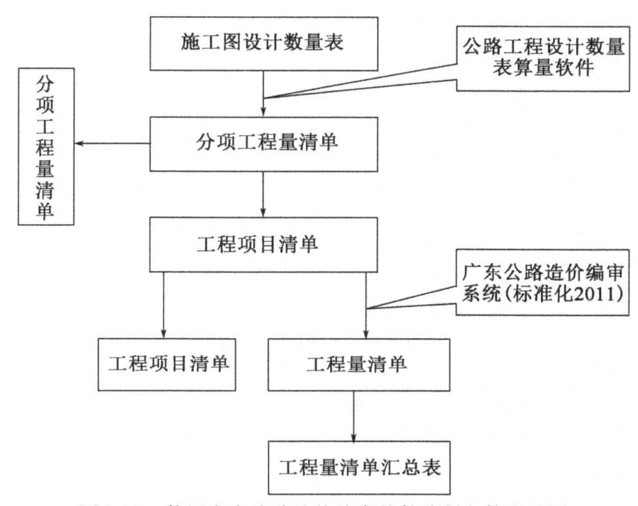

图 3-15 使用广东公路造价编审软件编制文件流程图

广东公路造价编审软件具有以下功能特点:

①可建立工程量清单子目的定额组价模板库,实现知识积累,快速组价。

②直接导入 Excel 格式,或《公路工程设计工程量数据标准化处理软件》生成的清单。

③实现施工图预算与工程量清单预算同步编制,同步出版。即一份预算,两套报表。

④查找定位功能可快速发现不合理或异常的单价指标、快速定位修改。

⑤加入征地拆迁补偿费用清单,录入各地现行的土地征拆计算标准,输出各阶段所需的土地征拆迁类工程量和费用报表。

⑥自动对各阶段造价文件编制质量按设定的评价标准进行评分。列出扣分原因及错误内容便于对照修改。

⑦一键生成机电工程计算数据,建立关联,大幅提高机电工程计算效率。

(3)竣工决算编审软件

公路工程决算编审软件是基于广东省推行全过程公路工程造价管理的重要环节——竣工决算的编制和审查的管理需求而研发的。旨在将公路建设项目各标段的符合编制标准的造价文件输入后自动汇总生成规定格式的竣工决算报告文件,以减少手工编制竣工决算文件工作量,确保形成竣工决算数据的可追溯,提高竣工决算审查的效率。该软件的主要模块如图 3-16 所示,该软件可实现的功能有:

①导入完善项目概况和标段信息。

②导入造价管理台账、合同结算报表，只需少量录入管理和财务类相关数据后，软件自动汇总生成完整的竣工决算报表。

③通过设置项目节对应关系对造价管理台账文件和合同结算文件中非标准项目节或清单结构自动转换成标准项目节结构，自动复核、修正结算报表项目节和清单的数据闭合问题。

④数据提供导入、导出功能支持多人协作分工同时录入数据。

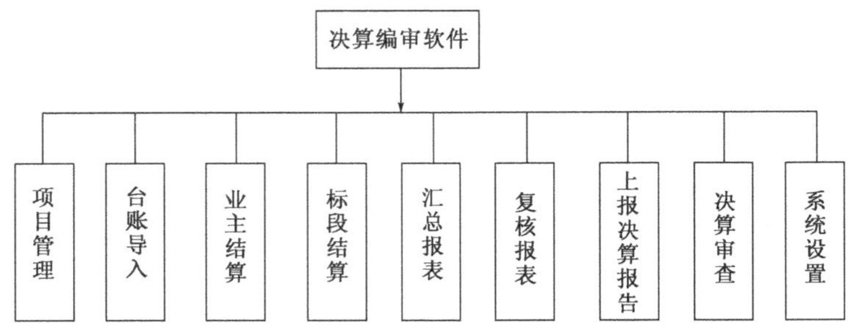

图3-16　竣工决算编审软件主要模块

对报送到造价综合管理系统中的竣工决算报表进行数据复核，生成数据问题清单协助决算审查的数据性复核。该软件提供了后端数据上报接口，可直接将决算数据报送到省交通造价管理机构的综合管理系统中。该软件具有以下功能特点：

①软件免安装，直接拷贝即可使用。

②数据提供导入、导出功能，支持多人协作分工同时录入数据。

③对报表数据的闭合性自动进行审查，生成数据问题清单协助竣工决算审查。

④自动生成标准化格式报表。

⑤提供数据上报接口，可直接将竣工决算数据报送到省交通造价管理机构的综合管理系统中。

(4)定额测算排版软件

定额作为确定公路工程前期阶段预测成本、招投标阶段合理报价的重要依据，随着社会经济水平的变化和公路建设项目中“四新”技术的发展，定额标准需要不断修订、更新。一方面，在当前激烈的市场竞争中，体现社会平均水平的定额标准在实际使用中，以预算定额标准为基础的报价被严重下浮、压低，这种恶性的竞争会使施工企业偷工减料，或是层层转包，拖欠工人工资，工期和质量得不到保证，一些新工艺，新材料也得不到推广和使用；一方面，以同一套定额标准来报价并不能完全体现出市场竞争的真实情况，也不能真正确定其实际工程成本，在与国际惯例接轨的工程量清单计价模式下，同一工程、不同企业以各自内部企业定额为基础做出报价，才能真正反映出企业成本的差异。而企业定额的建立有助于规范建设项目的承发包行为、推广先进施工技术，提高市场竞争能力。企业定额的编制管理过程中能够直接对企业的技术、经营管理水平、工期质量价格等因素进行准确的测算和控制，进而能够合理控制整个项目的成本。以往的定额编制多采用 Excel 排版、编辑、校对。用 Excel 排版不难，难在编辑几百页不出错；用 Excel 调整一个分项不难，难在同步调整几十个分项;校对一条定额不难,难在几千条定额不出勘误。结合以上需求,广东省研发定额测定排版软件,可用于编制企业定额、行业定额标准的专业工具,有效解决用 Excel、Word 等文字编辑工具排版不准、出错率高等问题,可实现同步分页、大批量数据校对。该软件具有以下功能特点:

①实现定额子目自动编号。任意调整目录结构后,定额编号自动改变;轻松应对反复调整数据、插入修改章节,如图 3-17 所示。

序号	编号	名称	页码
1	⊟ 1	路基工程	
2	⊟ 1	路基土、石方工程	
3	8	伐树、挖根、清除表土	1
4	2	挖淤泥、湿土、流沙	2

	编号	名称
1	1-1-8-1	人工伐树及挖根(φ10cm上)
2	1-1-8-2	人工伐推土机挖根(90kW内)
3	1-1-8-3	人工伐推土机挖根(135kW内)
4	1-1-8-4	砍挖灌木林(φ10cm下)稀

图 3-17　自动定额编号图例

②提供定额数据库查询功能。提供交通运输部、广东省及多个省份的基本建设、养护定额标准数据,以供编制补充定额时参考调用;多个定额数据库之间可任意复制数据。解决以往参考资料缺乏,数据录入耗时长的烦恼。

③可自动计算定额基价。灵活的调整原始定额消耗数据,工料机单价或消耗变化后,定额基价自动调整。

④混凝土半成品自动调整。软件可自定义新型混凝土配合比表;添加半成品材料时自动产生其组成物,无须重复键入。

⑤直接输出形成“定额书”。

3.3.5　广东省交通工程建设项目综合管理平台

广东省交通工程建设项目综合管理平台是广东省公路工程造价管理顶层设计“三级平台”的最顶层,由广东省交通运输厅组织研发。省级交通运输主管部门通过此平台发布包括造价管理信息在内的交通基建信息、系统公告、操作指南、法律法规等信息,分模块提供业务办理接口。并通过此平台,实现与建设单位、造价管理机构等单位的数据交互。其界面如图 3-18 所示。

图 3-18　广东省交通工程建设项目综合管理平台

3.4 广东省公路工程造价管理大数据建设创新点

广东省立足区域公路工程发展实际情况，紧密结合技术发展现状，从造价管理参与者需求出发，构建"法规—标准—规程"交通造价三级监管体系，结合造价处理新技术，构建了基于建设单位、造价管理机构、省级交通工程建设项目的"三级"造价管理平台体系和对应阶段造价处理专用工具软件，将造价数据的采集、处理、存储、报送、发布、共享、交互等全过程造价数据管理过程规范化、标准化、高效化，进一步探索大数据在行业信用管理、快速估算、基础设施建设决策等方面的应用。现阶段，广东省在公路工程管理大数据建设的创新主要集中在系统性、完整性、先进性和开放性四个方面。

(1)系统性

造价大数据建设的系统性是指将造价数据处理的各个部分作为一个独立的要素，从系统与要素、要素与要素、系统与环境之间的相互联系、相互作用等方面对造价大数据建设体系进行顶层设计与建设。

①三级平台体系的系统性

造价大数据三级平台分别以项目建设机构、省级造价管理机构，省级交通运输主管部门为平台管理的核心，形成基于单一项目成本控制层面到全省交通造价行业管理层面——全省交通基础设施建设管理及决策层面的造价数据管理系统，结合开发的设计工程量数据标准化处理软件、公路造价编审软件、竣工决算编审软件、定额测算排版软件四个专业软件，每个平台形成一个闭合的小体系，整个三级平台呈现"金字塔"式的大体系。

②交通运输工程造价监管标准体系的系统性

构建造价监管标准化体系是造价管理标准化建设的基础工作，广东省交通运输工程造价监管标准化建设依据"系统性"理念，结合广东省的管理实际情况，建立了交通运输工程造价管理的标准体系框架。整个体系框架基于"法规—标准—规程"三个层次构建，结合国家、交通运输部相关法律法规自上而下、层层细化监管体系。

(2)完整性

造价管理大数据建设的完整性主要体现在造价大数据建设范围的完整性和监管标准体系的完整性。

①范围的完整性

范围的完整性主要体现在基于项目管理层面造价大数据建设的完整性，基于全省公路工程项目造价综合管理层面造价大数据建设的完整性。项目管理层面包括了概(预)算管理、工程量清单管理、工程变更费用管理、工程计量计价管理、清单修编管理与管理费用登记；全省公路工程项目造价综合管理层面包括项目管理、造价标准管理、造价文件编审、监督管理、计价依据管理、价格信息管理、资质与从业资格管理、综合查询分析、交互平台，体现了全方位管理。

②监管标准体系的完整性

广东省交通运输工程造价监管标准体系框架是在国家、交通运输部颁布的法律法规、管理标准的基础上，结合广东省的管理实际情况建立了完整的监管标准体系，涵盖法律规章、准入标准、管理标准、技术标准、工作标准、评价标准、服务标准七个方面内容。

(3)先进性

由于公路建设工程造价数据有其特殊性，造价大数据建设不能单单只作信息化技术处理，而是信息化技术与造价处理技术的有效结合。广东省交通行业在构建造价大数据处理平台时，进行了许多独创性的先进探索，主要体现在如下几个方面：

①公路工程造价核心标准的树形结构化处理

将公路工程概预算项目节、三级清单(工程量清单、工程项目清单、分项工程量清单)、征地拆迁补偿费清单、监理费清单、勘察设计费清单、造价指标清单，不同阶段所需的统计分析表格、造价文件、计价依据首先进行数字化处理，建立相应标准的各类数据库。在此基础上进一步处理清单与清单、清单与项目节、表格与表格之间的静态结构关系，形成关系树，为实现分部分项工程或者单元工程的造价数据模块化处理建立基础，也为解决不同阶段工程计价体系不统一、文件格式差异、造价对比困难、手工工作量大等问题提供数字化的基准库。

②造价动态数据与静态标准的关系数字化处理

要实现建设项目不同阶段的造价数据汇总后对比分析，或者不同项目的对比，需要解决好不同项目各阶段的造价数据对比分析时所参考的基准转换问题。造价关键标准数据库中的标准是相对静态的，或者可以理解为是编制造价的基准模板，并不是具体的某个公路建设项目情况。但是单一建设项目需要编制的造价数据是动态变化的，例如编号为‘208-1-1’的工程量清单子项，根据实际需要可以分别出现在不同的概预算项目节中，这种组合关系因项目具体情况而改变，所以是动态的组合关系，在建立造价标准库时无法提前处理，但这种组合关系又决定了造价数据的自动审查、提取、汇总、对比分析等功能的实现。因此，在提取这些数据时对组合逻辑关系进行了特殊编码处理，且编码是不定长度的，简称为“内联长短码”。提取项目造价数据后，通过内联长短码与造价标准库中的概、预算及工程量清单编号匹配，就可以容易地实现造价数据汇总，实现横向、纵向对比分析，再与指标库中的计算模型匹配，计算出具体项目的具体指标值。

③系统内置自动审查数据功能

通过解析内联长短码，计算机就可以识别出公路工程概、预算项目节和清单子目信息以及他们的关系，进而就可以与标准库中的静态编码对比是否有误，也可以进行自动审查量、价等是否闭合。通过与造价标准库中的标准文件排版格式比较，校核文件格式、完整性是否符合要求。发现问题可以及时提醒用户。竣工决算审查功能还可以自动按照审查出的问题记录并进行数据修正。减轻了烦琐的手动校错工作量，编审效率大幅提高。

④材料价格信息采集分类及编码设计

基于交通运输部颁公路工程建筑材料编码进一步分类分层管理，体现同一品种的材料因规格、产地、材料性能等差异而不同，进一步细化分层编码。材料价格信息既可以按照部颁编码结构处理，又能按照广东省独创的细化编码处理，并方便实现各级材料价格信息员对材料信息的采集、分析、报送、定价、发布等功能。材料定价、发布，由分布在各地区的信息员、地市造价机构、省级造价机构多方共同参与，逐级上报，每一级信息员同时上报管辖区的原始采集价格数据和辖区综合分析价，省级造价管理机构定价时可以逐级追溯到原始的数据采集单。省级造价管理机构定价、发布时设定了多种方式的分析定价、发布操作。

⑤竣工决算编审软件的先进性

竣工决算编审软件，是在广东三级清单体系基础上研发出来的，填补了按三级清单基础编制公路工程竣工决算文件的空白，同时兼顾了交通运输部工程决算、财务决算编制的要求，完整地实现了公路工程竣工决算报告的自动化编制。前文已介绍了该软件的特点，即导入合同结算报表，自动生成标准化的竣工决算报表，支持设置非规范的项目结算报表里项目节清单结构与标准的对应关系，带有数据校核修正功能，也支持多人协作处理同一项目的决算数据。

(4)开放性

造价综合管理系统的开放性是指系统总是存在于一定行业市场之中，并且能够与不同造价管理参与者进行数据的交换，不在系统内的参与者也能依据一定的标准加入本系统，使得整个系统处于不断优化的动态发展过程。广东省造价大数据建设的开放性体现在三个方面，一是系统开放的多样化数据共享设计；二是制定统一标准，用作不同类型处理软件之间交流的桥梁和纽带；三是设立多样化指标模型，供不同需求参与者使用。

①开放的多样化数据共享设计

为了便于多样化的接口需要和满足后续可能的接口需求，造价综合管理系统设计了多样化的接口来满足采用不同开发技术的软件或系统提供不同的接口，有针对B/S模式(Browser/Server，浏览器/服务器模式)系统的接口，也有针对单机版软件的接口。数据交换接口可连接多个系统。通过数据共享池模式实现了造价综合管理系统这个专业业务系统与OA系统这个办公系统之间的文件和项目信息共享，与造价专用工具软件的数据交换接口；另外预留了备用交换接口便于以后与部造价管理信息平台、省厅基建管理平台设计审查审批业务相关的造价数据交换接口和部署专业造价管理机构的系统连接。通过数据共享(池)可以将更多的系统对接起来。这些接口都是可开放的，特别是与造价编制审查单机版软件的对接，没有限定，只要符合造价标准文件即可实现接口的调用。

②制定统一的数据标准

目前，不同软件公司开发了不同的造价编审专业工具软件，如目前市场上有纵横、同望、广联达等，广东省针对这一状况制订了全过程造价文件编制标准。例如，制定《公路工程施工图设计工程量(标准化)编制指南》从设计源头上规范计价工程量的采集；制定《公路工程三级工程量清单编制标准》以解决前期设计阶段到实施招投标阶段再到竣(交)工结决算阶段造价口径统一问题；制定《公路工程造价文件编制(标准化)指南》以解决各环节造价文件编制格式和编制深度问题等。这些标准的制定使得使用不同软件编制出来的造价文件具有可比性。

③设立多样化的造价指标模型库

为实现造价精细化管理需求，满足不同参与者造价数据需求，充分利用造价大数据，广东省根据工程的项目节对应层级不同制定了综合指标、分项指标、单元指标三级层次的造价指标体系，每层指标体系又对应总体造价指标、方案经济指标、工程量指标和造价权重比四大类型指标。系统分别为不同的指标类型设置“指标计算规则模型”，以及与造价标准库中项目节、清单子目的匹配规则。利用这些规则模型形成“造价指标模型库”，使多个项目的指标之间具有可比性，以供不同造价管理参与者参考。

4 工程量数据采集

以大数据理念与工程造价管理技术相结合,对各类造价数据进行处理,是基础设施建设项目造价管理发展的新趋势。公路建设工程投资规模大、投资周期长,计价涉及多专业、多阶段,计价过程较复杂,将来自不同数据源的多源数据汇集在一个数据库中,挖掘数据源的特点和相关关系,一方面可以更好地对公路工程全过程造价数据链进行管理、控制与预测,提高造价编审工作的效率和质量;另一方面,可实现造价数据选择性的共享开放,如典型图纸工程量数据开放、基础设施建设资金使用情况数据开放等,有利于极大化发挥数据资源价值,促进信息公开、廉洁政府建设、行业的健康可持续发展,维护交通行业良好的社会公信力。

公路工程造价行业大数据建设要解决好大数据技术与造价行业本身特点的融合问题。既要从微观上考虑造价工作其本身的复杂性和精细性,又要从宏观上解决好如何有效利用造价大数据,使其服务造价参与者支持行业决策。公路建设项目在决策、设计、实施、竣工等各环节产生的工程量数据是最重要的造价数据源,是开展计价工作的基础信息,图纸数据化是指从交通基础设施建设工程的设计原始图纸上读取工程量数据的过程,明确从图纸上哪些工程部位提取哪些数据信息,以何种规则提取数据信息尤为关键,这是造价数据加工的第一步,是后续建设管理过程中对工程进行量价结合,确定工程造价或投资总额的数据基础。

4.1 工程量数据采集需求

工程量数据与价格数据并称为公路工程造价确定的两个基本要素,无论是立项阶段的项目建议书、可行性研究报告(投资估算)、初步设计文件(初步设计概算)、施工图设计文件(施工图预算),还是招投标文件(招标控制价、投标报价)、合同文件(合同清单)、工程变更文件(变更预算或变更费用)、施工计量和竣工计量文件(工程结算、竣工决算),都是以公路建设工程数量数据为基础。工程量数据可分为设计工程量数据、实施工程量数据和决算工程量数据等类别,具体包括对公路工程建设活动(过程)或工程细目的形态及大小方面的描述、定义、量值等数据。不同造价管理参与者对于工程量数据的需求有差异。

(1)建设单位。设计工程量是建设单位编制招标工程量清单和招标建设单位控制价(或清单预算)的基础。设计工程量的编制内容是确定综合单价的基础,其编制质量直接影响招标工作质量,而建设单位作为国家基础性公共设施建设管理的委托代理人,对工程的进度、费用、质量和安全负有不可推卸的责任,工程数量能否得到准确反映?工程单价水平是否符合市场竞争规律?中标人获取的工程量和合同价格能否保障项目顺利完成？项目建成后能否达到预期效果？等等，是每个建设管理者都非常关心的问题。建设单位通常对建设项目进行全方位管理，其所需要的造价管理信息要全面、宏观。

(2)设计单位。设计单位进行图纸设计、编制设计工程量表格和概算、预算，是工程量体系的直接创造者和使用者，工程量体系编制是否全部覆盖工程各项目分部分项、工程细部？是否编制合理与数量统计的快速准确密切相关？故设计单位对工程数量采集的精细化需求程度是最强烈的。

(3)施工单位。施工单位是工程的建设者，在施工准备阶段需要详细的工程量数据进行人工、材料和设备的准备；在施工阶段，现场施工管理台账、工料机消耗登记、工程变更台账均要以设计文件中工程数量表的内容项为基础，对工程数量分类进行核查。因此，工程量数据直接影响工程施工进度、质量、成本管理；在施工结束阶段，工程量是工程结算最基本的依据。

(4)技术咨询单位。技术咨询单位包括营利性和非营利性两种，营利性单位是接受建设单位或其上级委托对项目造价的控制提供专业性服务，并以营利为目的的咨询机构。非营利性单位是为公路造价行业提供信息服务的造价协会等。他们需要全面详细地掌握公路建设项目不同阶段各单位工程、分部工程、分项工程、构件、材料等设计工程量数据来完成技术咨询活动。

(5)监理单位。监理作为受建设单位委托、独立于建设单位和承包人之外的第三方，应该按照规范和法规公平、公正地维护双方的利益，期望在施工过程中及时发现并解决问题，特别是工程变更问题，故其要求所掌握的工程量信息清晰、具体，从而方便、快捷地完成监督、审核工作，提出监理方处理意见。

(6)造价管理机构。设计文件中工程量数据量大、类别多、专业性强，是公路工程造价管理的核心，设计文件工程量的编制质量直接决定着公路造价的准确性，是影响造价文件编制质量和效率的决定性因素。造价管理机构作为造价文件审查的主体部门，往往需要在短时间内完成众多建设项目的造价审查工作，而公路建设工程涉及多专业设计，各自根据设计工程量信息独立统计，造成工程数量的信息统计口径不一致，无统一标准，甚至重复工作；或者由于不同设计部门反映的设计工程信息量不统一，造成造价审查和不同项目工程量比对的困难。因此，造价管理机构需要标准化的能区分不同工程实际情况的工程量指标。

基于以上需求，工程量的准确采集和有效应用需要解决三个方面的问题：一是如何实现规范化工程数量的采集；二是如何实现采集完成后数据表达方式的统一；三是如何结合先进的技术手段提高工程量数据采集和表达的效率。

4.2 工程量多源数据采集原理

广东省交通行业通过采用基于编码的层次分解技术，实现公路建设工程量的多源数据采集。具体原理如下：

(1)工作分解结构(WBS)

工作分解结构(Work Breakdown Structure,WBS)作为一个项目管理概念,最早是由美国国防部的军用标准(MIL-SLD)提出的,后来写入了美国项目管理学会的教程中,后又被国际标准化组织参照作为ISO10006国际标准。

工作分解结构(WBS)的定义为:以可交付成果为向导,对项目团队为了实现项目目标并完成规定的可交付成果而执行的工作所进行的层次分解。工作分解结构是将项目工作分解成更小、更便于管理的工作单元,WBS每向下分解一个层次就代表对项目工作的进一步详细定义。WBS的对象是项目领导、利害关系者、内部和外部的所有项目参与者所要完成的全部工作内容。WBS清楚地说明实施项目工作将要实现的目标及完成的可交付成果。WBS的深度取决于项目的规模和复杂程度,以及项目计划和管理所需的细节层次。

WBS由四类因子构成,分别是:结构化编码、工作包(work package)、WBS元素、WBS字典。

①结构化编码

编码是最显著和最关键的WBS构成因子,首先编码用于将WBS彻底地结构化。通过编码体系,我们可以很容易识别WBS元素的层级关系、分组类别和特性。由于近代计算机技术的快速发展,编码实际上已使WBS信息与组织结构信息、成本数据、进度数据、合同信息、产品数据、报告信息等紧密地联系起来。

②工作包

工作包是WBS的最底层元素,一般的工作包是最小的"可交付成果",这些可交付成果很容易识别出完成它的活动、成本和组织以及资源信息。基于上述观点,一个用于项目管理的WBS必须被分解到工作包层次才能够使其成为一个有效的管理工具。

③WBS元素

WBS元素实际上就是WBS结构上的一个个"节点",通俗的理解就是"组织机构图"上的一个个"方框",这些方框代表了独立的、具有隶属关系/汇总关系的"可交付成果"。

④WBS字典

用于描述和定义WBS元素中的工作文档。字典相当于对某一WBS元素的规范,即WBS元素必须完成的工作以及对工作的详细描述;工作成果的描述和相应规范标准;元素上下级关系以及元素成果输入输出关系等。同时WBS字典对于清晰地定义项目范围也有着巨大的规范作用,它使得WBS易于理解和被组织以外的参与者(如承包人)接受。

WBS分解的核心原则是100%原则,即WBS包括项目范围所定义的所有工作内容以及所有可交付成果,包括:内部的、外部的和中间要完成的,还包括项目管理。该原则指导WBS编制、分解和评价的工作进行,并且适用于WBS的所有层次:"子"层次上的工作总和应100%地完全等于"母"层次上的工作。同时,WBS不应包括项目范围以外的任何工作,即不能超出100%的工作范围。在每个工作包中,由活动表示的工作总和应100%等于完成此工作包所需要的所有内容。

(2)基于WBS的公路建设项目设计工程量数据采集

①数据采集对象的确定原则

将公路工程设计工程量体系进行工作结构分解,其原则遵循WBS的100%原则,同时结合公路建设工程的实际情况,并与交通运输部颁《公路工程建设项目概算预算编制办法》(JTG 3830—2018)和配套定额等计价标准相协调。公路工程的工作结构分解的主要原则应包括:

a. 最底层原则。将主体目标逐步细化分解到最底层,并且划分的规则必须能够涵盖所有公路工程造价管理的最底层内容。

b. 全面原则。细分子目的规则要能够完全涵盖上一层工作内容,也就是子目内容与上一级子目内容的关系为真包含,且子目之间的交集为空集。即令 $I=\{$工程建设工作内容$\}$,则 $I_i=$工程量清单上一级子目内容$(i=1,2,3,\cdots,n)$,$U=\{$施工工序$\}$,则 $U_i=$工程量清单子目$(i=1,2,3,\cdots,n)$,两者之间应存在如下所示关系:

$$\begin{cases} I_1 = U_1 \cup U_2 \cup U_3 \cdots \cup U_n \\ U_1 \cap U_2 \cap U_3 \cdots \cap U_n = \varnothing \end{cases}$$

c. 可扩展原则。随着我国公路建设的日益发展,不断有新的技术、新的材料、新的工艺运用到公路建设中。对此,公路工程设计工程量体系划分的标准应适应公路工程建设未来的发展需要,新技术、新材料、新工艺等能够按照既定的划分原则继续划分子目而不会出现下级子目与上级子目内容之间的不对应。

②公路工程内容分解体系的建立

根据我国公路建设项目的有关规定和习惯做法,也根据建设项目及其价格确定的需要,建设项目一般是按建设项目—单项工程—单位工程—分部工程—分项工程的顺序逐层细化的方式划分的,具体划分形式如下:

a. 公路建设项目。是指按交通行业总体规划意图实行建设,从立项、设计、施工、交竣工分阶段实施,建成后经济上实行统一核算,行政上实行统一管理的单位,通常由一个或多个单项工程组成。

b. 单项工程。具有独立的施工图设计文件,建成后可以独立发挥生产能力或经济效益的公路建设项目组成部分。

c. 单位工程。是单项工程的组成部分,可以独立设计、独立施工,但一般建成后不能独立发挥生产能力或经济效益。

d. 分部工程。是单位工程的组成部分,一般是按单位工程的施工部位、设备种类或材料等划分。

e. 分项工程。是分部工程的组成部分,是由专业施工人员完成,通过简单的过程就可以生产出来的组成部分,产品可以有具体的计量单位,该产品是计算物料消耗、进行进度安排、实施质量检验的基本构造因素。

公路工程内容分解体系示意图如图4-1所示。

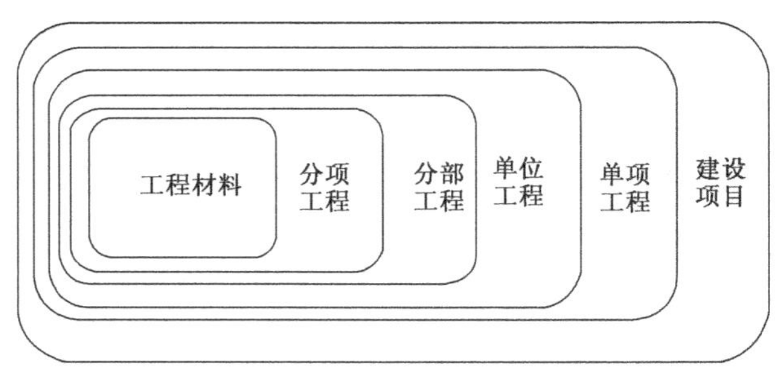

图 4-1　公路工程内容分解体系示意图

③公路工程设计工程量分解结构及其编码形式

对公路工程建设项目的设计工程量体系进行分解的过程中,采用了自下而上的顺序对工作层次进行划分,用自下而上的顺序对分解结构进行完善。上一层工作是其下一层工作的汇总,而下一层工作是其上一层工作的组成工作,位于最下层的工作包,即为不再分解的工作,是项目最基本的组成单元。

同时,数据化还需要对编码体系的设置规则进行标准化。交通运输部行业标准《公路工程基本建设项目设计文件编制办法》(以下简称《设计编制办法》)将公路工程初步设计文件和施工图设计文件划分为十二篇:第一篇总体设计,第二篇路线,第三篇路基、路面,第四篇桥梁、涵洞,第五篇隧道,第六篇路线交叉,第七篇交通工程及沿线设施,第八篇环境保护与景观设计,第九篇其他工程,第十篇筑路材料,第十一篇施工方案(在施工图设计文件中为施工组织计划),第十二篇设计概算(在施工图设计文件中为施工图预算)。

现有设计编制办法已对公路工程的单项单位工程进行分部分项划分,在开展设计工作时设计人员遵照设计编制办法的规定内容进行工程设计与工程数量统计,在既有设计成果基础上编制公路工程设计数量表和进行工程量编码设计时,应当充分考虑现有设计人员的工作习惯和已形成的“惯例”,这样才可以使设计工程量编码体系更具有操作性、实用性和生命力。保证公路工程设计工程数量表标准化编码体系的设计能够充分体现工作结构分解(WBS)的原则,按照单项工程、单位工程、分部工程、分项工程由粗到细有序地进行编码体系的设计,是可行的办法。在实际工程设计时,项目的建设要求及所在地形不同、采用技术也不同,并且使用新的技术,因此可以对突破常规设计的工程量进行编码的扩展。

基于以上工程结构分解原则可对公路工程数量进行表格化进而编码化,得到新的公路工程编码系列。本工作分解结构分为三个层次,不同级别的层之间用“—”来连接,用阿拉伯数字表示一层的工作。

第一层,将公路工程建设项目按单项工程的内容进行划分,以阿拉伯数字方式编码,从 1 开始以序列方式顺延排列,“1”表示总体设计,“2”表示路线,“3”表示路基、路面,“4”表示桥梁、涵洞,“5”表示隧道,“6”表示路线交叉,“8”表示环境保护及景观设计,“9”表示其他工程,“10”表示筑路材料,“11”表示施工组织计划。

第二层,将公路工程建设项目的单项工程以单位工程为子单元进一步划分,以阿拉伯数字方式编码,从这一层中的每个单项工程下属的单位工程从 1 开始以序列方式顺延排列，如“第二篇路线”划分子单元，分别为公路用地表，赔偿数目、青苗数量表，砍树挖根数量表，拆迁建筑物表，拆迁电力、电信及其他设施表，交通安全设施工程数量汇总表等。路线工程中所涵盖的所有用地、拆迁的单位工程都应涵盖到。

第三层，将公路工程建设单位工程以分项工程为子单元进一步划分，以阿拉伯数字编码，从 1 开始以序列号方式顺延排列，如“第四章桥梁工程”下属的 4-1 桥梁工程数量表，结合桥梁结构设计图纸以分项工程进一步划分为：4-1-1 桥梁下部及基础结构明细表，4-1-2 桥梁上部结构明细数量表，4-1-3 桥梁桩基础钻孔地质表，4-1-4 特殊桥梁下部主体结构索塔工程数量明细表，4-1-5 特殊桥梁上部主体结构工程数量表等。

④公路工程设计工程量数据采集对象体系的建立

公路建设项目的设计图纸一般大到平面图、纵断面图，小至路基标准横断面图，还包括路基一般设计图，路基逐桩横断面图，排水防护工程图，桥涵布置图，路面结构图，交通工程及其他附属设施设计图等，内容多、涉及信息量大。为了完整、细致地采集到设计图纸所展示的所有工程量信息，结合公路设计工程量分解结构及其编码的形式，建立如图 4-2 所示的基于 WBS 的公路工程数量采集体系，对位于编码体系最末端的设计元素进一步细化，结合图纸具体情况，确定工程量数据的采集指标细目，以达到准确采集到与计价相关的所有设计工程量信息，实现准确计价的目的。

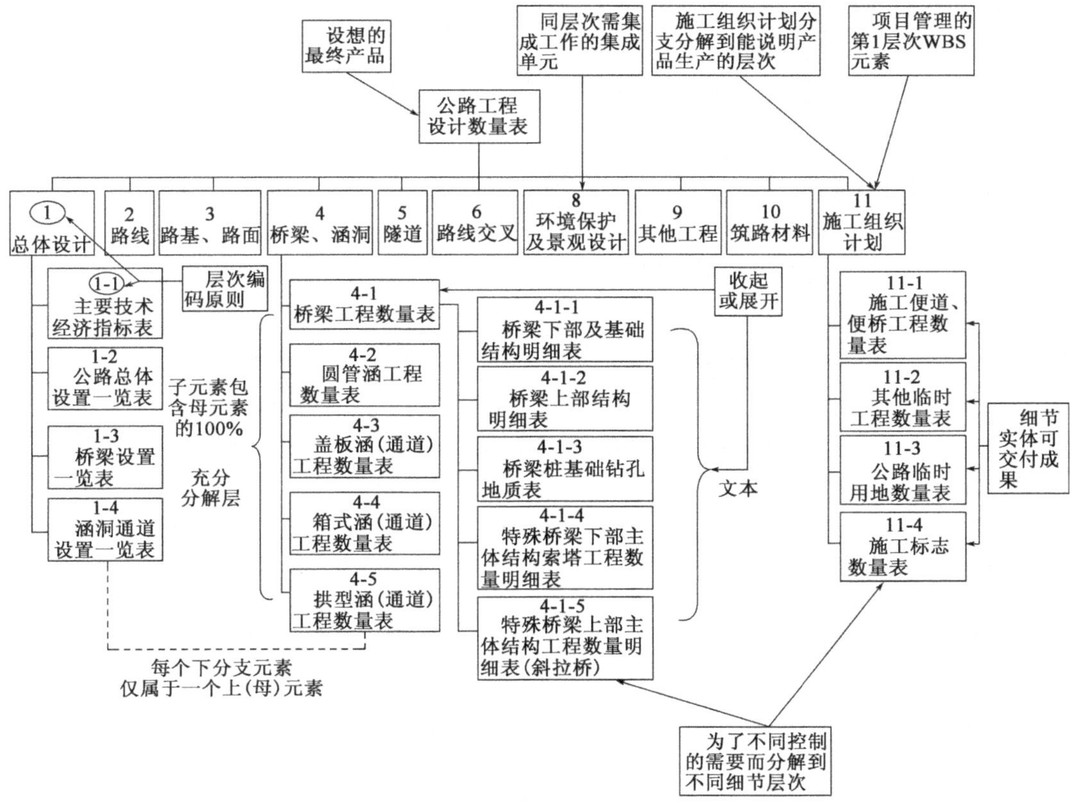

图 4-2　基于 WBS 的公路工程数量采集体系

当然,基于 WBS 方式的公路工程量多源数据采集原理,也适用于以质量管理、进度管理、安全管理为目的的需要,因管理需求的不同,设计出不同的子单元类别进而按一定规则进行编码,从而实现规范管理的需要。

4.3 工程量多源数据采集实践

4.3.1 总体工程数量采集

公路总体设计工程数量应将路线布置图及路线纵断面图反映的重要工程信息转化为数据形式,以反映公路建设项目从起点至终点走向的各路幅类型、结构设置等情况,主要包括主要技术经济指标表、公路总体设置一览表、桥梁设置一览表、隧道设置一览表等。

以公路总体设置一览表的构建为例,可采用工作分解结构的方法,建立基本的 WBS 工程量计量模板,要获得这些信息,需要从相关图纸上获得的信息包括:定位信息——起讫桩号、长度(m)、位置(左线,右线);工程量所在的环境特征信息——是否标段起点,是否整幅路段/分幅路段,是否有涵洞、互通立交、宽度(m)等;工程量数量特征信息——建设面积(m^2)、征地面积(m^2)、结构物工程量信息等。桥涵工程量信息包括跨径组合(例如,15 × 40m 预应力混凝土 T 形梁、1 - 2 × 2m 钢筋混凝土盖板涵)、功能(涵、人通行、机械通行及其组合)、长度(m)和数量(座);路基工程量信息包括:填挖方类型、长度(m),投影面积(m^2),平均高度(m),从图纸中提取工程量分类及指标内容参见图 4-3,这些信息需要由设计人员分别计算统计,并按照规定类型进行说明,以便于后续造价计算与工程管理的需要。

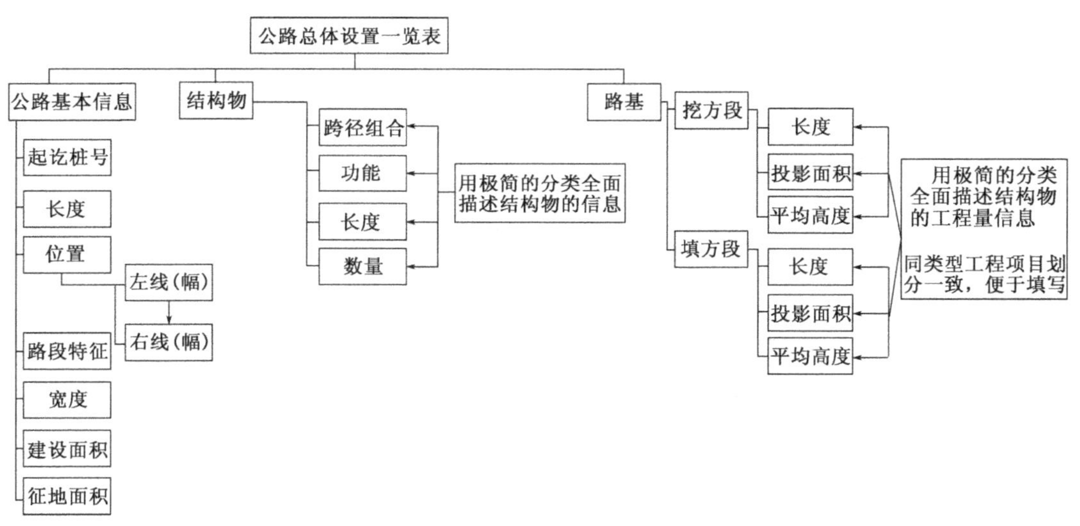

图 4-3 公路总体设计工程量 WBS 计量模板

为方便造价编制人员从设计图纸上采集工程量数据,可以以图 4-3 所示计量模板为基础，将 WBS 模板构建的指标体系转化为表格形式并注明工程量采集的单位，形成标准格式的工程数量表，其形式参见表 4-1。

公路总体设置一览表标准化样表 表 4-1

1-2 公路总体设置一览表

项目： 第 1-1 页 共 4 页

序号	起讫桩号或中心桩号	长度	位置		路段特征	宽度	建设面积	征地面积	结构物				路基 *						备注
													挖方段			填方段			
			左线（幅）	右线（幅）					跨径组合	功能	长度	数量	长度	投影面积	平均高度	长度	投影面积	平均高度	
		（m）				（m）	（m^2）	（m^2）			（m）	（座）	（m）	（m^2）	（m）	（m）	（m^2）	（m）	
①																			
②																			
③																			

4.3.2 路线工程数量采集

路线设计工程量信息包含公路用地、赔偿树木、青苗补偿、拆迁建筑物、砍树挖根、拆迁电力、电信及其他设施、标志设置等工程数量内容，其中公路用地情况和赔偿树木、青苗数量直接影响到工程估算、概预算等前期造价的结果，故以此两项为重点进行路线设计工程量数据采集的研究。

公路用地指公路两侧边沟（或者截水沟）及边沟（或者截水沟）以外不小于 1m 范围的土地，根据《中华人民共和国公路法》的规定，公路用地的具体范围由县级以上人民政府确定，但最低不小于 1m。是供公路修筑路基和排水系统，设置防护设施和服务设施，以及供公路修筑和养护取土、弃土、路侧绿化等使用的土地。

对于应采集的公路用地信息，可采用工作分解结构的方法，建立基本的 WBS 工程量计量模板，要获得这些信息，需要从相关设计图纸上获得的信息包括：用地基本信息，即用地位置信息——起讫点桩号，长度（m），位置（左线，右线），是否有涵洞、互通立交，建设面积（m^2），所有者［所属市、区（县）、镇（乡）］等；土地类别及数量信息包括：农用地数量、建设用地数量、未利用地数量等，为精确确定造价，农用地可按其用途特征进一步细分为：耕地类的灌溉用地、旱地、菜地，园地类的果园，林地类的林地、经济林、苗圃、荒山，其他用地类的养殖水面等；建设用地可分为：住宅用地和公路用地等。从设计图纸中提取工程量分类及指标内容参见图 4-4，这些信息需要设计人员分别计算统计，并按照规定类型进行说明，以便于后续造价计算与工程管理的需要。

为方便造价编制人员从设计图纸上采集工程量数据，可以以图 4-4 所示计量模板为基础，将 WBS 模板构建的指标体系转化为表格形式并注明工程量采集的单位，形成标准格式的工程数量采集表，其形式参见表 4-2。

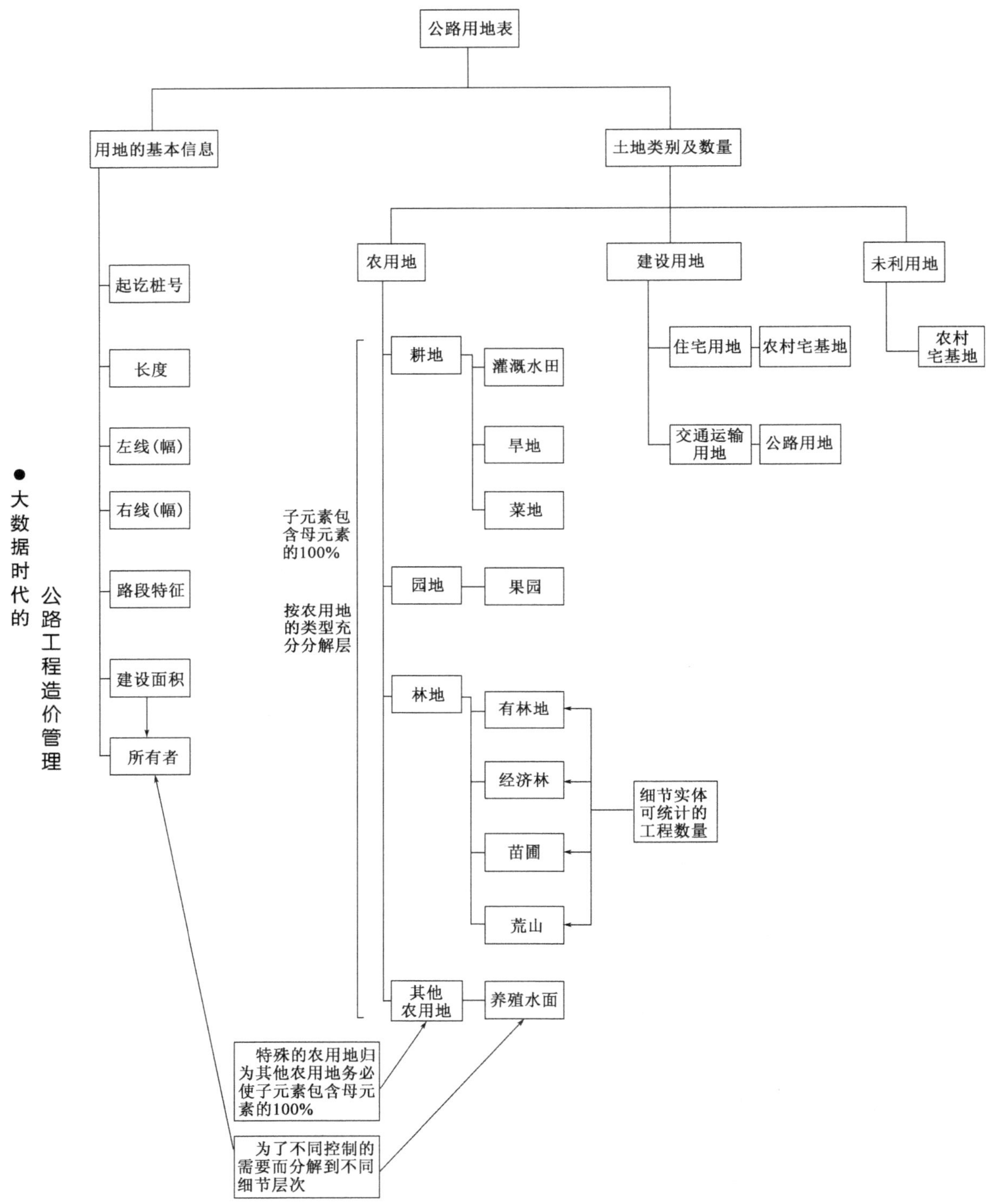

图 4-4　公路用地数量 WBS 计量模板

公路用地一览表标准化样表

2-1 公路用地表

项目：　　　　　　　　　　　　　　　　　　　　　　　　　　　　表4-2

序号	起讫桩号	长度	位置		路段特征	建设面积	所有者	土地类别及数量													备注
			左线（幅）	右线（幅）				农用地									建设用地		未利用地	合计	
								耕地			园地	林地				其他农用地	住宅用地	交通运输用地			
								灌溉水田	旱地	菜地	果园	有林地	经济林	苗圃	荒山	养殖水面	农村宅基地	公路用地	河流水面		
		（m）				（m^2）		（亩）	（亩）	（亩）	（亩）	（亩）	（亩）	（亩）	（亩）	（亩）	（亩）	（亩）	（亩）	（亩）	
1																					
2																					
3																					
4																					

4.3.3 路基路面工程数量采集

路基指的是按照路线位置和一定技术要求用土或石料修筑的作为路面基础的带状构造物,路面指的是用筑路材料铺在路基上供车辆行驶的具有承受车辆重量、抵抗车轮磨耗和保持道路表面平整作用的层状构造物,路基路面是公路工程的主要结构。一般来说,路基工程量计算内容包括:路基土石方的计算与调配、挖方计算、填方计算、特殊地区路基处理工程量计算、路基边坡防护工程量计算、路基挡土墙工程量计算、路基排水工程量计算等。路面工程量计算内容包括:垫层、底基层、基层、面层、透层、黏层、封层、路面排水、路面其他工程工程量计算等。本节以路基每公里土石方工程量数据采集和沥青路面工程量数据采集为例,进行设计工程量数据采集的标准化研究。

(1)路基每公里土石方工程量数量采集

在公路建设工程中,路基土石方工程是一项工程量巨大,施工条件多变,耗费人力、物力、财力较大的工程。在地形复杂的山区,高填深挖路段,每公里路基土石方量可高达数十万立方米。因此,在公路总体设计和路线方案比选中,路基土石方数量的多少是方案比选所需参考的主要技术经济指标之一。在编制工程估算、概算、预算时,也需要确定分段和全线的路基土石方工程数量。在路基土石方调配中,对于所有挖方,无论是弃方或是调运至其他路段的方量,都属计价方。而填方的计价与否,需要根据用土的来源来决定,若为路外调运则需计价;若为移挖作填、调配利用则不应计价。因此,计价土石方的数量必须通过土石方调配后才能较准确确定,这种计价方式也决定了路基每公里土石方数量表内容的组成应包括土石方挖方、填方、本桩利用、远运利用、借方、弃方等工程量信息。

对于应采集的路基每公里土石方工程量信息,可采用工作分解结构的方法,建立基本的 WBS 工程量计量模板,要获得这些信息,需要从相关设计图纸上获得的信息包括:用地基本信息,即用地位置信息——起讫点桩号、长度(m)、位置(左线,右线)、是否为整幅路段或分离式路段等路段特征、是否为桥梁;挖方的总数量(m^3)及不同土质土方数量(m^3),不同石质石方数量(m^3);结构物挖方数量(m^3);填方的总数量(m^3),填方的土方量(m^3),石方量(m^3),砂方量(m^3);软基沉降方、清淤、清表及耕地夯实回填量(m^3);在本桩内可被利用及远运可被利用的土方量(m^3)及平均运距(km),石方量(m^3)及平均运距(km);借方工程量信息,即土方借方量(m^3)及平均运距(km),石方借方量(m^3)及平均运距(km),砂借方量(m^3)及平均运距(km);弃方工程量信息,即土方弃方量(m^3)及平均运距(km),石方弃方量(m^3)及平均运距(km)等。从设计图纸中提取工程量并进行分类,构建指标体系内容参见图 4-5,这些信息需要设计人员分别计算统计,并按照规定类型进行说明,以便于后续造价计算与工程管理的需要。

为方便造价编制人员从设计图纸中采集工程量数据,以上述计量模板为基础,将 WBS 模板构建的指标体系转化为表格形式并注明工程量采集的单位,形成标准格式的路基每公里土石方工程量数量采集表,其形式可参见表 4-3 ~ 表 4-5。

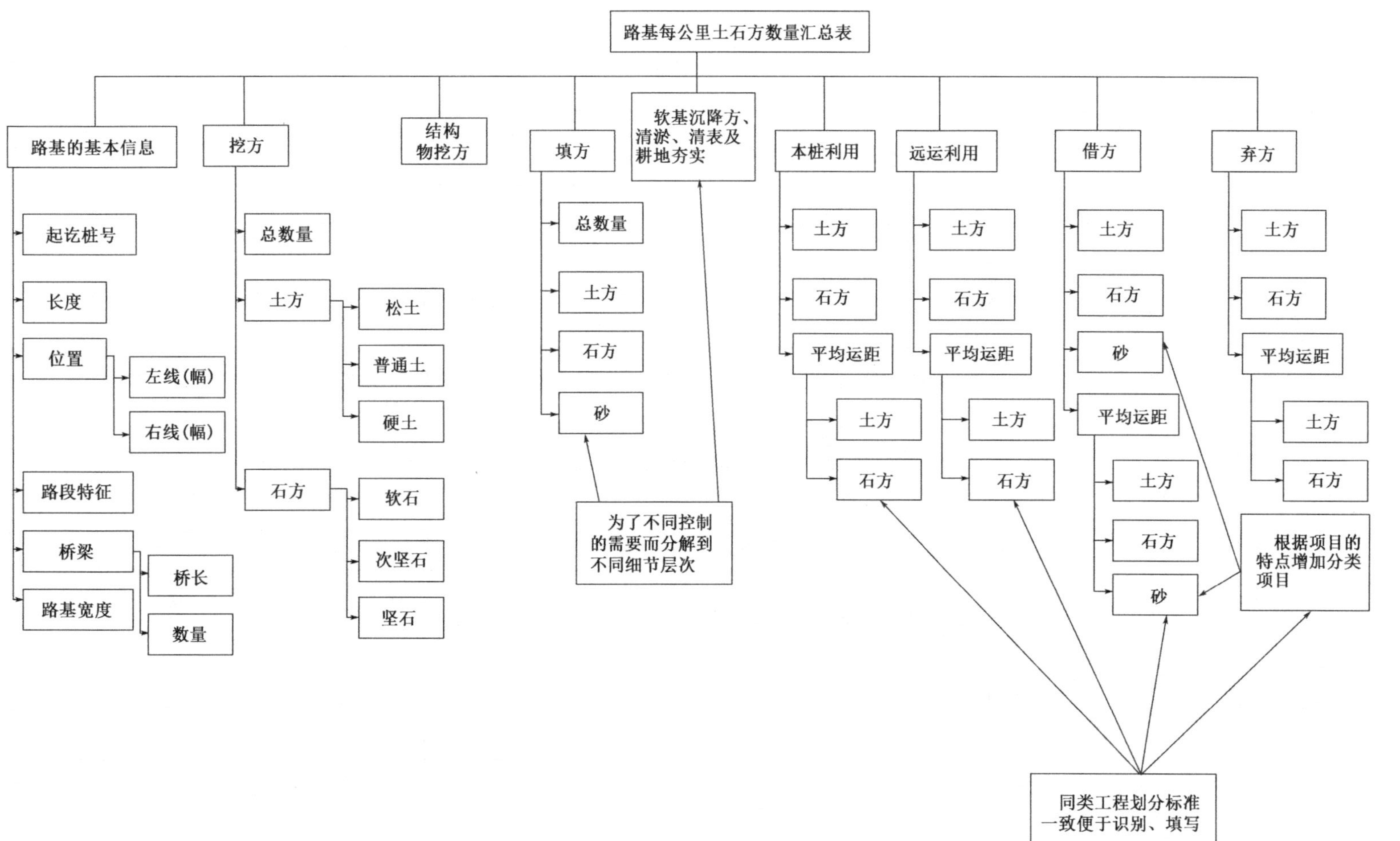

图4-5　路基每公里土石方工程量WBS计量模板

路基每公里土石方数量汇总表 1

表 4-3

3-18　路基每公里土石方数量汇总表

项目：　　　　　　　　　　　　　　　　　　　　　　　　第 1-1 页　共 2 页

序号	起讫桩号	长度	位置		路段特征	桥梁		路基宽度	挖方							结构物挖方	填方				软基沉降方、清淤、清表及耕地夯实回填
			左线（幅）	右线（幅）		桥长	数量		总数量				石方				总数量	土方	石方	砂	
										松土	普通土	硬土	软石	次坚石	坚石						
		（m）				（m）	（座）	（m）	（m^3）	（m^3）	（m^3）	（m^3）	（m^3）	（m^3）	（m^3）	（m^3）	（m^3）	（m^3）	（m^3）	（m^3）	（m^3）
1																					
2																					
3																					

路基每公里土石方数量汇总表 2

表 4-4

3-18　路基每公里土石方数量汇总表

项目：　　　　　　　　　　　　　　　　　　　　　　　　第 2-1 页　共 2 页

序号	起讫桩号	本桩利用				远运利用				借方						弃方				备注
		土方	石方	平均运距		土方	石方	平均运距		土方	石方	砂	平均运距			土方	石方	平均运距		
				土方	石方			土方	石方				土方	石方	砂			土方	石方	
		（m^3）	（m^3）	（m^3）	（m^3）	（m^3）	（m^3）	（m）	（m）	（m^3）	（m^3）	（m^3）	（km）	（km）	（km）	（m^3）	（m^3）	（km）	（km）	
1																				
2																				
3																				

路基每公里土石方数量汇总表 2

表 4-5

3-27 主线路面工程数量表(沥青混凝土路面)

项目：　　　　　　　　　　　　　　　　　　　　　　　　第 1 页　共 1 页

序号	起讫桩号		硬路肩工程数量						中央分隔带				土路肩								备注
			沥青稳定碎石基层	碾压混凝土基层	5%水泥稳定碎石	5%水泥稳定碎石	5%水泥稳定碎石	级配碎石	C20缘石混凝土		回填耕植土	中央分隔带植草	拦水缘石C25混凝土预制	平缘石C25混凝土预制	渗沟碎石	回填碎石	反滤土工布	$\phi 50$ PE 管	种草皮	培土	
			上基层 15cm	上基层 24cm	上基层 18cm	下基层 18cm	底基层 20cm	垫层 15cm													
			(1000m²)	(1000m²)	(1000m²)	(1000m²)	(1000m²)	(1000m²)	(m)	(m³)	(m³)	(m²)	(m³)	(m³)	(m³)	(m³)	(m²)	(m)	(m²)	(m³)	
1																					
2																					
3																					

(2)沥青路面工程量数量采集

沥青路面是用沥青作结合料,黏结矿料修筑面层与各基层和垫层所组成的路面结构,其结构层划分为沥青面层、基层、底基层、垫层,横断面由左至右的横向分布为土路肩、硬路肩、路缘带、行车道、路缘带、中央分隔带、路缘带、行车道、路缘带、硬路肩、土路肩。在确定需要从设计图纸上摘录的工程量前,依据结构层特性将沥青路面工程量分为四个部分进行设计工程量的摘取及统计计算,即包括沥青路面结构行车道工程量、硬路肩及路缘带工程量、中央分隔带工程量、土路肩工程量等。

对于应采集的沥青路面工程量信息,可采用工作分解结构的方法,建立基本的WBS工程量计量模板。要获得这些信息,需要从相关设计图纸中获取的信息包括:路面基本信息,即用地位置信息——起讫点桩号、长度(m)、是否填方或者挖方、位置(左线,右线)、是否为整幅路段或分离式路段等路段特征、是否为桥梁[若为桥梁则应获取桥梁的名称与长度(m)]、路面铺筑宽度;沥青路面结构行车道工程量信息,包括:路面结构类型代号、上面层、中面层、下面层、黏层、下封层、透层、上基层、下基层、底基层、垫层所用的材料,厚度(cm)及铺筑面积($1000m^2$);沥青路面硬路肩结构类型代号、上面层、中面层、下面层、黏层、下封层、透层、上基层、下基层、底基层、垫层所用的材料、厚度(cm)及铺筑面积($1000m^2$);中央分隔带工程量,包括:C20路缘石混凝土铺筑长度(m)及体积(m^3)、上面层及下面层工程量;土路肩工程量信息,包括:拦水缘石C25混凝土预制体积(m^3)、平缘石C25混凝土预制体积(m^3)、渗沟碎石体积(m^3)、回填碎石体积(m^3)、反滤土工布面积(m^2)、ϕ50mm PE管长度(m)、种植草皮面积(m^2)、培土体积(m^3)等。从设计图纸中提取工程量并进行分类,构建指标体系内容可参见图4-6,这些信息需要设计人员分别计算统计,并按照规定类型进行说明,以便于后续造价计算与工程管理的需要。

为方便造价编制人员从设计图纸上准确采集工程量数据,以图4-6所示计量模板为基础,将WBS模板构建的指标体系转化为表格形式并注明工程量采集的单位,在构建表格格式时,为简化表格结构,方便工程量采集,将结构层构成相似的行车道、硬路肩和路缘带进行合并,形成标准格式的路面工程量数量采集表,其形式参见表4-6~表4-8。

4.3.4 桥梁工程数量采集

桥梁工程是指为了保证道路的连续性,充分发挥其正常的使用功能,供交通车辆通行并跨越河流、路线或障碍的结构物。

公路桥梁工程包括桥梁主体(即桥梁上部结构和桥梁下部结构)工程和桥位总图中附属的工程设施。附属的工程设施很多,如为了保持桥位处河道稳定的护岸、导流堤等调治水流的构造物,桥头与公路连接的引道引桥,桥面上防车轮冲撞的栏杆,保证行人安全的人行道栏杆,以及桥上标志、桥下导航标志和桥面照明设备等。此外,位于地震多发区域的桥梁还应设有防震装置,斜拉桥吊索牵索上设有防风动谐振的附加装置，活动桥设有机械装置，流冰河上的桥设有破冰装置等。因此桥梁工程里面包含大量的细部构造，并涉及多种建筑材料，如混凝土就有不同强度等级、防水与否等区分。

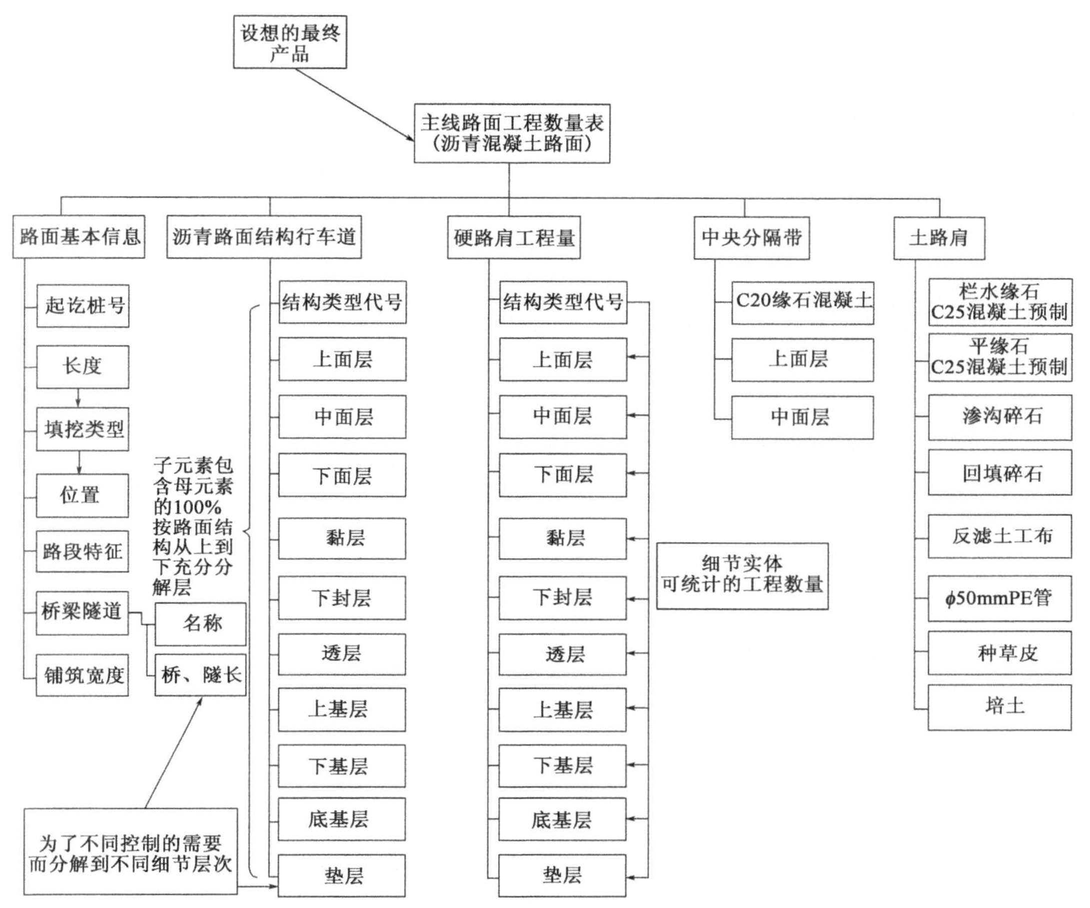

图 4-6　沥青路面工程量 WBS 计量模板

根据 WBS 的分解原则，结合设计图纸与“设计编制办法”，将桥梁工程分解为上部结构、桥身下部结构、桥身基础、桥台及桥台基础、其他共五个部分。其中，上部结构可分为桥面梁板、桥面系，桥身下部结构可分为梁底调平、支座及垫石、挡块、盖梁、墩身、柱系梁等，桥身基础可分为基础系梁、承台、桩基基础、扩大基础等，桥台及桥台基础可分为台身、基础系梁、承台、桩基基础、搭板及枕梁、锥坡等。对桥梁工程 WBS 计量模板的进一步分解结果可参见图 4-7。

对于应采集的桥梁工程量信息，按照上述桥梁工程 WBS 计量模板，从设计图纸中提取各分部分项工程的工程量并进一步分解，以方便造价编制人员从设计图纸上采集工程量数据，即以上述计量模板为基础，将 WBS 模板构建的指标体系进行表格化设计，以结构部位作为表格的横向表头，标明单位的所需材料细目作为纵向表头，形成桥梁工程工程量数量采集的标准表格，其形式参见表 4-9、表 4-10。

主线路面工程数量表(沥青混凝土路面) 表 4-6

3-27 主线路面工程数量表(沥青混凝土路面)

项目： 第 1-1 页 共 3 页

序号	起讫桩号		长度	填挖类型	位置	路段特征	桥梁、隧道		铺筑宽度	沥青路面结构行车道、硬路肩及路缘带工程数量						
							名称	桥、隧长		结构类型代号	SBS 改性沥青混凝土	沥青混凝土	沥青混凝土	黏层	下封层	透层
											上面层 4cm	中面层 6cm	下面层 8cm			
			(m)			(m)		(m)	(m)		(1000m²)	(1000m²)	(1000m²)	(1000m²)	(1000m²)	(1000m²)
1																
2																
3																

主线路面工程数量表(沥青混凝土路面) 表 4-7

3-27 主线路面工程数量表(沥青混凝土路面)

项目： 第 2-1 页 共 3 页

序号	起讫桩号		沥青路面结构行车道、硬路肩及路缘带工程数量						硬路肩工程数量							
			沥青稳定碎石基层	碾压混凝土基层	5%水泥稳定碎石	5%水泥稳定碎石	5%水泥稳定碎石	级配碎石	结构类型代号	SBS 改性沥青混凝土	沥青混凝土	沥青混凝土	黏层	下封层	透层	沥青稳定碎石基层
			上基层 15cm	上基层 24cm	上基层 18cm	下基层 18cm	底基层 20cm	垫层 15cm		上面层 4cm	中面层 6cm	下面层 8cm				上基层 15cm
			(1000m²)	(1000m²)	(1000m²)	(1000m²)	(1000m²)	(1000m²)		(1000m²)	(1000m²)	(1000m²)	(1000m²)	(1000m²)	(1000m²)	(1000m²)
1																
2																
3																

主线路面工程数量表(沥青混凝土路面)　　表 4-8

3-27　主线路面工程数量表(沥青混凝土路面)

项目：　　第 1 页　共 1 页

序号	起讫桩号		硬路肩工程数量						中央分隔带				土路肩								备注
			沥青稳定碎石基层	碾压混凝土基层	5%水泥稳定碎石	5%水泥稳定碎石	5%水泥稳定碎石	级配碎石	C20缘石混凝土		回填耕植土	中央分隔带植草	拦水缘石C25混凝土预制	平缘石C25混凝土预制	渗沟碎石	回填碎石	反滤土工布	ϕ50mm PE管	种草皮	培土	
			上基层15cm	上基层24cm	上基层18cm	下基层18cm	底基层20cm	垫层15cm													
			($1000m^2$)	($1000m^2$)	($1000m^2$)	($1000m^2$)	($1000m^2$)	($1000m^2$)	(m)	(m^3)	(m^3)	(m^2)	(m^3)	(m^3)	(m^3)	(m^3)	(m^2)	(m)	(m^2)	(m^3)	
1																					
2																					
3																					

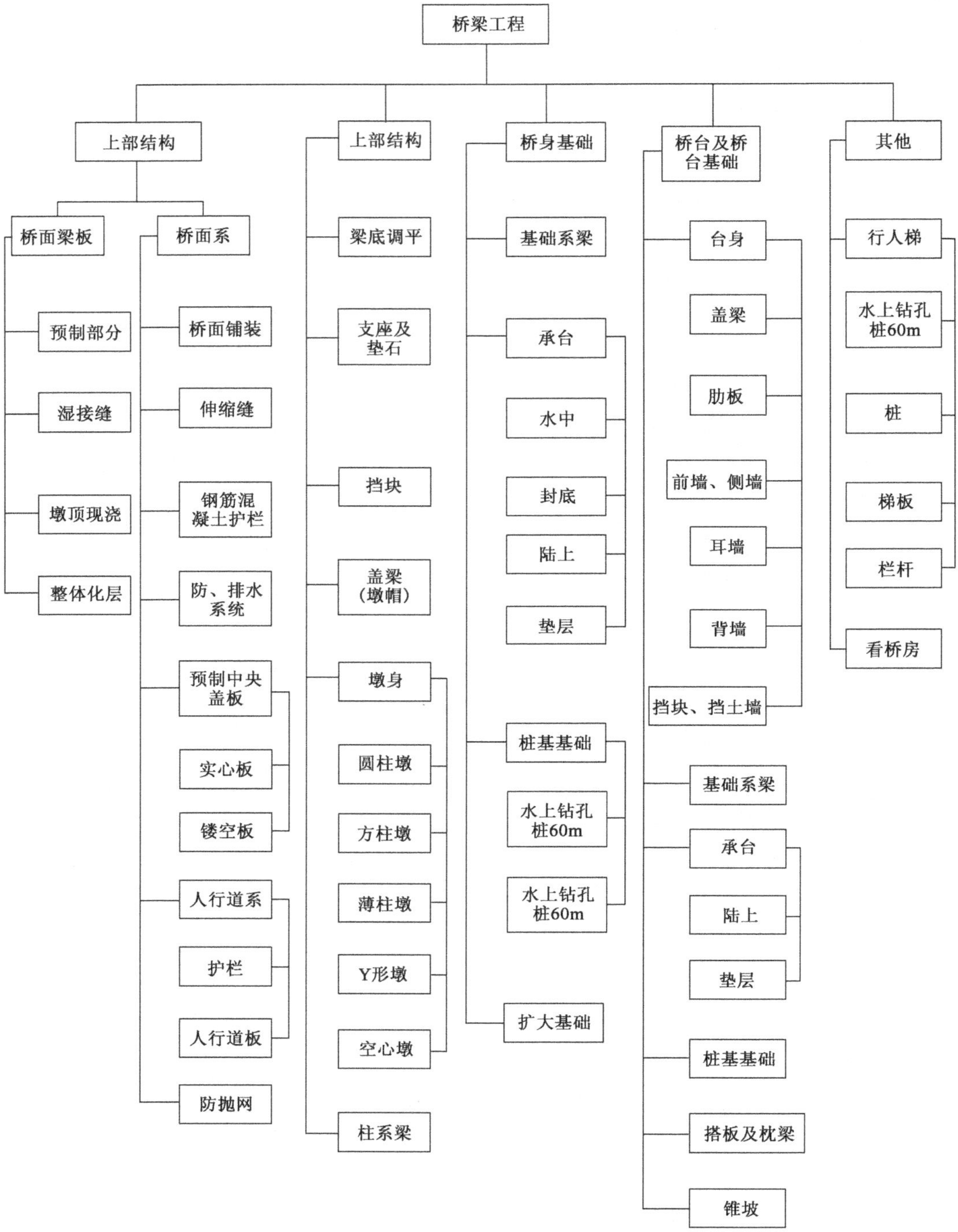

- 桥梁工程
  - 上部结构
    - 桥面梁板
      - 预制部分
      - 湿接缝
      - 墩顶现浇
      - 整体化层
    - 桥面系
      - 桥面铺装
      - 伸缩缝
      - 钢筋混凝土护栏
      - 防、排水系统
      - 预制中央盖板
        - 实心板
        - 镂空板
      - 人行道系
        - 护栏
        - 人行道板
      - 防抛网
  - 上部结构
    - 梁底调平
    - 支座及垫石
    - 挡块
    - 盖梁（墩帽）
    - 墩身
      - 圆柱墩
      - 方柱墩
      - 薄柱墩
      - Y形墩
      - 空心墩
    - 柱系梁
  - 桥身基础
    - 基础系梁
    - 承台
      - 水中
      - 封底
      - 陆上
      - 垫层
    - 桩基基础
      - 水上钻孔桩60m
      - 水上钻孔桩60m
    - 扩大基础
  - 桥台及桥台基础
    - 台身
      - 盖梁
      - 肋板
      - 前墙、侧墙
      - 耳墙
      - 背墙
      - 挡块、挡土墙
    - 基础系梁
    - 承台
      - 陆上
      - 垫层
    - 桩基基础
    - 搭板及枕梁
    - 锥坡
  - 其他
    - 行人梯
      - 水上钻孔桩60m
      - 桩
      - 梯板
      - 栏杆
    - 看桥房

图 4-7　桥梁工程 WBS 计量模板

表 4-9

桥梁工程数量总表标准化样表一

4-1 桥梁工程数量总表

项目：　　桥长(m)：306　　下构最大高度(m)：　　下构平均高度(m)：　　桥宽(m)：　　桥面面积(m^2)：7791　　第 1-1 页　共 8 页

项目		单位	上部结构														桥身下部结构(桥墩、桥塔)											备注
			桥面梁板					桥面系									梁底调平	支座及垫石	挡块	盖梁(墩帽)	墩身						柱系梁	
			T 形梁				小计	桥面铺装	伸缩缝	钢筋混凝土护栏	防、排水系统	预制中央盖板		人行道系		防抛网					圆柱墩		方柱墩	薄壁墩	Y 形墩	空心墩		
			预制部分吊装	湿接缝	墩顶现浇	整体化层						实心板	镂空板	护栏	人行道板						10m 以内	10～20m	10m 以内	10m 以内	10m 以内	10m 以内		
上部结构	跨数	跨																										
	联数	联																										
	预制梁板	片																										
桩基	根数	根																										
	长度	m																										
	钢护桶长度(施工用)	m																										
护栏长度		m																										
混凝土	C50 钢纤维混凝土	m^3																										
	C50 微膨胀混凝土	m^3																										
	C15 片石混凝土	m^3																										
	C20 片石混凝土	m^3																										
	C15	m^3																										
	C20	m^3																										
	C25	m^3																										
	C30	m^3																										
	C35	m^3																										
	C40	m^3																										

续上表

项目：　　桥长(m)：306　　下构最大高度(m)：　　下构平均高度(m)：　　桥宽(m)：　　桥面面积(m^2)：7791　　第1-2页　共8页

项目			单位	上部结构/桥面梁板/T形梁/预制部分吊装	上部结构/桥面梁板/T形梁/湿接缝	上部结构/桥面梁板/T形梁/墩顶现浇	上部结构/桥面梁板/T形梁/整体化层	上部结构/桥面梁板/小计	上部结构/桥面系/桥面铺装	上部结构/桥面系/伸缩缝	上部结构/桥面系/钢筋混凝土护栏	上部结构/桥面系/防、排水系统	上部结构/桥面系/预制中央盖板/实心板	上部结构/桥面系/预制中央盖板/镂空板	上部结构/桥面系/人行道系/护栏	上部结构/桥面系/人行道系/人行道板	上部结构/桥面系/防抛网	桥身下部结构(桥墩、桥塔)/梁底调平	桥身下部结构(桥墩、桥塔)/支座及垫石	桥身下部结构(桥墩、桥塔)/挡块	桥身下部结构(桥墩、桥塔)/盖梁(墩帽)	桥身下部结构(桥墩、桥塔)/墩身/圆柱墩/10m以内	桥身下部结构(桥墩、桥塔)/墩身/圆柱墩/10~20m	桥身下部结构(桥墩、桥塔)/墩身/方柱墩/10m以内	桥身下部结构(桥墩、桥塔)/墩身/薄壁墩/10m以内	桥身下部结构(桥墩、桥塔)/墩身/Y形墩/10m以内	桥身下部结构(桥墩、桥塔)/墩身/空心墩/10m以内	桥身下部结构(桥墩、桥塔)/柱系梁	备注
混凝土	C45		m^3																										
混凝土	C50		m^3																										
混凝土	C55		m^3																										
混凝土	C60		m^3																										
混凝土	水下C25		m^3																										
混凝土	水下C30		m^3																										
混凝土	C35防水混凝土		m^3																										
混凝土	C40防水混凝土		m^3																										
混凝土	沥青混凝土		m^3																										
普通钢筋	HPB235	ϕ6mm	kg																										
普通钢筋	HPB235	ϕ8mm	kg																										
普通钢筋	HPB235	ϕ10mm	kg																										
普通钢筋	HPB235	ϕ12mm	kg																										
普通钢筋	HPB235	ϕ14mm	kg																										
普通钢筋	HPB235	ϕ16mm	kg																										
普通钢筋	HPB235	ϕ18mm	kg																										
普通钢筋	HPB235	ϕ20mm	kg																										
普通钢筋	HPB235	合计	kg																										

续上表

项目：　　桥长(m)：306　　下构最大高度(m)：　　下构平均高度(m)：　　桥宽(m)：　　桥面面积(m^2)：7791　　第1-3页　共8页

项目			单位	上部结构														桥身下部结构(桥墩、桥塔)											备注
				桥面梁板					桥面系									梁底调平	支座及垫石	挡块	盖梁(墩帽)	墩身						柱系梁	
				T形梁				小计	桥面铺装	伸缩缝	钢筋混凝土护栏	防、排水系统	预制中央盖板		人行道系		防抛网					圆柱墩		方柱墩	薄壁墩	Y形墩	空心墩		
				预制部分吊装	湿接缝	墩顶现浇	整体化层						实心板	镂空板	护栏	人行道板						10m以内	10～20m	10m以内	10m以内	10m以内	10m以内		
普通钢筋	HRB400	ϕ6mm	kg																										
		ϕ8mm	kg																										
		ϕ10mm	kg																										
		ϕ12mm	kg																										
		ϕ14mm	kg																										
		ϕ16mm	kg																										
		ϕ18mm	kg																										
		ϕ20mm	kg																										
		ϕ22mm	kg																										
		ϕ25mm	kg																										
		ϕ28mm	kg																										
		ϕ32mm	kg																										
		ϕ36mm	kg																										
		ϕ40mm	kg																										
		ϕ50mm	kg																										
		小计	kg																										
	合计		kg																										
钢筋焊接网	CRB550-D10		kg																										

续上表

项目：　　桥长(m)：306　　下构最大高度(m)：　　下构平均高度(m)：　　桥宽(m)：　　桥面面积(m^2)：7791　　第1-4页　共8页

项目			单位	上部结构														桥身下部结构(桥墩、桥塔)											备注
				桥面梁板					桥面系													墩身						柱系梁	
				T形梁				小计	桥面铺装	伸缩缝	钢筋混凝土护栏	防、排水系统	预制中央盖板		人行道系		防抛网	梁底调平	支座及垫石	挡块	盖梁(墩帽)	圆柱墩		方柱墩	薄壁墩	Y形墩	空心墩		
				预制部分吊装	湿接缝	墩顶现浇	整体化层						实心板	镂空板	护栏	人行道板						10m以内	10~20m	10m以内	10m以内	10m以内	10m以内		
斜拉索	环氧涂层钢绞线	ϕ^s15.2mm	kg																										
斜拉索	平行钢丝	PES7	kg																										
斜拉索	减震器		个																										
斜拉索	黏性剪切阻尼器		个																										
斜拉索	护罩		个																										
斜拉索	HDPE 护套管		m																										
钢绞线(非计量)	f_{pk}1860	ϕ^s15.2mm	kg																										
钢绞线(非计量)	f_{pk}1860	ϕ^s18.6mm	kg																										
钢绞线(非计量)	f_{pk}1860	小计	kg																										
钢绞线(计量)	f_{pk}1860	ϕ^s15.2mm	kg																										
钢绞线(计量)	f_{pk}1860	ϕ^s18.6mm	kg																										
钢绞线(计量)	f_{pk}1860	小计	kg																										
预应力定位钢筋	HPB235	ϕ8mm	kg																										
预应力定位钢筋	HRB400	ϕ12mm	kg																										
精轧螺纹钢	f_{pk}930	ϕ18mm	kg																										
精轧螺纹钢	f_{pk}930	ϕ25mm	kg																										
精轧螺纹钢	f_{pk}930	ϕ32mm	kg																										
精轧螺纹钢	f_{pk}930	小计	kg																										

续上表

项目：　　桥长(m):306　　下构最大高度(m)：　　下构平均高度(m)：　　桥宽(m)：　　桥面面积(m^2):7791　　第1-5页　共8页

项目			单位	上部结构														桥身下部结构(桥墩、桥塔)											备注
				桥面梁板					桥面系									梁底调平	支座及垫石	挡块	盖梁(墩帽)	墩身						柱系梁	
				T形梁				小计	桥面铺装	伸缩缝	钢筋混凝土护栏	防、排水系统	预制中央盖板		人行道系		防抛网					圆柱墩		方柱墩	薄壁墩	Y形墩	空心墩		
				预制部分吊装	湿接缝	墩顶现浇	整体化层						实心板	镂空板	护栏	人行道板						10m以内	10~20m	10m以内	10m以内	10m以内	10m以内		
波纹管	塑料波纹管	SBG-72Y	m																										
		SBG-90Y	m																										
	金属波纹管	50×19cm 扁管	m																										
		JBG-65×20Z	m																										
		JBG-65×20B	m																										
		JBG-80Z	m																										
		JBG-90B	m																										
		JBG-90Z	m																										
锚具	张拉端锚具	YMB15-5	套																										
		YM15-7	套																										
	固定端挤压式锚具	YMPB15-4	套																										
		YMPB15-5	套																										
		YMPB15-6	套																										
		YMP15-12	套																										
	固定端压花锚具	YMH15-12	套																										
		YMHB15-5	套																										
		JLM-32	套																										
	连接器	YMJB15-5	套																										

续上表

项目：　　　　桥长(m)：306　　　下构最大高度(m)：　　　下构平均高度(m)：　　　桥宽(m)：　　　桥面面积(m^2)：7791　　第 1-6 页　共 8 页

项目			单位	上部结构/桥面梁板/T形梁/预制部分吊装	上部结构/桥面梁板/T形梁/湿接缝	上部结构/桥面梁板/T形梁/墩顶现浇	上部结构/桥面梁板/T形梁/整体化层	上部结构/桥面梁板/小计	上部结构/桥面系/桥面铺装	上部结构/桥面系/伸缩缝	上部结构/桥面系/钢筋混凝土护栏	上部结构/桥面系/防、排水系统	上部结构/桥面系/预制中央盖板/实心板	上部结构/桥面系/预制中央盖板/镂空板	上部结构/桥面系/人行道系/护栏	上部结构/桥面系/人行道系/人行道板	上部结构/桥面系/防抛网	桥身下部结构(桥墩、桥塔)/梁底调平	桥身下部结构(桥墩、桥塔)/支座及垫石	桥身下部结构(桥墩、桥塔)/挡块	桥身下部结构(桥墩、桥塔)/盖梁(墩帽)	桥身下部结构(桥墩、桥塔)/墩身/圆柱墩/10m以内	桥身下部结构(桥墩、桥塔)/墩身/圆柱墩/10~20m	桥身下部结构(桥墩、桥塔)/墩身/方柱墩/10m以内	桥身下部结构(桥墩、桥塔)/墩身/薄壁墩/10m以内	桥身下部结构(桥墩、桥塔)/墩身/Y形墩/10m以内	桥身下部结构(桥墩、桥塔)/墩身/空心墩/10m以内	桥身下部结构(桥墩、桥塔)/柱系梁	备注
锚具	连接器	YMJB15-6	套																										
		YMJB15-7	套																										
		YMJ15-12	套																										
		YMJ15-13	套																										
		JLL-32	套																										
	拉索锚	PESM7-241	套																										
		15-43	套																										
		15-55	套																										
钢材	永久钢护筒	厚 30mm	kg																										
	Q345C 钢管		kg																										
	Q235B 钢管	ϕ377mm×12	kg																										
	Q235A 镀锌钢管	ϕ42.4mm×4.5	kg																										
	Q235B 电焊钢筋	Q235B	kg																										
	Q235 钢板	厚 6mm	kg																										
	Q235 钢板	厚 8mm	kg																										
	Q235GNH 钢板	厚 30mm	kg																										
	Q235B 型钢	[20	kg																										
连接构件	锚栓	M10	套																										

续上表

项目：　　桥长(m)：306　　下构最大高度(m)：　　下构平均高度(m)：　　桥宽(m)：　　桥面面积(m^2)：7791　　第1-7页　共8页

项目			单位	上部结构														桥身下部结构（桥墩、桥塔）											备注
				桥面梁板					桥面系									梁底调平	支座及垫石	挡块	盖梁（墩帽）	墩身						柱系梁	
				T形梁				小计	桥面铺装	伸缩缝	钢筋混凝土护栏	防、排水系统	预制中央盖板		人行道系		防抛网					圆柱墩		方柱墩	薄壁墩	Y形墩	空心墩		
				预制部分吊装	湿接缝	墩顶现浇	整体化层						实心板	镂空板	护栏	人行道板						10m以内	10~20m	10m以内	10m以内	10m以内	10m以内		
连接构件	铆栓	M10	套																										
连接构件	普通螺栓	M10	套																										
连接构件	高强螺栓	M10	套																										
连接构件	高强螺栓	M20	套																										
连接构件	螺母	M20	套																										
连接构件	钢筋套筒	ϕ40mm	个																										
连接构件	剪力钉	M10	套																										
板式支座	$GJZF_4$ 400mm×400mm×138mm		个																										
板式支座	GJZ450mm×600mm×110mm		个																										
盆式支座	GPZ4000SX ±100		个																										
盆式支座	GPZ4000DX ±100		个																										
盆式支座	GPZ4000GD		个																										
橡胶缓冲块		400mm×300mm×200mm	块																										
伸缩装置	模数式	SSF80	m																										
伸缩装置	模数式	SSF120	m																										
伸缩装置	模数式	SSF160	m																										

续上表

项目：　　桥长(m):306　　下构最大高度(m):　　下构平均高度(m):　　桥宽(m):　　桥面面积(m^2):7791　　第1-8页　共8页

项目			单位	上部结构 桥面梁板 T形梁 预制部分吊装	湿接缝	墩顶现浇	整体化层	小计	桥面系 桥面铺装	伸缩缝	钢筋混凝土护栏	防、排水系统	预制中央盖板 实心板	预制中央盖板 镂空板	人行道系 护栏	人行道系 人行道板	防抛网	桥身下部结构(桥墩、桥塔) 梁底调平	支座及垫石	挡块	盖梁(墩帽)	墩身 圆柱墩 10m以内	圆柱墩 10~20m	方柱墩 10m以内	薄壁墩 10m以内	Y形墩 10m以内	空心墩 10m以内	柱系梁	备注
防水、排水材料(不含金属扣减等其他辅材)	防水层		m^2																										
	EPS防水卷材		m^2																										
	泄水口栅盖		个																										
	ϕ15cmPVC泄水管		m																										
	ϕ30cmPVC泄水管		m																										
	铝质盖	1200mm×1200mm	个																										
挖基	干处	土方	m^3																										
		石方	m^3																										
	水下	土方	m^3																										
		石方	m^3																										
其他材料	垫层	砂砾	m^3																										
		碎石	m^3																										
	玻纤格栅		m^3																										
	喷播植草		m^2																										
其他圬工	混凝土空心六棱块	C20	m^3																										
	水泥砂浆	M7.5	m^3																										
	浆砌片石	M7.5	m^3																										
防抛网	防抛网		m^2																										
	其他零碎配件		kg																										
桩基声测管	声测管	SCG 60×1.2-QY	kg																										
	钢板	A3钢板	kg																										

表 4-10

桥梁工程数量总表标准化样表二

4-1 桥梁工程数量总表

项目：　　桥长(m)：306　　下构最大高度(m)：　　下构平均高度(m)：　　桥宽(m)：　　桥面面积(m^2)：7791　　第 2-1 页　共 8 页

项目		单位	桥身(桥墩、桥塔)基础										桥台及桥台基础												其他					合计	备注
			基础系梁	承台				桩基基础				扩大基础	台身						基础系梁	承台		桩基基础	搭板及枕梁	锥坡	人行梯				看桥房		
				水中	封底	陆上	垫层	水上钻孔桩 60m 内		陆上钻孔桩 60m 内			盖梁(台帽、拱座)	肋板	前墙、侧墙	耳墙	背墙	挡块、挡土板		陆上	垫层	陆上钻孔桩 60m 内			陆上钻孔桩 60m 内	柱	梯板	栏杆			
								D160	D180	D160	D180											D130			D120						
上部结构	跨数	跨																													
	联数	联																													
	预制梁板	片																													
桩基	根数	根																													
	长度	m																													
	钢护桶长度(施工用)	m																													
护栏长度		m																													
混凝土	C50 钢纤维混凝土	m^3																													
	C50 微膨胀混凝土	m^3																													
	C15 片石混凝土	m^3																													
	C20 片石混凝土	m^3																													
	C15	m^3																													
	C20	m^3																													
	C25	m^3																													
	C30	m^3																													
	C35	m^3																													
	C40	m^3																													
	C45	m^3																													

续上表

项目：　　桥长（m）：306　　下构最大高度（m）：　　下构平均高度（m）：　　桥宽（m）：　　桥面面积（m^2）：7791　　第 2-2 页　共 8 页

项目			单位	桥身（桥墩、桥塔）基础										桥台及桥台基础												其他					合计	备注
				基础系梁	承台				桩基基础				扩大基础	台身						基础系梁	承台		桩基基础	搭板及枕梁	锥坡	人行梯				看桥房		
					水中	封底	陆上	垫层	水上钻孔桩 60m 内		陆上钻孔桩 60m 内			盖梁（台帽、拱座）	肋板	前墙、侧墙	耳墙	背墙	挡块、挡土板		陆上	垫层	陆上钻孔桩 60m 内			陆上钻孔桩 60m 内	柱	梯板	栏杆			
									D160	D180	D160	D180											D130			D120						
混凝土	C50		m^3																													
混凝土	C55		m^3																													
混凝土	C60		m^3																													
混凝土	水下 C25		m^3																													
混凝土	水下 C30		m^3																													
混凝土	C35 防水混凝土		m^3																													
混凝土	C40 防水混凝土		m^3																													
混凝土	沥青混凝土		m^3																													
普通钢筋	HPB235	φ6mm	kg																													
普通钢筋	HPB235	φ8mm	kg																													
普通钢筋	HPB235	φ10mm	kg																													
普通钢筋	HPB235	φ12mm	kg																													
普通钢筋	HPB235	φ14mm	kg																													
普通钢筋	HPB235	φ16mm	kg																													
普通钢筋	HPB235	φ18mm	kg																													
普通钢筋	HPB235	φ20mm	kg																													
普通钢筋	HPB235	小计	kg																													
普通钢筋	HRB400	φ6mm	kg																													
普通钢筋	HRB400	φ8mm	kg																													

续上表

项目：　　桥长(m)：306　　下构最大高度(m)：　　下构平均高度(m)：　　桥宽(m)：　　桥面面积(m^2)：7791　　第2-3页　共8页

项目			单位	桥身(桥墩、桥塔)基础										桥台及桥台基础												其他					合计	备注
				基础系梁	承台				桩基基础				扩大基础	台身						基础系梁	承台		桩基基础	搭板及枕梁	锥坡	人行梯				看桥房		
					水中	封底	陆上	垫层	水上钻孔桩60m内		陆上钻孔桩60m内			盖梁(台帽、拱座)	肋板	前墙、侧墙	耳墙	背墙	挡块、挡土板		陆上	垫层	陆上钻孔桩60m内			陆上钻孔桩60m内	柱	梯板	栏杆			
									D160	D180	D160	D180											D130			D120						
普通钢筋	HRB400	φ10mm	kg																													
		φ12mm	kg																													
		φ14mm	kg																													
		φ16mm	kg																													
		φ18mm	kg																													
		φ20mm	kg																													
		φ22mm	kg																													
		φ25mm	kg																													
		φ28mm	kg																													
		φ32mm	kg																													
		φ36mm	kg																													
		φ40mm	kg																													
		φ50mm	kg																													
		小计	kg																													
	合计		kg																													
钢筋焊接网	CRB550-D10		kg																													
斜拉索	环氧涂层钢绞线	$\phi^{s}15.2mm$	kg																													
	平行钢丝	PES7	kg																													

续上表

项目：　　　　桥长（m）：306　　　下构最大高度（m）：　　　下构平均高度（m）：　　　桥宽（m）：　　　桥面面积（m^2）：7791　　　第2-4页　共8页

项目			单位	桥身（桥墩、桥塔）基础										桥台及桥台基础												其他					合计	备注
				基础系梁	承台				桩基基础				扩大基础	台身						基础系梁	承台		桩基基础	搭板及枕梁	锥坡	人行梯				看桥房		
					水中	封底	陆上	垫层	水上钻孔桩60m内		陆上钻孔桩60m内			盖梁（台帽、拱座）	肋板	前墙、侧墙	耳墙	背墙	挡块、挡土板		陆上	垫层	陆上钻孔桩60m内			陆上钻孔桩60m内	柱	梯板	栏杆			
									D160	D180	D160	D180											D130			D120						
斜拉索	减震器		个																													
	黏性剪切阻尼器		个																													
	护罩		个																													
	HDPE 护套管		m																													
钢绞线（非计量）	$f_{pk}1860$	$\phi^s15.2mm$	kg																													
		$\phi^s18.6mm$	kg																													
		小计	kg																													
钢绞线（计量）	$f_{pk}1860$	$\phi^s15.2mm$	kg																													
		$\phi^s18.6mm$	kg																													
		小计	kg																													
预应力定位钢筋	HPB325	$\phi8mm$	kg																													
	HRB400	$\phi12mm$	kg																													
精轧螺纹钢	$f_{pk}930$	$\phi18mm$	kg																													
		$\phi25mm$	kg																													
		$\phi32mm$	kg																													
		小计	kg																													
波纹管	塑料波纹管	SBG-72Y	m																													
		SBG-90Y	m																													
	金属波纹管	50×19cm 扁管	m																													

续上表

项目：　　　　　桥长(m)：306　　　下构最大高度(m)：　　　下构平均高度(m)：　　　桥宽(m)：　　　桥面面积(m^2)：7791　　第2-5页　共8页

项目			单位	桥身（桥墩、桥塔）基础											桥台及桥台基础												其他					合计	备注
					承台				桩基基础					台身							承台		桩基基础			人行梯							
				基础系梁	水中	封底	陆上	垫层	水上钻孔桩60m内		陆上钻孔桩60m内		扩大基础	盖梁（台帽、拱座）	肋板	前墙、侧墙	耳墙	背墙	挡块、挡土板	基础系梁	陆上	垫层	陆上钻孔桩60m内	搭板及枕梁	锥坡	陆上钻孔桩60m内	柱	梯板	栏杆	看桥房		
									D160	D180	D160	D180											D130			D120						
波纹管	金属波纹管	JBG-65×20Z	m																														
		JBG-65×20B	m																														
		JBG-80Z	m																														
		JBG-90B	m																														
		JBG-90Z	m																														
锚具	张拉端锚具	YMB15-5	套																														
		YM15-7	套																														
	固定端挤压式锚具	YMPB15-4	套																														
		YMPB15-5	套																														
		YMPB15-6	套																														
		YMP15-12	套																														
	固定端压花锚具	YMH15-12	套																														
		YMHB15-5	套																														
		JLM-32	套																														
	连接器	YMJB15-5	套																														
		YMJB15-6	套																														
		YMJB15-7	套																														
		YMJ15-12	套																														
		YMJ15-13	套																														
		JLL-32	套																														

续上表

项目：　　桥长(m)：306　　下构最大高度(m)：　　下构平均高度(m)：　　桥宽(m)：　　桥面面积(m^2)：7791　　第2-6页　共8页

项目			单位	桥身(桥墩、桥塔)基础										桥台及桥台基础												其他					合计	备注
				基础系梁	承台				桩基基础				扩大基础	台身						基础系梁	承台		桩基基础	搭板及枕梁	锥坡	人行梯				看桥房		
					水中	封底	陆上	垫层	水上钻孔桩60m内		陆上钻孔桩60m内			盖梁(台帽、拱座)	肋板	前墙、侧墙	耳墙	背墙	挡块、挡土板		陆上	垫层	陆上钻孔桩60m内			陆上钻孔桩60m内	柱	梯板	栏杆			
									D160	D180	D160	D180											D130			D120						
锚具	拉索锚	PESM7-241	套																													
		15-43	套																													
		15-55	套																													
钢材	永久钢护筒	厚30mm	kg																													
	Q345C钢管		kg																													
	Q235B钢管	ϕ377mm×12	kg																													
	35A镀锌钢	ϕ42.4mm×4.5	kg																													
	35B电焊钢	Q235B	kg																													
	Q235钢板	厚6mm	kg																													
	Q235钢板	厚8mm	kg																													
	Q235GNH钢板	厚30mm	kg																													
	Q235B型钢	[20	kg																													
连接构件	锚栓	M10	套																													
	铆栓	M10	套																													
	普通螺栓	M10	套																													
	高强螺栓	M10	套																													
	高强螺栓	M20	套																													
	螺母	M20	套																													
	钢筋套筒	ϕ40mm	个																													
	剪力钉	M10	套																													

续上表

项目：　　　　桥长(m)：306　　　　下构最大高度(m)：　　　　下构平均高度(m)：　　　　桥宽(m)：　　　　桥面面积(m^2)：7791　　　　第2-7页　共8页

项目			单位	桥身（桥墩、桥塔）基础										桥台及桥台基础												其他					合计	备注
				基础系梁	承台				桩基基础				扩大基础	台身						基础系梁	承台		桩基基础	搭板及枕梁	锥坡	人行梯				看桥房		
					水中	封底	陆上	垫层	水上钻孔桩60m内		陆上钻孔桩60m内			盖梁（台帽、拱座）	肋板	前墙、侧墙	耳墙	背墙	挡块、挡土板		陆上	垫层	陆上钻孔桩60m内			陆上钻孔桩60m内	柱	梯板	栏杆			
									D160	D180	D160	D180											D130			D120						
板式支座	$GJZF_4$ 400mm×400mm×138mm		个																													
	GJZ 450mm×600mm×110mm		个																													
盆式支座	GPZ4000SX±100		个																													
	GPZ4000DX±100		个																													
	GPZ4000GD		个																													
橡胶缓冲块		400mm×300mm×20mm	块																													
伸缩装置	模数式	SSF80	m																													
		SSF120	m																													
		SSF160	m																													
防水、排水材料（不含金属扣减等其他辅材）	防水层		m^2																													
	EPS防水卷材		m^2																													
	泄水口栅盖		个																													
	φ15cmPVC泄水管		m																													
	φ30cmPVC泄水管		m																													
	铝质盖	1200mm×1200mm	个																													
挖基	干处	土方	m^3																													
		石方	m^3																													
	水下	土方	m^3																													
		石方	m^3																													

续上表

项目：　　桥长(m)：306　　下构最大高度(m)：　　下构平均高度(m)：　　桥宽(m)：　　桥面面积(m^2)：7791　　第2-8页　共8页

项目			单位	桥身（桥墩、桥塔）基础										桥台及桥台基础												其他					合计	备注
				基础系梁	承台				桩基基础				扩大基础	台身						基础系梁	承台		桩基基础	搭板及枕梁	锥坡	人行梯				看桥房		
					水中	封底	陆上	垫层	水上钻孔桩60m内		陆上钻孔桩60m内			盖梁（台帽、拱座）	肋板	前墙、侧墙	耳墙	背墙	挡块、挡土板		陆上	垫层	陆上钻孔桩60m内			陆上钻孔桩60m内	柱	梯板	栏杆			
									D160	D180	D160	D180											D130			D120						
其他材料	垫层	砂砾	m^3																													
		碎石	m^3																													
	玻纤格栅		m^2																													
	喷播植草		m^2																													
其他圬工	混凝土空心六棱块	C20	m^3																													
	水泥砂浆	M7.5	m^3																													
	浆砌片石	M7.5	m^3																													
防抛网	防抛网		m^2																													
	其他零碎配件		kg																													
桩基声测管	声测管	SCG 60×1.2-QY	kg																													
	钢板	A3 钢板	kg																													

4.3.5 隧道工程数量采集

公路隧道(此处特指山岭区隧道)主要穿越山岭,对地表自然环境破坏小,能较好地保护生态环境,是缩短公路里程、平顺路线的有效手段,与路基工程相比,可节约85%以上的用地,与桥梁相比,可节约70%以上的土地。近年来,随着公路工程施工技术水平不断提高,公路隧道的建设规模有了很大提高,隧道工程耗资巨大,隧道工程造价在公路建设总造价中所占比重越来越大。因此,准确采集、合理控制隧道工程工程量,成为设计阶段的重点,也是控制投资规模的一个重要环节。

隧道设计工程量计算包括隧道设计布置表、隧道土建工程量数量表(高速公路、一级公路如采用分离式隧道按左线、右线分列)、隧道辅助通道工程数量表等,隧道土建工程施工尤为关键,因此本节以隧道土建工程设计数量数据采集为例,进行设计工程量数据采集的研究。

根据WBS的分解原则,结合设计图纸与"设计编制办法",将隧道土建工程量分解为洞门及明洞部分工程量,洞身工程部分工程量,隧道防排水、路面及装饰部分工程量,隧道土建其他工程量,隧道机电系统安装部分工程量五个部分,其中洞身工程量按照围岩的等级分类采集、隧道土建工程量按预留预埋洞室和监控量测及地质超前预报两类分类采集。隧道土建工程量WBS工程量计量模板的第一次分解过程可参见图4-8。

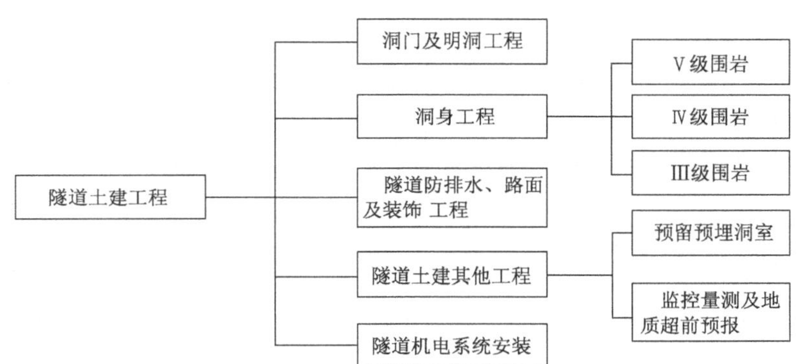

图4-8 隧道土建工程量WBS计量模板

为方便造价编制人员从设计图纸中采集工程量数据,以上述计量模板为基础,将WBS模板构建的指标体系转化为表格形式并注明工程量采集单位,形成标准格式的隧道土建工程量数量采集表,其形式参见表4-11。

4.3.6 路线交叉工程数量采集

路线交叉是指公路相互之间、公路与其他道路等带状构筑物之间的交叉。路线交叉分类可按交叉对象、空间形态、交叉岔数、是否具有交通转换功能分类。在以进行公路工程造价为目的采集设计工程数量时,采用的是空间形态的分类,分为平面交叉和立体交叉两大类。在采集路线交叉工程量时,需要分类采集路基处理工程量、路基路面排水工程量(包括边沟、排水沟、截水沟、急流槽等)、边坡防护工程量、导流岛工程量、拆除处理工程量等。本节以平面交叉设置及工程数量数据采集为例,进行路线交叉工程的设计工程量数据采集的研究。

隧道土建工程数量表头样式

表 4-11

5-2 ××左(右)线隧道土建工程数量表

项目:××至××高速公路　　　　第 1-1 页　共 5 页

项目名称					单位	洞门及明洞工程	洞身工程(开挖及支护)												隧道防排水、路面、装饰	隧道土建其他工程		合计
							Ⅴ级围岩			Ⅳ级围岩				Ⅲ级围岩		Ⅱ级围岩		小计		预留预埋洞室	其他	
							XS-Ⅴa	S-Ⅴa	S-Ⅴb	XS-Ⅳb	S-Ⅳb	S-Ⅳd(无仰拱)	S-Ⅳd(带仰拱)	S-Ⅲ	JS-Ⅲ	S-Ⅱ	JS-Ⅱ					
长度					m																	
洞门及明洞工程	开挖	洞口及明洞开挖	土方	普通土	m^3																	
				硬土	m^3																	
			石方	软石	m^3																	
				次坚石	m^3																	
				坚石	m^3																	
	洞门及明洞的修筑	洞门建筑	端墙	C30 混凝土	m^3																	
			翼墙	C30 混凝土	m^3																	
			帽石	C30 混凝土	m^3																	
			大边墙	C30 混凝土	m^3																	
			钢筋	钢板	kg																	
				HRB335	kg																	
				HPB300	kg																	
				HRB335	kg																	
		明洞衬砌	衬砌混凝土	C30 防水混凝土	m^3																	

续上表

项目：××至××高速公路

项目名称					单位	洞门及明洞工程	洞身工程(开挖及支护)												隧道防排水、路面、装饰	隧道土建其他工程		合计
							Ⅴ级围岩			Ⅳ级围岩				Ⅲ级围岩		Ⅱ级围岩		小计		预留预埋洞室	其他	
							XS-Ⅴa	S-Ⅴa	S-Ⅴb	XS-Ⅳb	S-Ⅳb	S-Ⅳd（无仰拱）	S-Ⅳd（带仰拱）	S-Ⅲ	JS-Ⅲ	S-Ⅱ	JS-Ⅱ					
洞门及明洞工程	洞门及明洞的修筑	明洞衬砌	衬砌钢筋	HPB300	kg																	
				HRB335	kg																	
			仰拱、铺底混凝土	C30 防水混凝土	m^3																	
				C20 混凝土	m^3																	
	洞口坡面防护	钢筋网	ϕ8mm		kg																	
		喷射混凝土	C25 混凝土		m^3																	
		锚杆	25 中空注浆锚杆		kg																	
			22 砂浆锚杆		kg																	
		护拱	I20b 工字钢		kg																	
			22 钢筋		kg																	
			钢板		kg																	
			ϕ42mm×4mm 锁脚小导管		m																	
			42.5 级硅酸盐水泥浆		m^3																	
			螺栓		套																	

对于应采集的路基平面交叉设置及工程量信息，可采用工作分解结构的方法，建立基本的 WBS 工程量计量模板。要获得这些信息，需要从相关设计图纸上获得的信息包括：平面交叉基本信息，即用地位置信息——中心桩号、交叉形式、被交路的名称和等级（如国道 G207，省道 S352）、引道纵坡、改建长度（m）；路基处理工程量信息，即路基挖土方（m^3）和路基填土方（m^3）；路基路面排水工程量信息，包括：挖基、砂砾垫层（m^3）、不同标号浆砌片石（m^3）、回填土（m^3）、植草（m^3）；边坡防护工程量信息与选择的边坡防护类型有关，常见的几类边坡防护工程工程量涉及挖基工程量（m^3）、植草覆盖面积（m^2）、不同标号浆砌片石体积（m^3）、不同标号砂浆抹面（m^2）、不同强度等级混凝土（m^3）；拆除处理工程量，包括拆除原路面工程量（m^2），拆除原排水、防护圬工工程量（m^3）；导流岛建设工程量，包括所需路缘石体积（m^3）、铺草皮面积（m^2）等。从设计图纸中提取工程量分类及指标可参见图 4-9，这些信息需要设计人员分别计算统计，并按照规定类型进行说明，以便于后续造价计算与工程管理的需要。

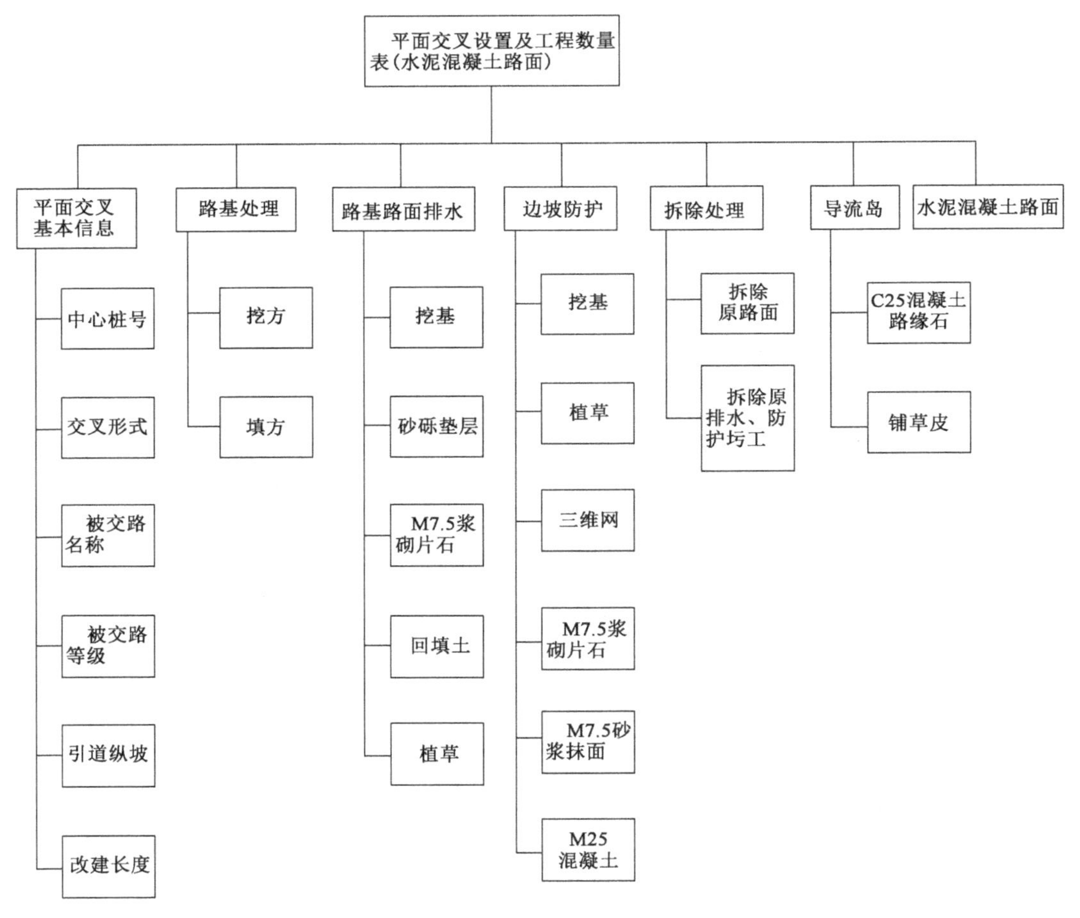

图 4-9　路基平面交叉设置及工程量 WBS 模板

为方便造价编制人员从设计图纸上采集工程量数据，以上述模板为基础，将 WBS 模板构建的指标体系转化为表格形式并注明工程量采集的单位，形成标准格式的工程数量采集表，参见表 4-12。

平面交叉设置及工程数量表

表 4-12

6-7　平面交叉设置及工程数量表

项目：　　　　　　　　　　　　　　　　　　　　　　　　　　　　　　　第 1 页　共 1 页

序号	中心桩号	平交交叉形式	被交路名称	被交路等级	引道纵坡	改建长度	主要工程数量表																			备注
							路基挖土方	路基填土方	路基路面排水					边坡防护						水泥混凝土路面	导流岛		拆除原路面	拆除原排水、防护圬工	
									挖基	砂砾垫层	M7.5浆砌片石	回填土	植草	挖基	植草	三维网	M7.5浆砌片石	M7.5砂浆抹面	C25混凝土		C25混凝土路缘石	铺草皮			
						(m)	(m^3)	(m^3)	(m^3)	(m^3)	(m^3)	(m^3)	(m^3)	(m^3)	(m^2)	(m^2)	(m^3)	(m^2)	(m^3)	(m^2)	(m^3)	(m^2)	(m^2)	(m^3)	
1																										
2																										
	合计																									

4.3.7 环境保护与景观工程数量采集

随着生态文明建设的推进,公路建设中的环境保护与景观建设越来越受到重视,在设计中充分贯彻“公路与景观和谐、人与自然和谐”的思想,落实对公路线路设计范围内环境的保护和修复,做到从整体上把握环境保护,合理规划景观,打造出美丽、绿色、健康、和谐的交通基础设施。“设计编制办法”中环境保护与景观工程量包括环境保护工程一览表、植物配置表、景观工程数量表等。本节以路基中央带绿化工程数量数据采集为例,进行设计工程量数据采集的研究。

对于应采集的路基中央带绿化工程数量信息,可采用工作分解结构的方法,建立基本的 WBS 工程量计量模板。要获取这些信息,需要从相关设计图纸上获取的信息包括:路基中央带绿化工程基本信息,即用地位置信息——起讫桩号、长度(m)、位置(左线,右线)、是否为整幅路段或分离式路段等路段特征、是否为桥梁、桥长及开口段长度(m)、种植位置(是否路基中间带、是否路侧中央带、是否分离式路基中央带等)、种植长度(m)、种植宽度(m);种植植物类别及数量信息,一般植物类别划分为五大类,分别为乔木类、灌木类、藤本类、草本类、植草,其中各类别再按照不同树种细分,同一树种又可按照植物的胸径 *D*、地径 *DJ*、自然高 *H*、冠幅 *P* 等属性按需求进行细分,如乔木类的榕树可分为垂叶榕、高山榕、柳叶榕,而垂叶榕可进一步细分:按胸径 *D*(cm)可分为 *D*5-6 和 *D*7-8,按自然高度 *H*(cm)可分为 *H*200-300、*H*300-350,按冠幅 *P*(cm)可分为 *P*100、*P*200、*P*300 等,按树种分类采集每种类型植物数量;所需的种植土量(m^3)等。从设计图纸中提取工程量分类及指标可参见图 4-10,这些信息需要设计人员分别计算统计,并按照规定类型进行说明,以便于后续造价计算与工程管理的需要。

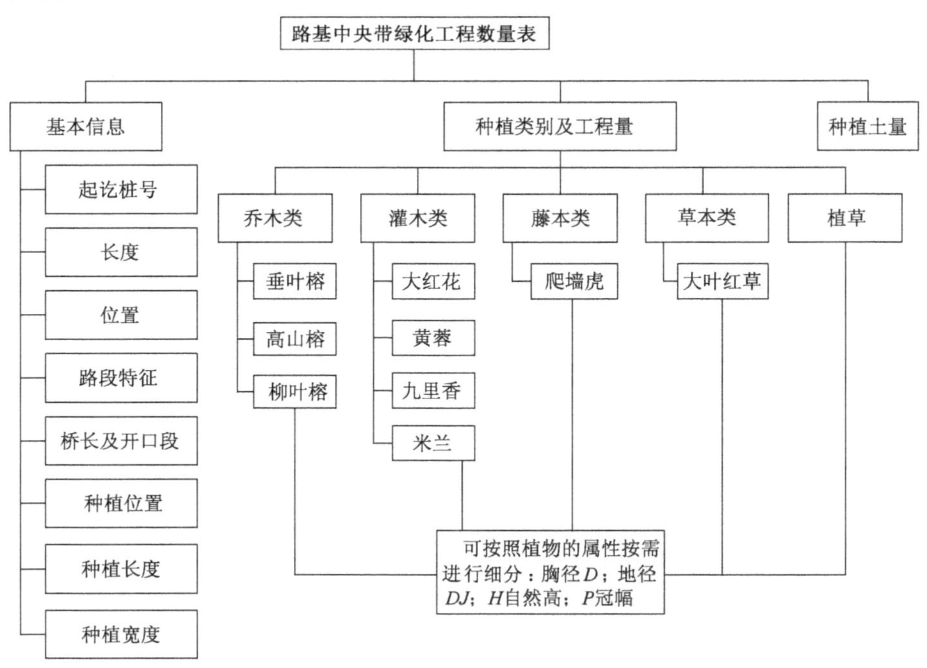

图 4-10 路基中央带绿化工程 WBS 计量模板

为方便造价编制人员从设计图纸上采集工程量数据，以图 4-10 所示模板为基础，将 WBS 模板构建的指标体系转化为表格形式并注明工程量采集的单位，形成标准格式的路基中央带绿化工程数量采集表，参见表 4-13。

4.3.8 其他工程工程数量采集

公路建设项目其他工程是指未列入路线设计工程、路基路面工程、桥梁涵洞工程、隧道工程、路线交叉工程、交通工程及沿线设施工程、环境保护与景观设计工程里，但又实际产生的工程，包括改路、改河沟工程，悬出路台工程，防雪走廊工程，港湾式停车带工程等。本节以改路、改河（沟）工程数量表数据采集为例，进行其他工程的设计工程量数据采集的研究。

对于应采集的改路、改河（沟）工程数量信息，可采用工作分解结构的方法，建立基本的 WBS 工程量计量模板。要获得这些信息，需要从相关设计图纸上获得的信息包括：改路、改河（沟）工程基本信息，即地理位置信息——起讫或中心桩号、长度（m）、位置（左线，右线）、改河沟工程的断面形式、顶宽（m）、底宽 B（m）、高度 H（m）、常水位 h（m），被改道路的等级、路基路面形式及宽度（m），用地面积信息（m^2）等。需要采集的工程数量信息可分为四大类，即土方工程量信息、路面工程量信息、排水防护工程量信息、桥涵工程量信息等。再根据工程消耗的材料情况可进一步细分，如土方工程应摘取填土方量和挖土方量（m^3）；路面工程应摘取沙石用量（m^2）、泥结碎石用量、混凝土路面面层及基层工程量；排水工程应摘取 M7.5 浆砌片石体积（m^3）、干砌片石铺砌体积（m^3）、砂砾垫层体积（m^3）、边坡防护面积（m^2）；桥涵工程应摘取桥梁的形式及跨径组合方式、长度（m）、涵洞的形式、数量及长度等。从设计图纸中提取工程量并进行分类，构建改路、改河（沟）工程数量指标体系，内容参见图 4-11。这些信息需要设计人员分别计算统计，并按照规定类型进行说明，以便于后续造价计算与工程管理需要。

为方便造价编制人员从设计图纸上采集工程量数据，以图 4-11 所示模板为基础，将 WBS 模板构建的指标体系转化为表格形式并注明工程量采集的单位，形成标准格式的改路、改河（沟）工程数量采集表，参见表 4-14。

4.3.9 筑路材料工程数量采集

筑路材料是公路、桥梁建设所需的重要物质基础，包括碎石、砂、水泥、石灰、钢材、木材、油料、雷管、炸药等。筑路材料消耗量大。材料供应料场所在位置变化对于材料的取用和工程造价有较大影响，因此，开工前应采集详细的沿线筑路材料产量、价格等信息。“设计编制办法”中关于沿线筑路材料料场表的要求为“列出材料名称、料场编号、位置、桩号、上路桩号及运距、材料及料场状况、材料品质（指满足工程设计需要情况）、储藏量、供应量、覆盖层种类及厚度、成料率、开采运输方式及所需便道、便桥长度等。”而我们在实际调研中发现，各家设计院在设计文件中具体的筑路材料工程量表形式各异，差别较大。

路基中央带绿化工程数量表

表 4-13

8-3　路基蹭带绿化工程数量表

项目：　　　　　　　　　　　　　　　　　　　　第 1 页　共 1 页

序号	起讫桩号	长度	位置		路段特征	桥长及开口段	种植位置	种植长度	种植宽度	乔木工程数量（D:胸径,DJ:地径,H:自然高,P:冠幅,单位:cm）								灌木工程数量（H:自然高度,P:冠幅,单位:cm）						藤本植物（L:长度,单位:cm）			草本植物工程数量（H:自然高度,P:冠幅,单位:cm）			植草	种植土	备注
			左线	右线						垂叶榕			垂叶榕	高山榕	柳叶榕	…	小计	大红花	黄榕	九里香	米兰	…	小计	爬墙虎	…	小计	大叶红草	…	小计			
										D5-6			D7-8	D5-6	D5-6																	
										H200-300	H200-300	H300-350	H360-400	H300-350	H300-350			H100	H100	H100	H100			L50			H30					
										P200	P300	P100						P100	P100	P100	P100						P20					
		(m)	(幅)	(幅)		(m)		(m)	(m)	(株)	(株)	(株)	(株)	(株)	(株)		(株)	(株)	(株)	(株)	(株)		(株)	(袋)		(袋)	(袋)		(株)	(m^2)	(m^3)	
1																																
2																																
3																																
4																																

改路、改河(沟)工程数量表样表

表 4-14

9-1 改路、改河(沟)工程数量表

项目：

第 1 页 共 1 页

序号	起讫或中心桩号	位置	长度	改沟(河)工程					改路工程				工程数量															用地面积	备注
				断面形式	主要尺寸				道路等级	路基宽度	路面形式	路面宽度	土方工程		路面工程				排水防护工程				桥涵工程						
					顶宽	底宽 B	高度 H	常水位 h					填土方	挖土方	砂土 路面	泥结碎石 路面	混凝土路面 面层 20cm	混凝土路面 基层 15cm 级配碎石	M7.5 浆砌片石	干砌片石铺砌	砂砾垫层	边坡 植草	桥梁 形式和跨径组合	桥梁 长度	涵洞 形式	涵洞 数量	涵洞 长度		
			(m)		(m)	(m)	(m)	(m)		(m)		(m)	(m^3)	(m^3)	(m^2)	(m^2)	(m^2)	(m^2)	(m^3)	(m^3)	(m^3)	(m^2)		(m)		道	(m)	(m^2)	
一																													
1																													
2																													
3																													

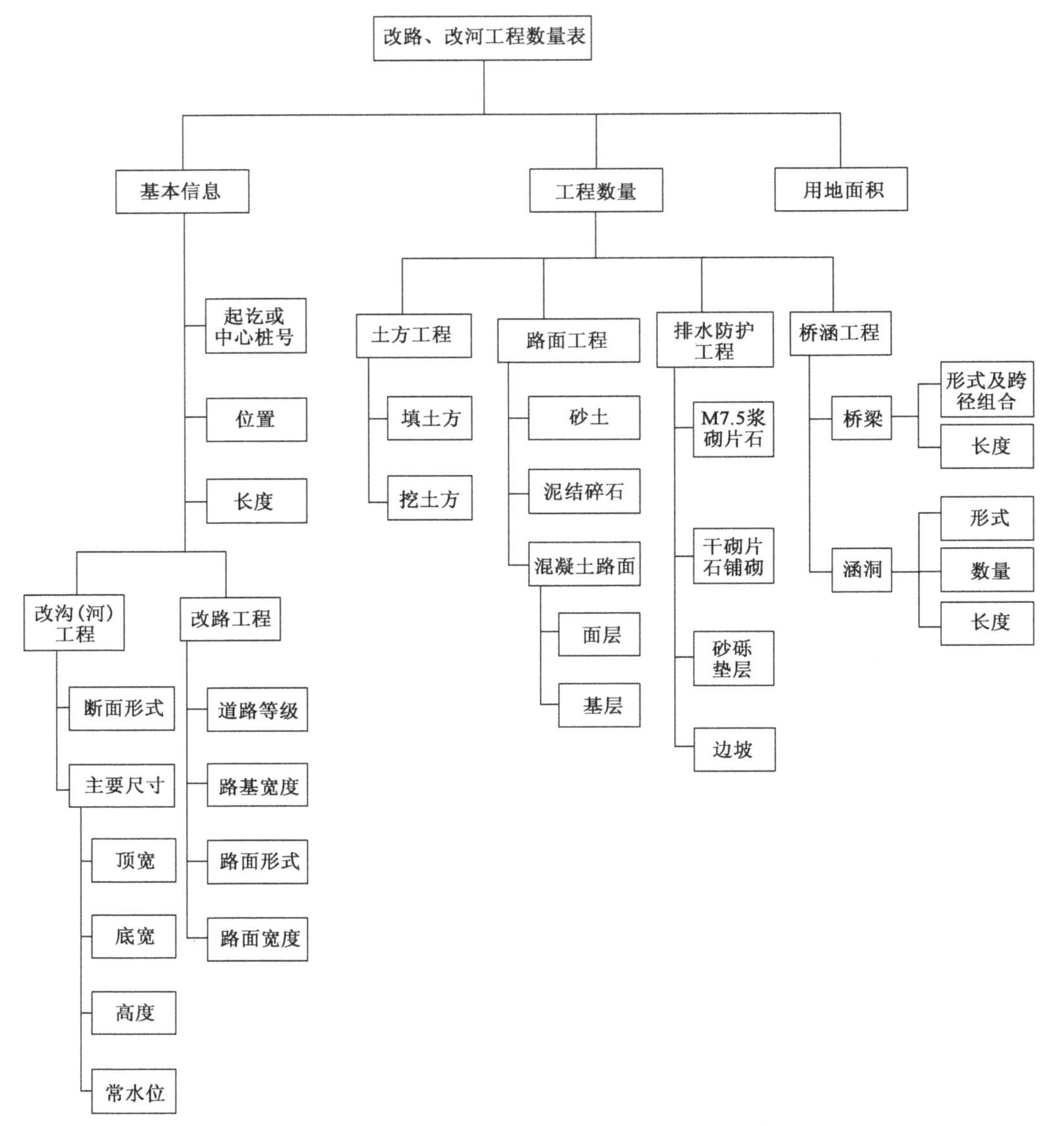

图 4-11 改路、改河(沟)工程 WBS 计量模板

对于为满足计价需要应采集的筑路材料工程量数据,可采用工作分解结构的方法,建立基本的 WBS 工程量计量模板。要获得这些信息,需要从相关设计图纸中获取的信息包括:料场基本信息,即料场名称、位置、运距、上路桩号、料场联系人、联系号码;材料信息,即料场名称、材料及料场状况、储藏量、产量、开采方法及价格信息;运输信息,即运输的方式与道路情况等。从沿线筑路材料供应示意图中分类提取这些信息,构建沿线筑路材料信息指标体系,主要内容参见图 4-12。

为方便造价编制人员从设计图纸中采集工程量数据,以图 4-12 所示模板为基础,将 WBS 模板构建的指标体系转化为表格形式并注明工程量采集的单位,形成标准格式的沿线筑路材料料场信息采集表,参见表 4-15,按照“设计编制办法”中的要求、结合设计人员的数据编写习惯编制出标准表格。

表 4-15

沿线筑路材料料场表

10-1　沿线筑路材料料场表

项目：　　　　　　　　　　　　　　　　　　　　　　　　第 1 页　共 1 页

序号	料场名称	材料名称	位置	运距	上路桩号	材料及料场状况	储藏量	产量	开采方法	运输方式	通往料场的道路情况	料场方联系人	联系号码	调查的材料出场价							备注
														时间	碎石	上面层碎石	块石	石渣	中粗砂	砂	
															(元/m^3)	(元/m^3)	(元/m^3)	(元/m^3)	(元/m^3)	(元/m^3)	
1																					
2																					
3																					

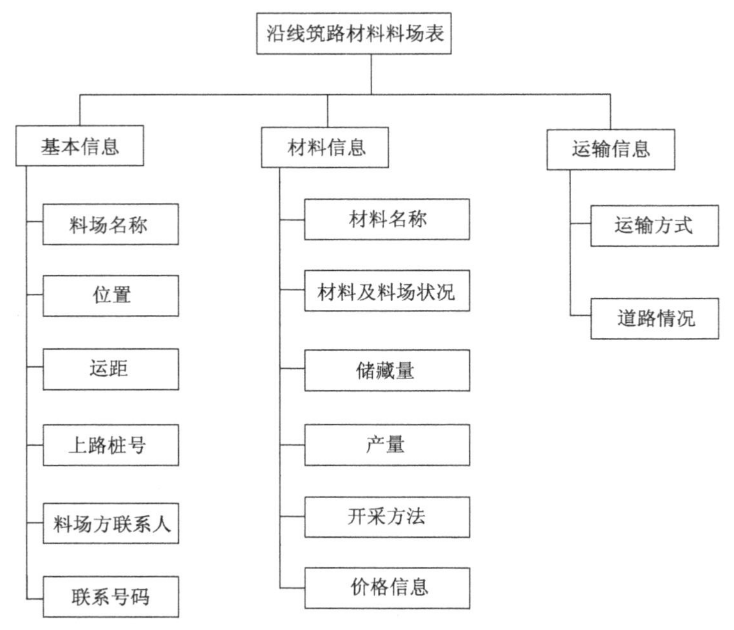

图 4-12　沿线筑路材料料场 WBS 计量模板

4.4　造价实际工程量与计价工程量的衔接

运用本章上述各节的工程量数据采集及表达方法,工程量数据被规范地采集并以统一的标准格式的工程量数据表方式呈现。然而,造价数据是工程量数据与价格数据两者一体的结合,因此,在解决了工程量数据标准化采集与表达的基础上,还需解决工程量数据与工程定额计价体系或工程量清单计价体系的转化问题,即如何将图纸设计工程量转化为计价计量工程量。

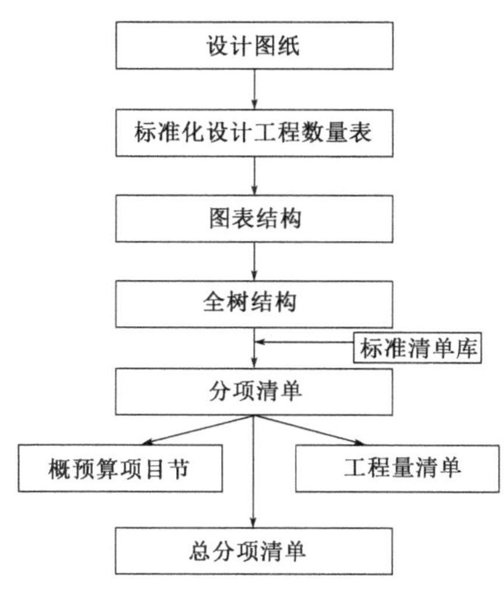

图 4-13　图纸工程量与计价工程量衔接技术

结合信息化技术,研发专用工具软件实现设计工程量到计价工程量的转化。将造价文件编制所需要的相关计价标准如定额依据内置于软件中,将标准格式的设计工程量表格录入后,软件可按规定的层级自动生成分层次的全树结构,用户逐项套取公路建设项目计价所需标准项目节编号后,软件可自动生成工程计价计量所需的分项清单、概预算项目节清单、工程量清单等形式的造价文件。其工作流程参见图 4-13。

以某桥梁台背处理的设计图纸的工程量转化为计价工程量为例。首先,将设计图纸工程量按标准工程量采集表形式导入专用工具软件,界面如图 4-14 所示;录入完成后,软件可自动摘录设计图纸工程量将其转化为分层次全树结构,界面如图 4-15 所示;分项选择右侧列表,将对应的标准编号录入,软件自动生成分项清单、概预算项目节、工程量清单等造价文件,软件界面分别如图 4-16 ~ 图 4-18 所示。

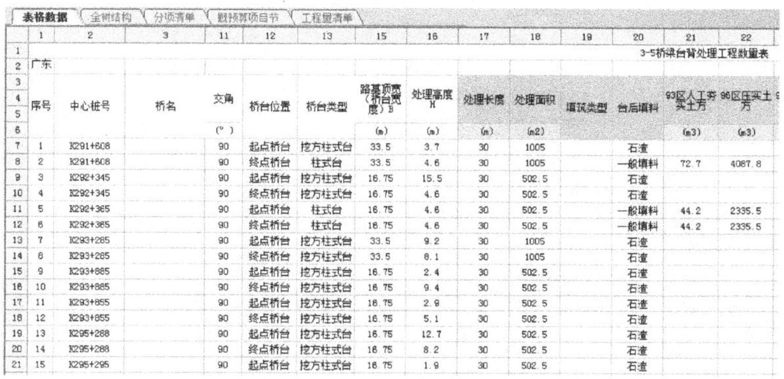

表格数据 | 全树结构 | 分项清单 | 概预算项目节 | 工程量清单

3-5桥梁台背处理工程数量表

广东

序号	中心桩号	桥名	交角	桥台位置	桥台类型	路基顶宽（桥台宽度）B	处理高度 H	处理长度	处理面积	填筑类型	台后填料	93区人工夯实土方	96区压实土方
			(°)			(m)	(m)	(m)	(m2)			(m3)	(m3)
1	K291+608		90	起点桥台	挖方柱式台	33.5	3.7	30	1005		石渣		
2	K291+608		90	终点桥台	柱式台	33.5	4.6	30	1005		一般填料	72.7	4087.8
3	K292+345		90	起点桥台	挖方柱式台	16.75	15.5	30	502.5		石渣		
4	K292+345		90	终点桥台	挖方柱式台	16.75	4.6	30	502.5		石渣		
5	K292+365		90	起点桥台	柱式台	16.75	4.6	30	502.5		一般填料	44.2	2335.5
6	K292+365		90	终点桥台	柱式台	16.75	4.6	30	502.5		一般填料	44.2	2335.5
7	K293+285		90	起点桥台	挖方柱式台	33.5	9.2	30	1005		石渣		
8	K293+285		90	终点桥台	挖方柱式台	33.5	8.1	30	1005		石渣		
9	K293+665		90	起点桥台	挖方柱式台	16.75	2.4	30	502.5		石渣		
10	K293+665		90	终点桥台	挖方柱式台	16.75	9.4	30	502.5		石渣		
11	K293+855		90	起点桥台	挖方柱式台	16.75	2.9	30	502.5		石渣		
12	K293+855		90	终点桥台	挖方柱式台	16.75	5.1	30	502.5		石渣		
13	K295+288		90	起点桥台	挖方柱式台	16.75	12.7	30	502.5		石渣		
14	K295+288		90	终点桥台	挖方柱式台	16.75	8.2	30	502.5		石渣		
15	K295+295		90	起点桥台	挖方柱式台	16.75	1.9	30	502.5		石渣		

图 4-14　标准工程量录入界面

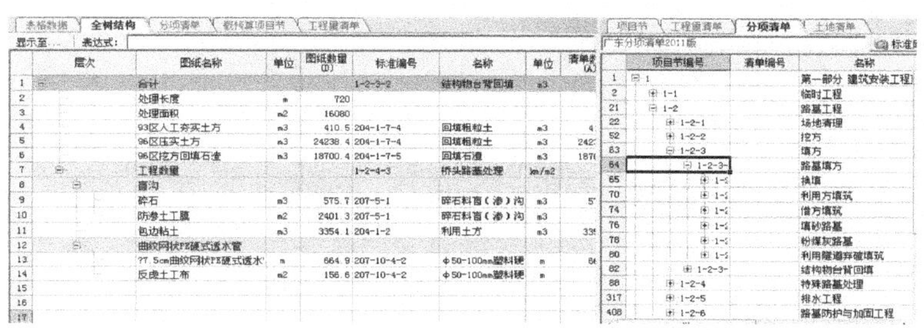

表格数据 | 全树结构 | 分项清单 | 概预算项目节 | 工程量清单

显示至… 表达式:

	层次	图纸名称	单位	图纸数量(D)	标准编号	名称	单位	清单数(A)
1	⊟	合计			1-2-3-2	结构物台背回填	m3	
2		处理长度	m	720				
3		处理面积	m2	16080				
4		93区人工夯实土方	m3	410.5	204-1-7-4	回填粗粒土	m3	4
5		96区压实土方	m3	24238.4	204-1-7-4	回填粗粒土	m3	242
6		96区挖方回填石渣	m3	18700.4	204-1-7-5	回填石渣	m3	187
7	⊟	工程数量			1-2-4-3	桥头路基处理	km/m2	
8	⊟	盲沟						
9		碎石	m3	575.7	207-5-1	碎石料盲（渗）沟	m3	5
10		防渗土工膜	m2	2401.3	207-5-1	碎石料盲（渗）沟	m3	
11		包边粘土	m3	3354.1	204-1-2	利用土方	m3	33
12	⊟	曲纹网状PE硬式透水管						
13		?7.5cm曲纹网状PE硬式透水	m	664.9	207-10-4-2	φ50-100mm塑料硬	m	6
14		反虑土工布	m2	156.6	207-10-4-2	φ50-100mm塑料硬	m	
15								
16								
17								

项目节 | 工程量清单 | 分项清单 | 土地清单

广东分项清单2011版

	项目节编号	清单编号	名称
1	⊟ 1		第一部分 建筑安装工程
2	⊞ 1-1		临时工程
21	⊟ 1-2		路基工程
22	⊞ 1-2-1		场地清理
52	⊞ 1-2-2		挖方
63	⊟ 1-2-3		填方
64	⊟ 1-2-3-		路基填方
65	⊞ 1-		换填
70	⊞ 1-		利用方填筑
74	⊞ 1-		借方填筑
76	⊞ 1-		填砂路基
78	⊞ 1-		粉煤灰路基
80	⊞ 1-		利用隧道弃碴填筑
82	⊞ 1-2-3-		结构物台背回填
88	⊞ 1-2-4		特殊路基处理
317	⊞ 1-2-5		排水工程
408	⊞ 1-2-6		路基防护与加固工程

图 4-15　全树结构表格界面

表格数据 | 全树结构 | 分项清单 | 概预算项目节 | 工程量清单

	项目节编号	清单编号	名称	单位	清单数量	设计数量1	设计数量2
1	⊟ 1		第一部分 建筑安装工程费	公路公里			
2	⊟ 1-2		路基工程	km			
3	⊟ 1-2-3		填方	m3		43349.3	
4	⊟ 1-2-3-2		结构物台背回填	m3		43349.3	
5	⊟	204	填方路基				
6	⊟	204-1	路基填筑				
7	⊟	204-1-7	结构物台背回填				
8		204-1-7-4	回填粗粒土	m3	24648.9		
9		204-1-7-5	回填石渣	m3	18700.4		
10	⊟ 1-2-4		特殊路基处理	km		0.72	
11	⊟ 1-2-4-3		桥头路基处理	km/m2		0.72	16080
12	⊟	204	填方路基				
13	⊟	204-1	路基填筑				
14		204-1-2	利用土方	m3	3354.1		
15	⊟	207	坡面排水				
16	⊟	207-5	路基盲（渗）沟				
17		207-5-1	碎石料盲（渗）沟	m3	575.7		
18	⊟	207-10	路基排水管				
19		207-10-4-2	φ50-100mm塑料硬式透水管	m	664.9		

图 4-16　分项清单软件界面

表格数据 | 全树结构 | 分项清单 | 概预算项目节 | 工程量清单

	项目节	名称	单位	设计数量	设计数量2
1	⊟ 1	第一部分 建筑安装工程费	公路公里		
2	⊟ 1-2	路基工程	km		
3	⊟ 1-2-3	填方	m3	43349.3	
4	1-2-3-2	结构物台背回填	m3	43349.3	
5	⊟ 1-2-4	特殊路基处理	km	0.72	
6	1-2-4-3	桥头路基处理	km/m2	0.72	16080
7					

图 4-17　概预算项目节软件界面

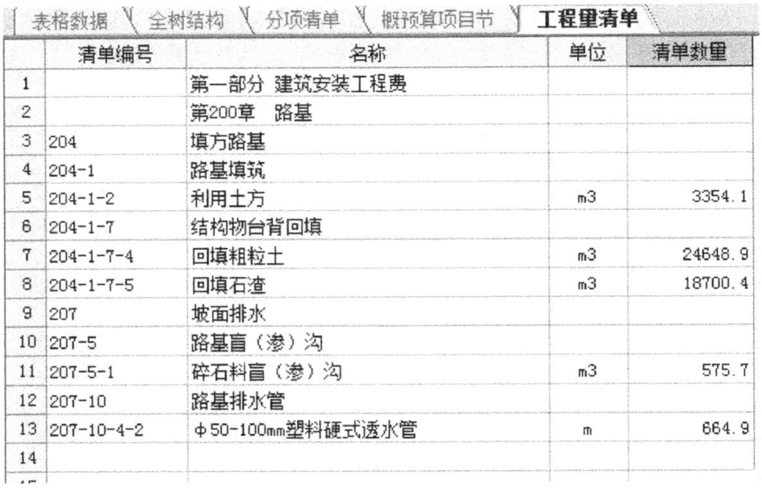

表格数据 | 全树结构 | 分项清单 | 概预算项目节 | 工程里清单

	清单编号	名称	单位	清单数量
1		第一部分 建筑安装工程费		
2		第200章 路基		
3	204	填方路基		
4	204-1	路基填筑		
5	204-1-2	利用土方	m3	3354.1
6	204-1-7	结构物台背回填		
7	204-1-7-4	回填粗粒土	m3	24648.9
8	204-1-7-5	回填石渣	m3	18700.4
9	207	坡面排水		
10	207-5	路基盲（渗）沟		
11	207-5-1	碎石料盲（渗）沟	m3	575.7
12	207-10	路基排水管		
13	207-10-4-2	ф50-100mm塑料硬式透水管	m	664.9
14				

图 4-18　工程量清单软件界面

5 全过程造价数据链技术

5.1 全过程造价数据链管理需求

构建全过程造价数据，实现公路建设项目全过程造价管理，是行业发展的必然需求，因此对建立公路工程从立项到竣交工甚至是运营阶段的全过程数据信息提出了更高的要求。

5.1.1 造价数据链概念及分类

广义上的数据链是指互通数据的链路，造价数据链是指由不同阶段造价数据组成的，以工程量与价格要素为基础、以不同阶段项目表或工程量清单为骨架的互通数据链路，可分为纵向造价数据链、横向造价数据链、全过程造价数据链和局部造价数据链等类别。

(1)纵向造价数据链。指单个公路建设项目的估算、概算、预算、结算、决算等阶段各指标工程量及经济指标形成的数据链。

(2)横向造价数据链。指具有可比性的两个或两个以上公路建设项目间相同阶段各指标工程量及经济指标形成的数据链。

(3)全过程造价数据链和局部造价数据链。全过程造价数据链指不同编制主体所编制的从立项阶段到竣(交)工阶段之间所有阶段形成的全过程造价无缝衔接的数据链。局部造价数据链和全过程造价数据链对应，是指为了满足特定相邻两阶段的造价编审需求而形成的全过程中的局部数据链，根据实际造价编审需求，局部数据链既可以由同一项目生成也可由不同项目交叉生成。

5.1.2 造价数据链管理需求

(1)单一项目造价的完整闭合需求。公路工程全过程造价需要涵盖公路建设项目从立项到竣工验收交付使用各个阶段所需的全部费用。在项目建议书、可行性研究阶段编制投资估算，初步设计阶段编制工程概算，施工图设计阶段编制工程预算，招投标期间编制工程量清单、招标控制价和投标价，施工阶段编制工程设计变更预算文件和造价管理台账，在竣(交)工阶段编制工程结算和竣工决算，各个阶段的造价编制是一种由粗到细、前者控制后者、后者落实前者的相互制约、相互影响、紧密相关的关系。由于我国公路工程造价各阶段独立计价、过程中使用了定额和清单两种计价体系，使得项目前期、实施和竣工阶段形成的造价数据链无法有效的衔接，各阶段的数据链相对独立，加之信息化程度不高，造价数据多以纸质版和Excel形式存储，导致同一项目无法进行各阶段造价数据的比照，给动态识别造价形成过程中的异常或不良趋势带来困难。因此，实现单一项目造价数据的完整闭合对于把握造价变化脉络、梳理资金使用线索、提高资金管控绩效都有重要意义。

(2)数据的利用和挖掘需求。单一项目完整闭合的数据链形成后，造价数据链管理的更深层次的需求是依托造价大数据管理平台，通过对各阶段造价数据的处理，将不同工程对应阶段、不同编制主体所编制的造价全过程无缝通过造价数据链汇集在一起，实现造价数据的利用和深度挖掘。如单一项目或单一标段造价数据的纵向对比，不同项目之间的横向对比，构建分部工程标准清单库，构建公路工程工、料、机价格库等。

(3)绩效评价需求。随着港珠澳大桥、深中通道、虎门二桥等一批超大型工程的建设，造价数据的量级及编审难度也日益提高，开展绩效评价可规范造价文件编审质量，因此，进行造价数据链管理时应提供格式化的编制方法、模板，使造价文件的编审成为机械化、程式化套用的同时也为造价管理绩效评价提供参考依据。

(4)各参建方责任落实需求。造价数据链形成过程中参与者众多，不同参与者承担不同责任。例如，在估算、概(预)算数据链形成过程中，编制(设计)单位对项目造价负设计控制责任，项目法人(建设单位)对项目造价负总体管控责任，交通造价管理机构对项目送审造价文件负审查责任。规范各参建方造价数据处理、核查及审查工作，明确工作程序，落实工作职责，确保工作质量，提高工作效率，实现科学、合理、高效确定各阶段工程造价的管理目标。

5.2 前期阶段造价数据链处理

公路工程投资决策阶段与设计阶段统称为项目的前期阶段，该阶段根据设计的深度细分为投资决策、初步设计、施工图设计三个主要阶段，分别对应于投资估算、设计概算和设计预算，其造价控制目标为初步设计概算小于或等于110%的投资估算，施工图设计预算小于初步设计概算。因此，梳理清楚项目前期造价数据链关系对于发现异常数据、有效核查准确核定造价总额有着非常重要的关系。

5.2.1 估算阶段造价数据链处理

项目投资估算是项目建议书和可行性研究报告的重要组成部分，是起到造价控制作用的首要指标，为了更好地与概算、预算产生的数据进行衔接，需要根据一定的原则制定可比性指标，实现投资估算数据链与设计概算、施工图预算数据链的无缝衔接。估算和概预算都是对同一项目的算量、计价过程，只是随着项目的进展，勘测设计逐步细化，完成项目所需要的子任务也逐步细分，考虑到估算指标是概算定额的综合扩大，估算项目表与概算项目表存在较强的内在对应性，可选用估算项目表的条目作为衔接估算与概算阶段数据的内在线索。

在交通运输部发布的《公路工程建设项目投资估算编制办法》(JTG 3820—

2018）基础上，为更好地衔接估算与概算之间的数据关系，结合设计概算相应深度，可对交通运输部颁布的估算项目表进行优化，表5-1为投资估算项目指标设置示例。

优化后的估算项目表示例 表5-1

项	目	节	细目	工程或费用名称	单位	备注
				第一部分 建筑安装工程费	公路公里	指建设项目路线总长度（主线长度）
一				临时工程	公路公里	指建设项目路线总长度（主线长度）
	1			临时道路	km	指新建便道与利用原有道路的总长
	2			临时便桥	m/座	指汽车便桥长度及座数
	3			临时码头	座	
二				路基工程	km	指路线工程为扣除桥梁、隧道的主线长度；独立桥梁或隧道工程为引道或接线长度
	1			场地清理	km	指清理长度
		1		清理与掘除	m^2	可按清除内容的不同划分细目
		2		挖除旧路面	m^2	可按不同的路面类型和厚度划分细目
		3		拆除旧建筑物、构筑物	m^3	可按不同的构筑材料划分细目
				…		
	2			挖方	m^3	工作内容包括挖、装、运、弃
		1		挖土方	m^3	按不同地点划分细目
			1	挖路基土方	m^3	
				…		
		2		挖石方	m^3	按不同地点划分细目
			1	挖路基石方	m^3	
				…		
		3		挖非适用材料	m^3	
				…		

优化后的项目表被内置于配套软件中，编制者使用时可直接调用，软件界面如图5-1所示，优化后的估算项目表可以更好地与概算阶段完成衔接，总估算表和总概算表形成工程数量、计价单位、工程金额、各项费用比例和技术经济指标可比的无缝数据链条。

项目表 | 土地勘察监理

广东估算2012版

添加 | 挂接模板库 | 我的块模板库

查找下条 | 查找按编号 | 按名称

选用	编号	名称	单位
□	⊟ 1	**第一部分 建筑安装工程费**	**公路公里**
□	⊟ 1-1	临时工程	公路公里
□	⊞ 1-1-1	临时道路	km
□	1-1-2	临时便桥	m/座
□	1-1-3	临时码头	座
□	1-1-4	其他临时工程	公路公里
□	⊟ 1-2	路基工程	km
□	⊞ 1-2-1	场地清理	km
□	⊞ 1-2-2	挖方	m3
□	⊞ 1-2-3	填方	m3
□	⊞ 1-2-4	特殊路基处理	km
□	⊞ 1-2-5	排水工程	km/m3
□	⊞ 1-2-6	路基防护与加固工程	km
□	⊞ 1-3	路面工程	km/m2
□	⊞ 1-4	桥梁涵洞工程	km
□	⊞ 1-5	交叉工程	处
□	⊞ 1-6	隧道工程	km/座
□	⊞ 1-7	公路设施及预埋管线工程	公路公里
□	⊞ 1-8	绿化及环境保护工程	公路公里
□	⊞ 1-9	管理、养护及服务房屋	公路公里/m2
□	⊞ 2	**第二部分 设备及工具、器**	**公路公里**
□	⊞ 3	**第三部分 工程建设其他费**	**公路公里**
□		**第一、二、三部分 费用合**	**公路公里**
□	⊞	**预备费**	**元**
□		**其他费用项目**	**元**
□		**建设期贷款利息**	**元**
□		**投资估算总金额**	**元**
□		**其中：回收金额**	**元**
□		**公路基本造价**	**公路公里**

图 5-1 调用估算项目表界面

5.2.2 概算、预算阶段造价数据链处理

概算是公路工程初步设计文件的重要组成部分，概算总额应控制在批准估算允许浮动范围内，批准后的概算作为基本建设项目投资的最高限额，是编制项目投资计划、确定和控制建设项目投资的依据，起到控制施工图设计和施工图预算的作用。预算是施工图设计文件的重要组成部分，是概算的细化，应控制在批准的概算范围内。若单位工程预算超过相应概算时，应分析原因，对施工图设计中不合理部分进行修改，对其合理部分应在总概算投资范围内调整解决。

现阶段交通运输部颁布造价文件编制办法确定的概预算项目表基本可实现概算、预算数据链的衔接，但存在有些分部分项工程预算项目节不够细化、没有体现新施工工艺和新技术类别等问题。例如，第四项桥梁与涵洞工程，第八项绿化及环境保护工程，第九项养护、管理及服务房屋工程中部分分部分项工程的预算项目节与概算项目节处于同等层次，第二项路基工程第四目特殊路基处理未列示施工中经常会遇到的高填方路段、泥石流路段、桥头路基、滨海路段、低填浅挖路段、红黏土及高液限土、新旧路拼接段、煤系土等特殊路基处理类型等。采用全过程造价数据技术，要求在整个数据链的生成过程中既能反映每一部分数据链生成的所有细节，又能做好各个阶段造价数据的衔接问题，基于此项目标，对交通运输部颁布的项目表进行优化是必要的。表 5-2 为经优化后的概算、预算项目指标设置示例。

优化后概算、预算项目指标设置示例　　表 5-2

项	目	节	细目	工程阶段	工程或费用名称	单位	备　注
					第一部分　建筑安装工程费	公路公里	指建设项目路线总长度(主线长度)
四				概算、预算	桥梁涵洞工程	km	指桥梁长度(不含互通内主线桥涵,含非互通范围主线上跨桥)
	4			概算、预算	中桥工程($30m < L < 100m$,$20m \leq L_k < 40m$)	m/座	指桥长和座数,按不同的结构类型分节
		1		概算、预算	钢筋混凝土空心板桥	m/座	按不同跨径或工程部位划分细目
			1	预算	×××中桥(××跨径)	m^2/m	
					…		
		2		概算、预算	钢筋混凝土T形梁桥	m/座	按不同跨径或工程部位划分细目
			1	预算	×××中桥(××跨径)	m^2/m	
					…		
八				概算、预算	绿化及环境保护工程	公路公里	指路线长度
	1			概算、预算	路基两侧绿化工程	km	指路基长度
		1		概算、预算	护坡道、碎落台绿化	km/m^2	指路基长度和绿化面积
			1	预算	植草	m^2	植草面积
			2	预算	种植乔木	棵	
			3	预算	种植灌木	棵/m^2	灌木棵数及面积
			4	预算	种植花卉及攀缘植物	棵/m^2	
					…		
九				概算、预算	管理、养护及服务房屋	公路公里/m^2	指路线长度和房建总建筑面积
	1			概算、预算	管理房建工程	m^2/m^2	建筑面积/占地面积
		1		概算、预算	收费站	m^2/处	建筑面积。收费站较少时应按每处单列,多时可合并
			1	预算	房建工程	m^2	建筑面积
			2	预算	户外工程	m^2	占地面积
			3	预算	其他零星工程	m^2	占地面积
					…		

优化后的项目表被内置于配套软件中,编制者使用时可直接调用,软件界面如图 5-2、如图 5-3 所示。优化后的项目表可以反映概算、预算造价的量、价关系,以总概算表为骨架,总概算表和总预算表可形成工程数量、计价单位、工程金额、各项费用比例和技术经济指标可比的无缝数据链条。

项目表 | 土地勘察监理

广东概算2011版

添加 | 挂接模板库 我的块模板库

查找下条 | 查找按编号 | 按名称

选用	编号	名称	单位
☐	⊟ 1	第一部分 建筑安装工程费	公路公里
☐	⊟ 1-1	临时工程	公路公里
☐	⊟ 1-1-1	临时道路	km
☐	1-1-1-1	临时便道的修建与维护	km
☐	1-1-1-2	原有道路的维护与恢复	km
☐	1-1-2	临时便桥	m/座
☐	1-1-3	临时轨道铺设	km
☐	1-1-4	临时电力线路	km
☐	1-1-5	临时电讯线路	km
☐	1-1-6	临时码头	座
☐	⊟ 1-1-7	拌和设施安拆及其他临时工	处/m2
☐	1-1-7-1	路面稳定粒料拌和设施安拆	座/m2
☐	1-1-7-2	沥青混合料拌和设施安拆及	座/m2
☐	1-1-7-3	水泥混凝土拌和设施安拆及	座/m2
☐	1-1-7-4	预制场场地建设	处/m2
☐	⊟ 1-2	路基工程	km
☐	⊟ 1-2-1	场地清理	km/m2
☐	⊟ 1-2-1-1	清理与掘除	m2
☐	1-2-1·	清除表土	m3
☐	1-2-1·	伐树、挖根、除草	m2
☐	⊟ 1-2-1-2	挖除旧路面	m2
☐	1-2-1·	挖除水泥混凝土路面	m2
☐	1-2-1·	挖除沥青混凝土路面	m2
☐	1-2-1·	挖除碎（砾）石路面	m2
☐	⊟ 1-2-1-3	拆除旧建筑物、构筑物	m3
☐	1-2-1·	拆除钢筋混凝土结构	m3
☐	1-2-1·	拆除混凝土结构	m3
☐	1-2-1·	拆除砖石及其他砌体	m3
☐	⊞ 1-2-2	挖方	m3
☐	⊞ 1-2-3	填方	m3
☐	⊞ 1-2-4	特殊路基处理	km
☐	⊞ 1-2-5	排水工程	km

图 5-2　调用概算项目表界面一

项目表 | 土地勘察监理

广东预算2011版

添加 | 挂接模板库 我的块模板库

查找下条 | 查找按编号 | 按名称

选用	编号	名称	单位
☐	⊟ 1	第一部分 建筑安装工程费	公路公里
☐	⊟ 1-1	临时工程	公路公里
☐	⊟ 1-1-1	临时道路	km
☐	1-1-1-1	临时便道的修建与维护	km
☐	1-1-1-2	原有道路的维护与恢复	km
☐	1-1-2	临时便桥	m/座
☐	1-1-3	临时轨道铺设	km
☐	1-1-4	临时电力线路	km
☐	1-1-5	临时电讯线路	km
☐	1-1-6	临时码头	座
☐	⊟ 1-1-7	拌和设施安拆及其他临时工	处/m2
☐	1-1-7-1	路面稳定粒料拌和设施安拆	座/m2
☐	1-1-7-2	沥青混合料拌和设施安拆及	座/m2
☐	1-1-7-3	水泥混凝土拌和设施安拆及	座/m2
☐	1-1-7-4	预制场场地建设	处/m2
☐	⊟ 1-2	路基工程	km
☐	⊟ 1-2-1	场地清理	km/m2
☐	⊟ 1-2-1-1	清理与掘除	m2
☐	1-2-1-1-1	清除表土	m3
☐	1-2-1-1-2	伐树、挖根、除草	m2
☐	⊟ 1-2-1-2	挖除旧路面	m2
☐	1-2-1-2-1	挖除水泥混凝土路面	m2
☐	1-2-1-2-2	挖除沥青混凝土路面	m2
☐	1-2-1-2-3	挖除碎（砾）石路面	m2
☐	⊟ 1-2-1-3	拆除旧建筑物、构筑物	m3
☐	1-2-1-3-1	拆除钢筋混凝土结构	m3
☐	1-2-1-3-2	拆除混凝土结构	m3
☐	1-2-1-3-3	拆除砖石及其他砌体	m3
☐	⊞ 1-2-2	挖方	m3
☐	⊞ 1-2-3	填方	m3
☐	⊞ 1-2-4	特殊路基处理	km
☐	⊞ 1-2-5	排水工程	km

图 5-3　调用概算项目表界面二

5.3　招投标阶段造价数据链处理

5.3.1　招投标阶段造价数据链处理原理

目前,我国在项目前期的可行性研究和设计阶段利用定额体系编制估算、概算和预算,在项目招标和实施阶段采用工程量清单计价体系编制招标清单、投标报价和合同价,虽然两种计价体系都是针对同一工程造价进行测算,但是由于计价体系不同,内容不对应,造成造价文件接口不同,从而割裂了设计阶段和实施阶段的内在数据关系,导致数据链的割裂,因此需要建立一定的数据转换关系衔接好这两个阶段的数据链。近年来,广东省在开展公路工程设计工程数量采集标准化研究成果的基础上,结合公路工程建设管理的实际需求,对交通运输部颁布的《公路工程标准施工招标文件》中工程量清单等涉及计价内容进行深化研究,建立起衔接概算、预算项、目、节、细目与工程量清单子目之间的对应关系的三级清单体系,三级清单体系由工程量清单、工程项目清单、分项工程量清单及其相应的编制说明,清单报价费用分析表等内容组成。

(1)工程量清单(一级清单)

工程量清单是为了方便对已完成的工程快速实现计量支付而划分工程内容的一种表达形式。在交通运输部颁布的《公路工程标准施工招标文件》相关内容的基础上结合施工实际需求,按照标准化子目编号拓展规则,对其进行新增、细化和调整,优化后的工程量清单内容由100章扩展至900章,内容更全面、系统。

(2)工程项目清单(二级清单)

工程项目清单是为反映公路工程设计部位或分项(部)工程的计量支付工作内容而建立的二级清单体系,以预算项目节格式为主骨架、下挂对应工程量清单子目,按照标准化预算项目表项、目、节、细目的设置规定结合标准化工程量清单子目的设置规则编制。工程项目清单综合概算、预算管理和工程量清单管理的需要建立了概算、预算项、目、节、细目与工程量清单子目之间的对应关系,不仅可以以预算"项、目、节、细目"的工程综合技术经济指标方式展现造价,直观地反映建设项目造价的总体情况;同时,可以清晰展现建设过程中公路工程分部分项甚至细项工程的计量计价的具体进度。

(3)分项工程量清单(三级清单)

分项工程量清单是将设计图纸中工程数量明细(设计工程量、工程部位、设计图号等)通过一定的计量支付规则归并到工程量清单子项目下,并以预算项目节格式为主骨架,反映工程造价的一种方式。在分项工程量清单基础上,可进一步合成工程项目清单和工程量清单。分项工程量清单是搭接设计工程量与概算、预算、工程量清单之间的桥梁。可以直观、快捷地对分部分项工程技术经济指标的合理性进行评价,实现建设过程中适时掌握造价变化情况,及时处理工程变更引起的费用变化,以合理控制工程投资。

分项工程量清单汇总生成项目清单、工程项目清单汇总生成工程量清单和概算、预算项目表,三者中同支付号的清单子目数量、合价一致,共同构成投标文件、合同文件、结算文件的一部分。招标阶段,为提高清标工作效率需要,投标人可不对工程项目清单、分项清单进行报价,投标报价以工程量清单数量、单价、合价为准。招标结束后,中标人需按招标文件要求提供有标价的工程项目清单、分项工程量清单,经发包人审核后的有标价的工程项目清单、分项工程量清单构成合同文件中"其他合同文件"的组成部分,作为工程量清单的附件。图5-4展现了三级清单数据转换关系。

三级清单体系是通过建立概算、预算项目节与工程量清单编号的对应关系,利用三级清单的不同展现形式实现对数据的层级管理,在全过程数据链衔接方面解决了公路工程项目在前期概算、预算阶段和后期招投标阶段因采用不同计价方式而造成的数据链断链、信息孤立等问题,实现了定额计价和清单计价的良好对接,达到有效开展公路建设全过程造价管理的目的。在招投标和项目实施方面,改变了以往的招标文件编制中,以文字表述很多关键的计量规则,因而导致部分计量规则模糊不清,费用计量计价混乱的现象;通过编制三级清单招标文件中的"分项工程量清单",明确表达出设计细目,有效地减少了计量规则中的错漏与矛盾,投标人凭借分项工程量清单子项及清单所包含的设计工程量细目进行综合分析,结合自身情况,对工程量清单进行报价,更加方便投标人对于计量规则的理解与投标单价的合理报价。在造价控制方面,项目管理者招标或考虑工程变更时按批复概算、预算情况控制投资的意识会明显增强。这一点在比较容易清晰对照的单项工程中尤为明显,例如,路面工程、交通安全工程、绿化工程、附属区房建工程等。在数据积累方面,有助于检验前期设计,弥补设计缺陷,三级清单有利于建立数据类比,从工程实际实施情况反证前期设计的情况是否适合。例如,有的项目附属区房建设计规模与实施差距很大,多数原因是设计考虑欠缺;有的软基/防护工程与实际偏离巨大,从建立对应关系后,发现问题,通过数据的积累,有利于校验以后新建项目估算、概算、预算的准确性及设计的适用性。

分项工程量清单

预算项目节	清单子目号	项目或费用名称
1-4		桥梁涵洞工程
1-4-3		小桥
1-4-3-3		钢筋混凝土空心板桥
		设置位置
		图号
1-4-3-3-1		钢筋混凝土空心板桥
	403-1	基础钢筋(包括灌注桩、承台、支撑梁、沉桩、沉井等)
	403-1-1	光圆钢筋(HRB235、HPB300)
		灌注桩
		承台
		支撑梁
		…
	403-1-2	带肋钢筋(HRB335、HPB400)
		灌注桩
		承台
		支撑梁
		…
1-4-3-3-2		KXXX钢筋混凝土空心板桥
	403-1	基础钢筋(包括灌注桩、承台、支撑梁、沉桩、沉井等)
	403-1-1	光圆钢筋(HRB235、HPB300)
		灌注桩
		承台
		支撑梁
		…
	403-1-2	带肋钢筋(HRB335、HPB400)
		灌注桩
		承台
		支撑梁
		…

工程项目清单

预算项目节	清单子目号	项目或费用名称
1-4		桥梁涵洞工程
1-4-3		小桥
1-4-3-3		钢筋混凝土空心板桥
	403-1	基础钢筋(包括灌注桩、承台、支撑梁、沉桩、沉井等)
	403-1-1	光圆钢筋(HRB235、HPB300)
	403-1-2	带肋钢筋(HRB335、HPB400)
…	…	…

工程量清单

403-1	基础钢筋(包括灌注桩、承台、支撑梁、沉桩、沉井等)
403-1-1	光圆钢筋(HRB235、HPB300)
403-1-2	带肋钢筋(HRB335、HPB400)
…	…

广东省公路工程概算、预算项目表

预算项目节	项目或费用名称
1-4	桥梁涵洞工程
1-4-3	小桥
1-4-3-3	钢筋混凝土空心板桥
…	…

图 5-4　三级清单数据转换关系图

5.3.2 招投标阶段与设计阶段造价数据链衔接处理实现

招投标阶段与设计阶段造价数据链衔接处理，可在设计工程量采集标准化基础上通过专门研发的造价算量软件即公路工程设计工程量数据标准化处理软件进行，该过程实现了设计工程量到招投标清单预算的数据衔接处理。具体的数据转换流程参见图5-5，以设计工程量为桥梁，以三级清单为手段，建立起了工程项目清单与工程量清单的数据关系，即完成了施工图阶段到招投标阶段数据的转移。

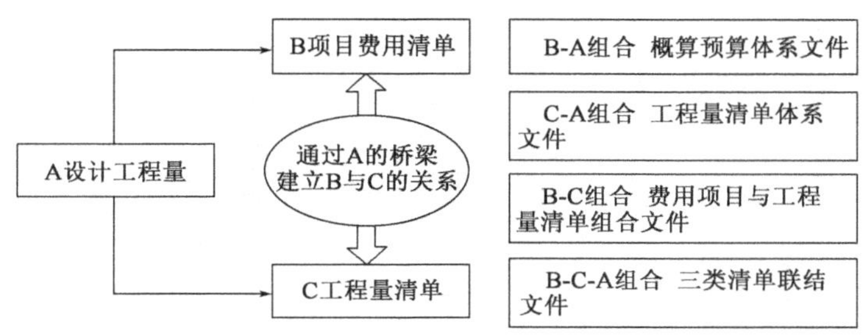

图5-5 设计工程量到招投标清单预算的数据处理过程

具体在公路工程设计工程量数据标准化处理软件中的操作步骤如下：首先，造价编制人员根据设计文件建立设计图表目录，如图5-6所示；根据目录表分别导入对应的分项工程标准格式的工程数量表，并对表头的横向和纵向进行自定义，形成专用软件可识别的图表结构，如图5-7所示。

目录层次	名称	图纸编号	图纸位置
⊟	第一篇 总体设计		第一、二册
	项目地理位置图		
	说明书		第一册
	1-1 主要技术经济指标表	STJ9-1-4	第二册
	1-2 公路总体设置一览表		第二册
	1-3 桥梁设置一览表	STJ9-4（1）-2	第二册
⊟	第二篇 路线		第二册
	2-1 公路用地表	STJ9-2-7	
	2-2 赔偿树木、青苗数量表	STJ9-2-9	
	2-3 砍树挖根数量表	STJ9-2-10	
	2-4 拆迁建筑物表	STJ9-2-11	
	2-5 拆迁电力、电讯及其他	STJ9-2-12	
⊞	第三篇 路基、路面		第三册

图5-6 图表目录

路基每公里土石方数量汇总表

起讫桩号	长度	位置		路线特征	桥梁		路基宽度	挖方							结构物挖方	填方			
		左线（幅）	右线（幅）		桥长	数量		总体积	松土	土方 普通土	硬土	石方 软石	次坚石	坚石		总数量	土方	石方	砂
	（m）				（m）	（座）	（m）	(m3)	(m3)	(m3)	(m3)	(m3)	(m3)	(m3)	(m3)	(m3)	(m3)	(m3)	(m3)
K291+000～K292+000	400			整幅路段	600	1	33.5	240297		37996	97417	59160	45724			38238	25380	14331	
K292+000～K293+000	520			整幅路段	560	1	33.5	232239		33080	103202	57996	37961			76824	61577	20097	
K293+000～K294+000	245			整幅路段	2430	3	33.5	186926		21285	63716	71083	30842			11070	11445	783	
K294+000～K295+000	400			整幅路段			33.5	579457		86339	170940	25785	64320			8758	6053	3086	
K295+000～K296+000				整幅路段			33.5												
K296+000～K297+000	285			整幅路段			33.5	96608		42426	54182					32465	36361		
K297+000～K298+000	330			整幅路段	120	1	33.5	97590		31576	55004	11010				27059	28960	1105	
K298+000～K299+000	940			整幅路段	60	1	33.5	496330		67828	328150	10035				161752	164058	14050	
K299+000～K300+000	480			整幅路段	520	1	33.5	198307		53910	107054	37344				139252	134265	17823	
K300+000～K301+000	1000			整幅路段			33.5	557960		140338	331966	85656				561209	516104	92389	
K301+000～K301+700	700			整幅路段			33.5	259585		82847	138815	37922				319514	303603	44584	
YK301+700～YK302+000	300		右线	分离式路			16.75	117465		32890	62191	22384				38964	34302	7670	
YK302+000～YK302+160	160		右线	分离式路			16.75	10954		5075	4382	1497				118877	76772	48304	
ZK301+700～ZK302+000	300	左线		分离式路			16.75	55960		17101	28574	10284				180399	87741	91923	
ZK302+000～ZK302+160	160	左线		分离式路			16.75	12752		5767	5207	1778				159161	148109	28410	
K296+300～K297+000	700			整幅路段	30	1	33.5	146302		33584	95367	17370				201171	183724	34182	

图5-7 图表结构

软件可实现表格结构的自动转置,生成全树结构,软件内置标准清单库,如图 5-8 所示;通过将标准清单逐级展开添加至全树结构,可建立图纸工程量与概预算项目节、工程量清单的匹配关系,如图 5-9 所示为添加了标准清单后的全树结构,软件通过内置程序可自动将全树结构转换为分项清单、概预算项目节和工程量清单,分别如图 5-10 ~ 图 5-12 所示。

编号模板 标准清单 定额库 查找定位

项目节 工程量清单 分项清单 土地清单

广东分项清单2011版 标准库

	项目节编号	清单编号	名称
1	1		第一部分 建筑安装工程费
2	1-1		临时工程
3	1-1-1		临时道路
4		103-1	临时道路、便桥工程
5		103-1-1	临时道路修建、养护与拆除
6	1-1-2		临时便桥
9	1-1-3		临时轨道铺设
10	1-1-4		临时电力线路
14	1-1-5		临时电讯线路
16	1-1-6		临时码头
17	1-1-7		拌和设施安拆及其他临时工
21	1-2		路基工程
754	1-3		路面工程
1029	1-4		桥梁涵洞工程
2843	1-5		交叉工程
4597	1-6		隧道工程
5367	1-7		公路设施及预埋管线工程
6487	1-8		绿化及环境保护工程
7264	1-9		管理、养护及服务房屋
7445	1-10		建安工程其他费用
7475	2		第二部分 设备及工具、器具
7814	3		第三部分 工程建设其他费
7857	4		第一、二、三部分 费用合计
7858	5		预留费用
7864	6		其他费用项目
7870	7		建设期贷款利息
7871	8		其中:回收金额
7872	9		公路功能以外的工程费用(
7873	10		公路基本造价

图 5-8 标准清单库

表格数据 全树结构 分项清单 概预算项目节 工程量清单

显示至… 表达式: 1-2-3-1-1

	层次	图纸名称	单位	图纸数量(D)	标准编号	名称	单位	清单数量(A)	设计数量1(B)	设计数量2(C)	指标名称	设计指标	参考指标	备注
1		主线合计												
2		挖方			1-2-2	挖方	m3							
3		总体积	m3	3142430										
4		土方			1-2-2-1-1	挖路基土方	m3		2209258					
5		普通土	m3	658458	203-1-1-1	挖弃土方	m3	240269						新编号
6		硬土	m3	1550800	203-1-1-1	挖弃土方	m3	565882						新编号
7		石方			1-2-2-2-1	挖路基石方	m3		933172					
8		软石	m3	754325	203-1-2-1	挖弃石方	m3	494925						新编号
9		次坚石	m3	178847	203-1-2-1	挖弃石方	m3	117345						新编号
10		填方			1-2-3-1	路基填方	m3							
11		总数量	m3	1853542										
12		土方	m3	1612730										
13		石方	m3	380515										
14		清淤、耕地夯实回填	m3	58145										
15		超宽填筑	m3	102331	204-1-2	利用土方	m3							
16		本桩利用			1-2-3-1-2	利用方填筑	m3							
17		土方	m3	181514	204-1-2	利用土方	m3	162066.071						
18		石方	m3	23388	204-1-3	利用石方	m3	25421.739						
19		远运利用			1-2-3-1-2	利用方填筑	m3							
20		土方	m3	1431213	204-1-2	利用土方	m3	1277868.75						
21		石方	m3	357129	204-1-3	利用石方	m3	388183.696						
22		平均运距(m)												

图 5-9 全树结构

	项目节编号	清单编号	名称	单位	清单数量	设计数量1	设计数量2
1	1		第一部分 建筑安装工程费	公路公里			
2	1-2		路基工程	km			
3	1-2-2		挖方	m3			
4	1-2-2-1		挖土方	m3		2209258	
5	1-2-2-1-1		挖路基土方	m3		2209258	
6		203	挖方路基				
7		203-1	路基挖方				
8		203-1-1	挖土方				
9		203-1-1-1	挖弃土方	m3	806151		
10		203-1-1-2	挖利用土方	m3	1403107		
11	1-2-2-2		挖石方	m3		933172	
12	1-2-2-2-1		挖路基石方	m3		933172	
13		203	挖方路基				
14		203-1	路基挖方				
15		203-1-2	挖石方				
16		203-1-2-1	挖弃石方	m3	612270		
17		203-1-2-2	挖利用石方	m3	320902		

图 5-10 分项清单

项目节	名称	单位	设计数量	设计数量2
1	第一部分 建筑安装工程费	公路公里		
1-2	路基工程	km		
1-2-2	挖方	m3		
1-2-2-1	挖土方	m3	2209258	
1-2-2-1-1	挖路基土方	m3	2209258	
1-2-2-2	挖石方	m3	933172	
1-2-2-2-1	挖路基石方	m3	933172	

图 5-11 概算、预算项目节清单

将各分部工程的分项工程量清单汇总,则可得到某个标段的总分项工程量清单,将总分项工程量清单导入造价标准化处理软件中,通过设置费率、组价等一系列数据处理,即可得到招标清单预算。与传统招标清单预算相比,基于三级清单原理由软件编制的招投标清单解决了我国公路工程造价体系数据链条割裂的关键问题——概算、预算体系与招投标清单体系数据链条衔接问题,实现了从设计图纸工程量到招标工程量清单的正向数据链生成和反向数据链追溯,数据链条的有效衔接对于项目建设管理者、施工单位、造价审查单位等公路造价各方参与者都具有积极的效益。

	清单编号	名称	单位	清单数量
1		第一部分 建筑安装工程费		
2		第200章 路基		
3	203	挖方路基		
4	203-1	路基挖方		
5	203-1-1	挖土方		
6	203-1-1-1	挖弃土方	m3	806151
7	203-1-1-2	挖利用土方	m3	2077397
8	203-1-2	挖石方		
9	203-1-2-1	挖弃石方	m3	612270
10	203-1-2-2	挖利用石方	m3	409915
11	204	填方路基		
12	204-1	路基填筑		
13	204-1-2	利用土方	m3	1983960.713
14	204-1-3	利用石方	m3	489160.87

图 5-12 工程量清单

5.4 施工阶段造价数据链处理

公路工程施工活动是以形成公路基础设施为目的，由建筑安装工程、设备购置、技术改造以及与此相联系的其他工作等构成，它是施工图设计和工程预算的具体落实过程。公路工程施工时间跨度长，过程中涉及的影响因素众多，在这些因素的作用下，资金使用过程较为复杂，加之可能会遇到与原设计不相符的地方，包括材料、工艺、构造以及尺寸等方面的改变，从而导致工程变更出现。因此，详细地记录并理顺施工期间的造价数据链是十分有必要的。

造价管理台账记录了施工过程中资金的详细使用信息，作为前期控制造价与后期实际造价变化的数据线索，造价管理台账起到梳理施工期间资金流动和施工期间资金监管的重要作用。我国缺乏对施工期间造价的监管，目前还未对造价管理台账文件的编制办法和数据呈现方式进行统一的规定，部分建设单位从便于项目合同计量与支付管理的角度，形成了一套造价台账和结算文件报表。但是由于建设单位的关注点着重是项目的计量与支付，其所规定的造价台账中记录的数据不能够满足全过程造价管理的需要，因而若直接从造价台账中提取施工阶段造价数据链，此部分造价数据链难以与设计阶段与招投标阶段进行衔接，无法将全过程造价管理落到实处，而施工阶段造价数据具有时间跨度长、计价复杂、计价形式丰富的特点，梳理清楚此阶段数据链形成，并建立相应的动态化监管途径，及时发现资金异常线索，合理控制施工阶段资金流动有重要作用。因此，有必要对施工阶段数据链的形成进行梳理。

5.4.1 施工阶段造价数据链处理原理

施工阶段与设计阶段和招投标阶段相比，数据链更加复杂，单条数据链已经不能满足此阶段全过程造价管理需求。基于建设单位、施工单位、造价管理部门的多方需求，此阶段需要的数据链应满足各阶段造价对比、重要指标对比、合同支付进程可视化等多种需求。

(1)实现与设计阶段数据链与招投标阶段数据链数据衔接的方法

要实现与设计阶段和招投标阶段造价数据的衔接,就需要形成与设计阶段和招投标阶段造价数据的对比。为全面反应造价数据变化情况,综合反映公路工程项目概算、预算、合同清单、目前工程造价情况,应把初步设计阶段工程数量及批复概算、施工图设计阶段工程数量及审查预算、招标阶段施工合同清单数量及合同费用、工程变更工程数量及费用、本期未完成工程数量及投资、预估调整工程数量及金额、预估决算的工程数量及金额组合起来形成数据链,为明晰导致工程造价变化的具体分部分项工程,选用概算项目节作为数据链形成的基本单位。将数据从概算、预算项目表,招投标清单等提取出来后,为满足可视化需求,便于数据利用者分析,以如表5-3所示形式呈递。

建设单位主要重视计量与支付环节,对于存在工程变更的合同段也重点关注,建设单位需要明晰合同签订、变更、预估调整、预估结算时的清单数量、设计数量、单价与合价金额,使存在变更合同段的造价处于可控范围内。因此,此部分数据链的形成应以项目清单为主骨架,并展现合同签订、变更、预估调整、预估结算时的清单数量、设计数量、单价与合价金额,为满足可视化需求,便于数据利用者分析,以路基工程为例,以如表5-4所示形式呈递。

(2)重要指标单独形成数据链

①土地征用及拆迁补偿费数据链

土地征用及拆迁补偿费是指按照《中华人民共和国土地管理法》及《中华人民共和国土地管理实施条例》《中华人民共和国基本农田保护条例》等法律、法规的规定,为进行公路建设需征用土地所支付的土地征用及拆迁补偿等费用。近年来,土地征用及拆迁补偿费用占公路工程投资项目的比重越来越大,由于可变因素较多,拆迁费用在初步设计、施工图设计、合同签订阶段、合同变更阶段可能出现一定波动,因其所占比重较大,建设单位应重视此项费用的数据变动,因此,此项费用应该单独生成数据链,该段数据链生成时宜选用工程项目清单作为其骨架分别列示不同阶段土地征用数量,拆迁补偿单价以及总价应做到不同阶段概算、预算体系与清单体系的无缝衔接,为满足可视化需求,便于数据利用者分析,以如表5-5所示形式呈递。

②中标价与建设单位控制价数据链

招标控制价是招标人根据有关计价依据和办法按设计施工图纸计算的、对招标限定的最高工程造价,招标控制价编制是工程招投标中的重要环节,准确、合理的招标控制价是建设单位和承包人双方均获得满意的基础。中标价是确定的中标人在投标文件中所列明的投标报价,浮动率(中标价浮动率)的计算公式为:浮动率(中标价浮动率)=1-中标价/建设单位控制价。

按照工程类别原则,分别计算设计、监理、施工(可按路基桥涵、路面、隧道、预制工程、交通安全、绿化、机电、房建等分类)、其他等不同工程类别的中标下浮率,具体可按实际招标划分类别调整,为满足可视化需求,便于数据利用者分析,以如表5-6所示形式呈递。

基于概算项目节骨架的施工阶段数据链

表 5-3

项	目	节	细目	工程或费用名称	单位	初步设计			施工图设计			施工图设计			施工图设计			施工合同（主线段）			施工合同			施工合同			工程变更		本期末完成			本期末完成			本期末完成			预估调整		预估决算		工程数量	工程费用
						工程数量1	数量2	批复概算	工程数量1	数量2	审查预算	工程数量1	数量2	审查预算	工程数量1	数量2	审查预算	清单数量1	清单数量2	合同费用	清单数量1	清单数量2	合同费用	清单数量1	清单数量2	合同费用	工程数量	工程费用	工程数量1	工程数量2	工程投资	工程数量1	工程数量2	工程投资	工程数量1	工程数量2	工程投资	工程数量	工程投资	清单数量1	工程费用	调整情况	调整情况
1				2	3	4		5	6		7				6		7	8		9	8		9	8		9	10	11	12		13				12		13	14	15	16	17	18 = 16 − 8	19 = 17 − 9
				第一部分　建筑安装工程费	公路公里																																						
1				临时工程	公路公里																																						
	1			临时道路	km																																						
		1		临时便道的修建与维护	km																																						
		2		原有道路的维护与恢复	km																																						
	2			临时便桥	m/座																																						
	3			临时轨道铺设	km																																						
	4			临时电力线路	km																																						
	5			临时电信线路	km																																						

基于工程项目清单骨架的施工阶段数据链（以路基工程为例）

表 5-4

预算项目节	清单子目号	工程或费用名称	单位	合同					变更					预估调整					预估估算				
				清单数量	设计数量		单价（元）	合价（元）	清单数量	设计数量		单价（元）	合价（元）	清单数量	设计数量		单价（元）	合价（元）	清单数量	设计数量		单价（元）	合价（元）
					数量 1	数量 2				数量 1	数量 2				数量 1	数量 2				数量 1	数量 2		
1-2		路基工程	km																				
1-2-1		场地清理	km/m^2																				
1-2-1-1		清理与掘除	m^2																				
	202-1-1	清理现场	m^2																				
1-2-2		挖方	m^3																				
1-2-2-1		挖土方	m^3																				
1-2-2-1-1		挖路基土方	m^3																				
	203-1-1	挖土方	m^3																				
1-2-2-2		挖石方	m^3																				
1-2-2-2-1		挖路基石方	m^3																				
	203-1-2	挖石方	m^3																				
1-2-3		填方	m^3																				
1-2-3-1		路基填方	m^3																				
1-2-3-1-1		利用方填筑	m^3																				
	204-1-2	利用土方	m^3																				
	204-1-3	利用石方	m^3																				

续上表

预算项目节	清单子目号	工程或费用名称	单位	合同					变更					预估调整					预估估算				
				清单数量	设计数量		单价（元）	合价（元）	清单数量	设计数量		单价（元）	合价（元）	清单数量	设计数量		单价（元）	合价（元）	清单数量	设计数量		单价（元）	合价（元）
					数量1	数量2				数量1	数量2				数量1	数量2				数量1	数量2		
1-2-3-2		结构物台背回填	m^3																				
	204-1-7-5	回填中粗砂	m^3																				
	204-1-7-9	回填黏性土	m^3																				
	204-1-7-11	人工夯实土方	m^3																				
	205-1-25-1	液压式压路机补压（5遍）	m^2																				
1-2-4		特殊路基处理	km																				
1-2-4-1		软土地区路基处理	km/m^2																				
1-2-4-1-1		清除换填处理	m^3/m^2																				
	203-1-3	挖除非适用材料（不含淤泥）	m^3																				
	203-1-4	挖淤泥	m^3																				
	204-1-13	换填土	m^3																				
	204-1-17	换填中粗砂	m^3																				

基于工程项目清单骨架的土地征用及拆迁补偿费用数据链

表 5-5

预算项目节	清单子目号	项 目 名 称	单位	初步设计			施工图设计			合同			变更			预估决算		
				数量	单价（元）	合价（元）	数量	单价（元）	合价（元）	数量	单价（元）	合价（元）	数量	单价（元）	合价（元）	数量	单价（元）	合价（元）
3-1		土地征用及拆迁补偿费	公路公里															
3-1-1		土地征用补偿费(加连接线)	亩															
3-1-1-1		主线 A2 段工程	亩															
	31-1-1	灌溉水田	亩															
	31-1-2	旱地	亩															
	31-1-3	菜地	亩															
	31-1-4	果园	亩															
	31-1-5	有林地	亩															
	31-1-6	苗圃	亩															
	31-1-7	经济林	亩															
	31-1-8	天然草地	亩															
	31-1-9	养殖水面	亩															
	31-1-10	工业用地	亩															
	31-1-11	农村宅基地	亩															
	31-1-12	公路用地	亩															
	31-1-13	河流水面	亩															
	31-1-14	连接线 2.65km 工程用地	亩															
	31-1-15	线外工程用地	亩															

不同工程类别的中标浮动率统计 表 5-6

序号	工程类别	标段名称	标段长度（km）	主要工程内容	业主控制价（元）	中标价（元）	中标下浮率（%）	中标单位	开标日期	备注
一	设计									
1	初勘设计	设计 A1 标								
2	初勘、两阶段设计	设计 A2 标								
3	两阶段设计	设计施工								
4	房建勘察设计	房建设计								
二	监理									
1	施工监理	监理 1 标								
2		监理 2 标								
3	试验检测	试验检测标								
三	施工									
1	路基桥涵	土建施工 1								
2		土建施工 2								
3	路面									
4	交安									
5	绿化									
6	机电									
7	房建									
四	其他									
1	勘测定界测量	测绘 1 标								
2		测绘 2 标								
4	保险	保险合同								
5		保险合同								
6	桩基检测	桩基无损检								
7		桩基抽芯检								
8	甲供材料	水泥 1 标								
9		水泥 2 标								
10		钢筋 1 标								
11		钢筋 2 标								
12		钢绞线标								
合计										

(3)合同款支付数据链

工程支付和结算是公路工程项目施工阶段管理的核心内容，也是建设单位、施工单位、监理单位最关注的工作之一。工程款的支付、结算办理过程复杂、参与单位众多、支付凭据繁杂、资金支付量大，在实际工作中，是一项复杂的工作。然而，明晰合同支付过程中的合同款支付情况，才能合理调度资金，确保工程进度，及时、准确结清债权债务关系，减少重复支付、多支、少支、漏支等情况的发生，有利于最终工程项目竣工决算的编制。按照合同类别分类[如路基桥涵、路面、绿化、交通安全设施、机电、房建、监理、设计、土地征用及拆迁补偿、设计文件审查费、专项评价(估)费、保险、办公及生活用家具购置、建设单位(业主)管理费等]，形成合同金额、结算金额、累计应扣金额、累计应支付金额、累计已支付金额等数据链。为满足可视化需求，便于数据利用者分析，以如表5-7所示的形式呈递。

不同工程类别的合同支付数据链　　表5-7

序号	合同类别	合同编号	结算书编号	合同名称	签约单位	合同金额(元)	结算金额(元)	累计应扣款(元)	累计应支付(元)	累计已支付(元)	待支付(元)	支付比例(%)	备注
1	2	3	4	5	6	7	8	9	10 = 8 − 9	11	12 = 10 − 11	13 = 11/10	14
1	路基桥涵												
2													
3													
4													
5	路面												
6													
7	绿化												
8													
9	交通安全设施												
10													
11	机电												
12	房建												
13													
14													
15													
16	监理												
17													
18													
19	设计、咨询												
20													
21													
22	征地拆迁												
23													
24													
25	其他												
26													
合计													

(4)工程变更造价数据链

工程变更是引起施工阶段造价变化的主要因素,工程变更可按照变更类型分为一般工程变更、较大工程变更和重大工程变更,每类中又可包括设计变更、进度计划变更、施工条件变更以及原招标文件和工程量清单中未包括项目的增减变化等。项目变更费用增减,尤其是发生重大变更且费用增加时,需要及时掌握项目变更明细,这样才能做到资金的合理分配、有效利用,防止虚套工程款、贪污腐败等行为的发生。基于全过程造价数据链的理念,为了进一步对工程变更数据挖掘分析,可从两个角度构建工程变更数据链,首先,应有反映工程项目变更费用总体情况的造价数据链,其次,应对比工程变更前后设计数量及单价的变化。

①总体变更情况数据链

总体变更情况数据链应按照时间顺序汇总展现重大变更、较大变更和一般变更的总体变更事件的发展情况和金额,包括变更不同阶段的上报情况、批复情况等,具体应包括变更工程名称、变更原因及主要内容、工程变更意向(上报文号、批复单位、批复文号、是否立项)、工程变更批复情况(上报文号、批复单位、批复文号、增减费用)、合同变更确认情况(承包人申报的申请单编号、增减费用,项目管理单位确认的变更令编号、批复文号)等,为满足可视化需求,便于数据利用者分析,可以如表5-8所示形式呈递。

当更改变更申请得到批复后,应形成工程变更情况数据链,此数据链主要用来对比原合同和变更后费用的增减量以及时掌握工程变更费用增减情况,为满足可视化需求,便于数据利用者分析,可以如表5-9所示形式呈递。

②工程变更情况对比数据链

工程变更是根据施工时的具体情况对原有设计或合同的更改,最终导致了总体造价的变化。为了梳理全过程造价情况的变化,以工程项目清单体系和概算、预算项目节体系两种体系为骨架对全过程数据链进行梳理,便于对变更工程的全过程比对分析。以工程项目清单为骨架形成工程变更数据链时,应采集原施工图设计、工程变更后施工图设计的清单数量、设计数量、单价和合价,并统计工程变更增(减)情况,为满足可视化需求,便于数据利用者分析,可以如表5-10所示形式呈递。以概算、预算项目节为骨架形成工程变更数据链时,应分别采集上报设计概算的设计数据及概算金额、审批调整工程数量及概算、批复概预算及数量。为满足可视化需求,便于数据利用者分析,可以如表5-11所示形式呈递。

(5)造价从业人员信用管理

造价从业人员是编制公路工程造价的主体,造价编制得是否合理,与从业人员的编制水平有着密不可分的关系。借鉴建设工程造价行业国际惯例中“专业人士负责制”的成功经验,通过对编制造价文件的质量考核,建立造价从业人员信用数据库,便于后续利用此数据库的数据与造价从业人员进行相关的统计分析,这是非常必要的。例如,了解某造价从业人员参与编制的造价文件质量,了解某项工程造价编制中的参与人员及持证情况等。

工程变更总体统计情况数据链

表 5-8

序号	变更工程名称	变更原因及主要内容	工程变更意向				工程变更批复（重大、较大变更）				合同变更确认情况					备注
											承包人申报情况		项目管理单位确认情况			
			上报文号	批复单位	批复文号	是否立项	上报文号	批复单位	批复文号	增减费用（元）	申报单编号	增减费用（元）	变更令编号	批复文号	增减费用（元）	
1	2	3	4	5	6	7	8	9	10	11	12	13	14	15	16	17
一	重大变更											0				
小计																
二	较大变更											0				
小计																
三	一般变更											0				
1	0号图纸差错漏	按照合同15.3.1(5)条约定更正施工图图纸差漏错									0号台账工程量清单差漏错	−759695				变更:0号台账工程量清单差漏错(已申报)
2	施工图图纸和工程量清单差错漏变更	更正施工图图纸及工程量清单差错漏，更正路基挖淤泥排水工程数量、冲击碾压数量、绿化工程土工膜数量、桥梁桩基钢筋数量、下构钢筋、混凝土数量以及上部结构钢筋和混凝土数量等									XHTJ01-BG-1	688768				变更 XHTJ01-BG-1(已申报)
3	K6+055～K6+180段软土路基处理	根据建设单位下发的《软基处理管理办法》，经承载力检测和现场挖探，K6+055～K6+180路段属于山体之间冲沟，地表以下3.1m内土质软弱。2015年6月29日，由建设单位、监理、设计和施工单位四方到现场勘察，根据挖探的实际情况分析，最终达成一致意见。各方决定按以下方案处理： (1)K6+055～K6+180段软土路基向下挖除淤泥，处理面积为5512m^2，挖除厚度为3.1m，挖淤泥17087.2m^3，采用片石回填，深度为3.1m，回填片石27569.7m^3。 (2)实际发生的工程量以建设单位、监理、施工三方现场确认为准									XHTJ01-BG-2	593112				变更:XHTJ01-BG-2(已申报)

工程变更情况汇总数据链

表 5-9

序号	变更日期	变更工程名称	变更名称及主要内容	主要工程量	变更令编号	变更性质	批复变更费用(元)			变更依据(附件)	变更号	备注
							原合同	变更后	净(增)减			
1	2	3	4	5	6	7	8	9	10	11	12	13
1	2015-10-14	K27 + 942 ~ K27 + 975 软基处理变更工程	根据建设单位下发的《软基处理管理办法》,经现场触探试验测得 K27 + 940 ~ K27 + 975 左侧换填深度为 1.2m;(图纸起讫桩号为 K27 + 942 ~ K27 + 975)根据现场挖探发现地下水位较高,承载力达不到设计要求		XHGS-TJ03-BGL-11	一般	13288	14030	742	BG11(K27 + 942 ~ K27 + 975). PDF,合同工程清单(1). PDF,宁华司工〔2015〕104 号关于转发兴华高速公路 3 标变更现场会议纪要设计后服务函(SH-S3-25)的通知. PDF	XHTJ03-BG-11	
2		K28 + 136 ~ K28 + 170 软基处理变更工程	根据建设单位下发的《软基处理管理办法》,经现场触探试验测得 K28 + 130 ~ K28 + 180 换填深度为 2.1m;(图纸起讫桩号为 K28 + 136 ~ K28 + 170)根据现场挖探发现地下较高,承载力达不到设计要求。 2015 年 7 月 18 日,由建设单位、监理、设计和施工单位四方到现场勘察,根据挖探的实际情况分析,最终达成一致意见。各方决定按以下方案处理: 一、K28 + 130 ~ K28 + 180 为鱼塘,地下水位高,原则上按设计图纸换填处理,深度为 2m,处理面积约 $1375m^2$,基底填筑 0.5m 中粗砂约 $687.5m^3$,上面填筑 0.5m 土方约 $2062.5m^3$。 二、实际发生工程量以建设单位、监理、施工三方现场确认为准			一般	124076				XHTJ03-BG-12	

基于工程项目清单的工程变更造价数据链

表 5-10

项目节细目号	清单子目号	工程或费用名称	单位	原施工图设计					工程变更后施工图设计					工程变更增(减)				
				清单数量	设计数量		单价（元）	合价（元）	清单数量	设计数量		单价（元）	合价（元）	清单数量	设计数量		单价（元）	合价（元）
					数量 1	数量 2				数量 1	数量 2				数量 1	数量 2		
1		第一部分　建筑安装工程费	公路公里															
1-1		临时工程	km															
1-1-1		临时道路	km															
	103-1	临时道路、便桥工程																
	103-1-1	临时道路修建、养护与拆除	总额															
…		…																
	…	…																
		变更工程合计	公路公里															

表 5-11

基于概算项目节的工程变更造价数据链

项	目	节	工程或费用名称	单位	上报设计概算		审批调整增减		批复设计概算		项	目	节	工程或费用名称	单位	项目节标准化		备注
					工程数量	设计概算	工程数量	概算	工程数量	概算						工程数量	批复概算	
1			2	3	4	5	6	7	8	9	10			11	12	13	14	15
			第一部分　建筑安装工程费	公路公里										第一部分　建筑安装工程费	公路公里			
一			临时工程	公路公里							一			临时工程	公路公里			
二			路基工程	km							二			路基工程	km			
三			路面工程	km							三			路面工程	km			
四			桥梁涵洞工程	km							四			桥梁涵洞工程	km			
五			交叉工程	处							五			交叉工程	处			
六			隧道工程	km/座							六			隧道工程	km/座			
七			公路设施及预埋管线工程	公路公里							七			公路设施及预埋管线工程	公路公里			
八			绿化及环境保护工程	公路公里							八			绿化及环境保护工程	公路公里			
九			管理、养护及服务房屋	公路公里							九			管理、养护及服务房屋	公路公里			
			第二部分　设备及工具、器具购置费	公路公里										第二部分　设备及工具、器具购置费	公路公里			
一			设备购置费	公路公里							一			设备购置费	公路公里			
二			工具、器具购置	公路公里							二			工具、器具购置	公路公里			
三			办公及生活用家具购置	公路公里							三			办公及生活用家具购置	公路公里			
			第三部分　工程建设其他费用	公路公里										第三部分　工程建设其他费用	公路公里			
一			土地征用及拆迁补偿费	公路公里							一			土地、青苗等补偿和安置补助费	公路公里			

续上表

项	目	节	工程或费用名称	单位	上报设计概算		审批调整增减		批复设计概算		项	目	节	工程或费用名称	单位	项目节标准化		备注
					工程数量	设计概算	工程数量	概算	工程数量	概算						工程数量	批复概算	
二			建设项目管理费	公路公里							二			建设项目管理费	公路公里			
	1		建设单位(业主)管理费	公路公里								1		建设单位(业主)管理费				
	2		工程监理费	公路公里								2		工程监理费				
	3		设计文件审查费	公路公里								3		设计文件审查费				
	4		竣(交)工验收试验检测费	公路公里								4		竣(交)工验收试验检测费				
三			研究试验费	公路公里							三			研究试验费	公路公里			
四			建设项目前期工作费	公路公里							四			建设项目前期工作费				
五			专项评估(价)费	公路公里							五			专项评估(价)费				
八			联合试运转费	公路公里							八			联合试运转费				
九			生产人员培训费	公路公里							九			生产人员培训费				
十			固定资产投资方向调节税								十			固定资产投资方向调节税	公路公里			
			第一、二、三部分费用合计	公路公里										第一、二、三部分费用合计	公路公里			
			预留费用	元										预留费用	元			
			1. 价差预留费	元										1. 价差预留费	元			
			2. 基本预备费	元										2. 基本预备费	元			
			其他费用项目	项										其他费用项目	项			
			建设期贷款利息	元										建设期贷款利息	元			
			公路基本造价	公路公里										公路基本造价	公路公里			

综合考虑建立从业人员信用体系所需达到的各种需求，建立从业人员信用管理时可从两个方面构建数据链，一是以不同项目为单位的公路工程造价从业人员统计数据链，二是造价从业人员工作业绩统计数据链。为满足可视化需求，便于数据利用者分析，可以如表5-12、表5-13 所示形式呈递。

5.4.2 施工阶段造价数据链处理实现

结合工程实际情况，建设单位根据施工阶段造价数据链的要求，结合具体工程项目对相关数据进行采集。在以往的施工阶段造价管理中，数据链本身的构成不统一，造成了数据比对的困难，在以上的论述中，我们给出了数据链处理的方法。一方面，满足了全过程数据链管理的要求，另一方面，标准化的施工阶段数据链为后期的数据比对提供了实践的可行性。以往的施工阶段数据往往以纸质版报表形式报送和存储，这种存储方式所占物理存储空间较大，而且导致了数据的利用率极低，几乎是造价监督检查之后就被放在了档案室里；另一部分施工阶段的数据虽然以 Excel 形式存储，利用电子邮箱的形式传递，但不同项目数据被分散存储在不同造价从业人员的电脑里，无法形成统一而集中的数据存储，进而无法基于同一项目不同阶段的数据发现规律，基于大量造价数据的汇集对造价数据进行指标化分析和可视化呈递。因此，基于造价大数据管理平台，通过对造价文件编审和造价监督管理模块对施工阶段数据进行管理，以外网报送数据的形式对施工阶段造价数据进行采集，将采集数据进行存储，并进行数据的处理分析和可视化呈递是十分必要且可行的做法。

（1）施工阶段数据采集

造价管理机构人员通过造价大数据管理平台的监督管理子系统，从数据库中调取所需监督工程的项目名称，创建监督检查项目，安排项目检查计划并创建外网报送监督检查资料账号，建设单位通过外网登录账号，进行资料的报送，通过造价大数据管理平台和外网的交互，实现了造价数据的传递和存储，具体的数据采集过程如下。

①监督项目选择

进入【监督管理 > >综合检查 > >检查项目选择】，在统计表列表页面，单击“新建”按钮创建新的安排统计，图5-13 展示了项目统计列表界面。

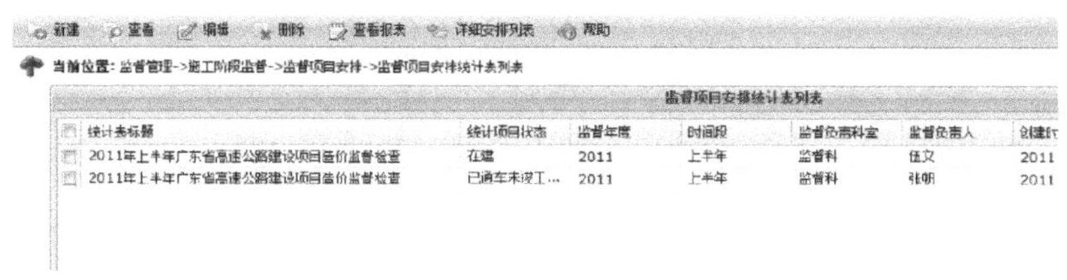

图5-13 项目统计列表界面

在监督项目安排统计表列表页面，选择刚创建的记录，例如选择“2011 年上半年广东省已通车未竣工高速公路项目统计”，单击“详细安排列表”按钮，打开该统计表的项目列表，子系统从系统数据库中调取项目基本信息，通过左上角的新建、编辑、删除、查看等功能键实现对项目的增加、删除、查看等功能，界面如图5-14 所示。

公路工程造价从业人员统计数据链

表 5-12

序号	姓名	所在部门	职务或负责业务	技术职称	持证情况			继续教育情况			备注
					证件名称及编号	持证时间及地点	发证单位	培训时间及地点	培训证书	培训单位	
一	建设单位										
1	张三	计划合同部	经理	高级	甲级造价师 51332	2008 年/广东	交通运输部	2015.4,广州	继续教育证明	广东省长大公路工程职业学校	
2	罗二	计划合同部	副经理	中级	交通部:甲 1444010280	2014 年/广东	交通运输部	2015.4,广州	继续教育证明	广东省长大公路工程职业学校	
二	监理单位										
1	李力	合约部	合同、计量	中级工程师	JGJ0617539 交公(造价)甲级 41448 号	2007.12/湖南	交通部职业资格中心	2012.06,湖南	三级清单和工程造价标准化管理	湖南省交通运输厅交通造价管理	监理 1 标
2	程娜	技术合同部	合同、计量	高级	甲级 1344010138 号	2013.7/广东	交通部职业资格中心	—	—	—	监理 2 标
三	设计单位										
1	陈锐	总工室	副总工程师	教授级高工	交通部公路工程甲级造价师/甲 51033	2006 年/广州市	交通部	2015.4,广州	继续教育证明	广东省长大公路工程职业学校	
2	刘慧	省院交通工程部	造价工程师	高级	交通部公路工程甲级造价师/甲 51255	2006 年/广州市	交通部	2015.4,广州	继续教育证明	广东省长大公路工程职业学校	
四	施工单位										
1	易丰	合约部	合同、计量	中级	甲级 1343010808 号	2013.7/广东	中华人民共和国交通运输部	2015.02,湖南	三级清单和工程造价标准化管理	湖南省交通运输厅交通造价管理	兴华 1 标
2	张佩	合约部	合同、计量	中级	甲级 1344010456 号	2013.7/广东	中华人民共和国交通运输部	2015.04,广东	公路工程造价	广东省长大公路工程职业学校	兴华 2 标
五	其他										

造价从业人员工作业绩统计数据链

表 5-13

姓名:张三		单位:	广东某高速公路有限公司				资格名称:交通部甲级		资格证号:093944439×××××××							
序号	起止日期	项目名称	业务类型及工作内容	业务来源	项目基本情况				造价文件编审情况							备注
					建设地点	公路等级	路线长度或桥长（km）	主要构造物	工程造价编审(亿元)				测评结果		承担工作内容	
									编制/上报	审核/审批	调整金额	调整比例	格式分	计价分		
1	2002.2 ~ 2006.8	××高速公路	造价台账编制	自身业务	河源市	高速	46	土石方:挖方627.8万m^3;填方586.3万m^3;桥梁:大桥2208m/13座;中桥1122m/14座;涵洞:147座;通道:25座;互通式立体交叉:5处		14.282					独立完成	
2	2006.8 ~ 2013.10	××至××公路项目	变更造价	自身业务	连州市	高速	197	特大桥、大桥47886m/101座,特长隧道10383m/3座,长隧道6585m/3座,短隧道2074m/6座,互通式立交15处	167.35	166.16	−1.19	0.72%			独立完成	
3	2013.10 ~ 至今	××至××项目	部门负责	自身业务	梅州市	高速	85	主线路线长59.6km,设(特)大桥15982m/43座、中小桥646m/9座;设短隧道408.5m/1座(双洞平均长计),设转水(枢纽)、五华、五华南、安流、梅林、樟树塘(枢纽)互通立交共6处;设服务区1处、停车区1处。畲江支线线路长25.0km(含先行工程梅江大桥457m,以下同),设大桥3602m/12座、中桥311m/4座;设畲江北(枢纽)、水口、河东、横陂(枢纽)互通立交共4处		74.99					独立完成	
4	合计						328		167.35	255.43						

图 5-14　项目列表界面

②建立单个项目的检查计划

进入【监督管理＞＞综合检查＞＞监督检查计划】，打开监督检查计划，界面如图 5-15所示。

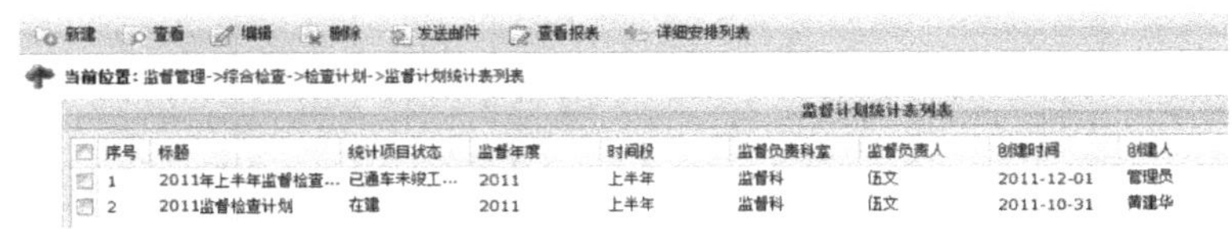

图 5-15　项目检查计划列表界面

单击“新建”按钮创建新的计划统计表，界面如图 5-16 所示。

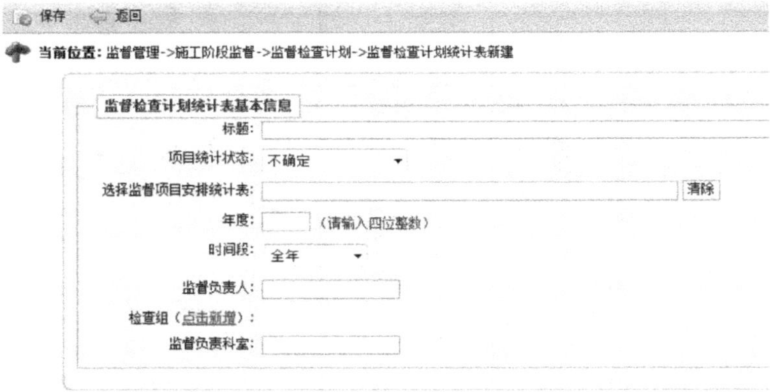

保存 返回

当前位置：监督管理->施工阶段监督->监督检查计划->监督检查计划统计表新建

监督检查计划统计表基本信息

标题：

项目统计状态： 不确定

选择监督项目安排统计表： 清除

年度： （请输入四位整数）

时间段： 全年

监督负责人：

检查组（点击新增）：

监督负责科室：

图 5-16　监督检查计划统计表界面

在检查计划统计表列表中选择刚创建的记录，单击“详细安排列表”，打开该计划的项目列表，通过左上角的新建、查看、编辑、查看选项实现对检查计划的增加、删除、查看，界面如图 5-17 所示。

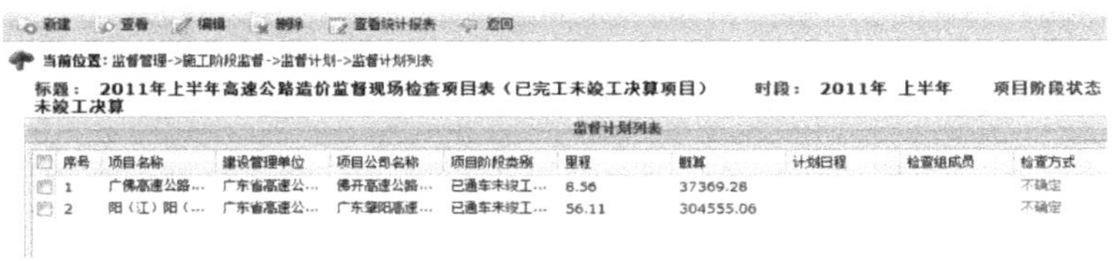

图 5-17　监督计划列表界面

在计划统计表列表页面，选择一个计划统计表，单击“发送消息”按钮，系统将根据各项目的联系人邮箱地址、手机号码发送检查计划安排通知信息。

③建设单位通过外网报送数据

在 IE 浏览器地址栏输入对应网址，界面如图 5-18 所示，单击文件报送，登录后进行所需资料的报送，如施工阶段所需提交的工程变更造价文件、造价管理台账文件等。

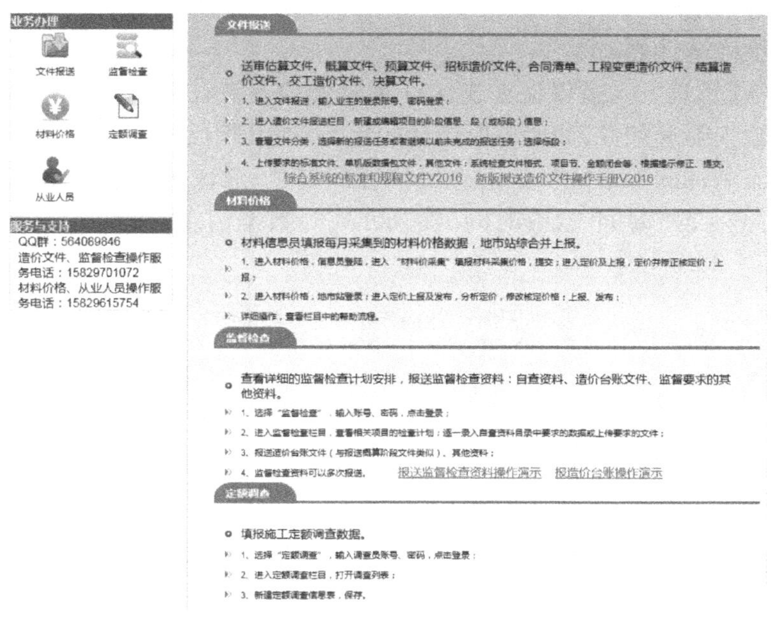

图 5-18　外网报送资料界面

外网报送资料后，造价数据被存入造价管理平台，管理人员进入【监督管理 > > 综合检查 > > 监督现场检查 > > 造价监督资料】，在项目列表选择所需项目，单击“查看”打开报送来的资料，界面如图 5-19 所示。

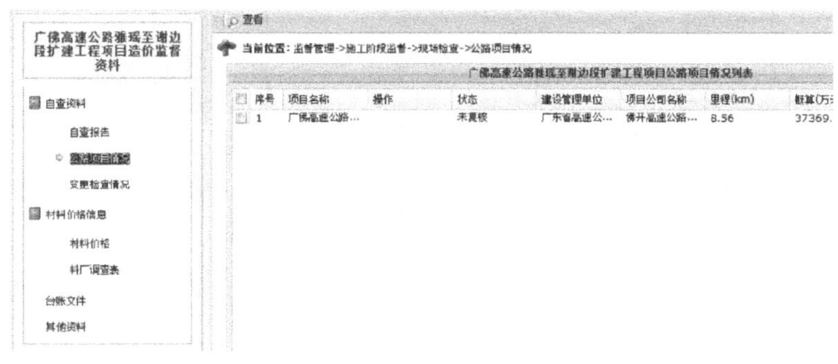

图 5-19　查看报送数据界面

(2)施工阶段数据统计分析

数据的统计分析是大数据时代的最显著特征，造价大数据管理平台的显著优势之一就是实现了所有造价数据的汇集。施工阶段的数据统计分析，就是根据确定一些需要观测的指标，将这些指标从数据库中自动提取出来，以可视化的表格形式或者图表形式展示给造价管理者。如监督检查统计表、总体情况一览表、造价执行情况汇总表、自检报告上报情况、中标下浮率统计汇总表、变更检查情况、造价从业持证情况表、中标下浮率趋势图、土地征用及拆迁补偿费用趋势数据链等，均可以通过数据管理平台实现可视化。造价管理者从中判断出施工阶段造价数据的趋势以支持合理决策，并按照需要合理开放部分数据给相关造价参与者使用，以增进市场化公平公开竞争。

①监督检查统计表

进入【监督管理＞＞监督检查统计＞＞监督检查统计表】，界面如图5-20所示，在页面左侧输入筛选条件，如所需要统计的年份、项目阶段、时间段，系统从数据库中调取满足相应条件的项目并自动汇总出相应的项目、建设单位名称、项目公司名称、概算、开工时间、交工时间、检查时间、检查方式等数据信息，并以表格的形式呈递出来，界面如图5-21所示。

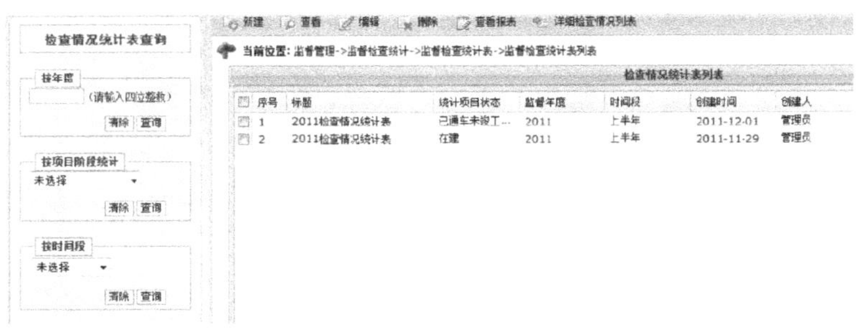

图5-20 检查情况统计查询界面

新建 查看 编辑 删除 查看统计报表 返回

当前位置：监督管理->监督检查统计->监督检查统计表->检查情况列表

标题： 2011检查情况统计表 时段： 2011年 上半年 项目阶段状态： 已通车未竣工决算

检查情况列表

序号	项目名称	建设管理单位	项目公司名称	里程(km)	概算(km)	开工时间	交工时间	检查时间	检查方式
1	常虎高速虎门…	东莞公路桥梁…	东莞市新远高…	0.0	0.0				
2	惠州惠东至东…	惠州市交通运…	惠莞高速公路…	49.02	322100.17				
3	江肇高速公路2…	广东省高速公…	江肇高速公路…	107.42	873544.08				
4	珠三角环高速…	省建设公司	省公路建设公…	49.33	711373.51				
5	顺德至中山段(…	省建设公司	广东广珠西线…	45.57	569509.83				
6	汕梅高速公路(…	广东省路桥建…	广东汕揭高速	24.1	0.0				
7	梅州西环高速…	广东省路桥建…	天汕高速公路…	8.62	43877.06				
8	广肇高速二期	广东省路桥建…	广肇二期高速…	5.39	58375.96				
9	汕梅高速揭阳…	广东省路桥建…	广东汕揭高速…	20.64	0.0			2011-07-25	听取汇报
10	梅州市西环高…	广东省路桥建…	广东天汕高速…	14.28	45705.04			2011-07-25	听取汇报
11	梅州市西环高…	广东省路桥建…	广东天汕高速…	4.27	12732.15		2003-12-31	2011-07-25	听取汇报
12	广梧高速公路…	广东省长大公…	广东云梧高速…	98.49	796662.47				
13	韶关市曲江至…	广东省公路局	韶赣高速公路…	125.29	738012.55				
14	国道主干线广…	广州交投	广州珠江黄埔…	18.69	411468.0			2011-07-25	听取汇报
15	清连一级改造…	深高速	广东清连公路…	27.53	0.0				

图5-21 检查情况数据汇总

②总体情况一览表

进入【监督管理＞＞监督检查统计＞＞总体情况一览表】，界面如图5-22所示，在上方输入所需统计的年度，统计项目状态选择在建（因本节统计的是施工阶段数据），系统从数据库中调取满足相应条件的项目并自动汇总出相应统计表。

③造价执行情况汇总表

进入【监督管理＞＞监督检查统计＞＞造价执行情况汇总表】，打开造价执行情况汇总表界面，通过新建按钮可以新建造价项目情况汇总表，如图5-23所示。

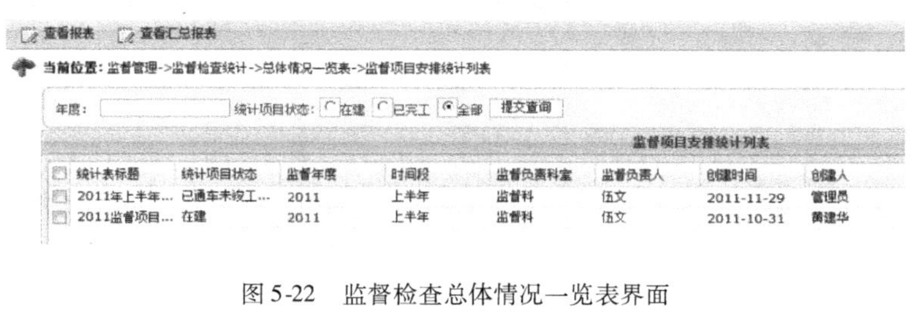

统计表标题	统计项目状态	监督年度	时间段	监督负责科室	监督负责人	创建时间	创建人
2011年上半年…	已通车未竣工…	2011	上半年	监督科	伍文	2011-11-29	管理员
2011监督项目…	在建	2011	上半年	监督科	伍文	2011-10-31	黄建华

图 5-22　监督检查总体情况一览表界面

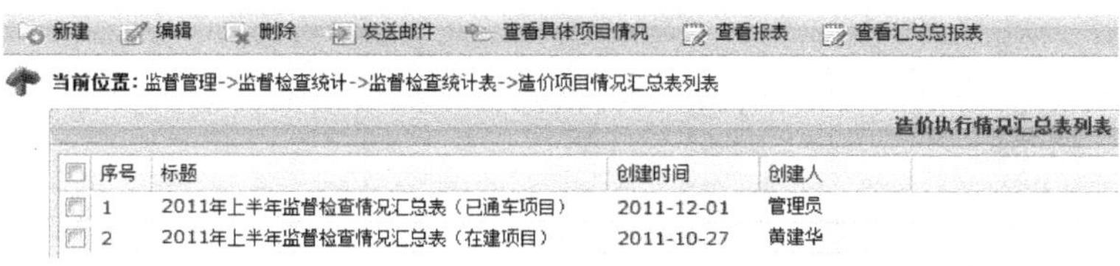

序号	标题	创建时间	创建人
1	2011年上半年监督检查情况汇总表（已通车项目）	2011-12-01	管理员
2	2011年上半年监督检查情况汇总表（在建项目）	2011-10-27	黄建华

图 5-23　造价项目情况汇总表

在“造价项目情况汇总表列表”选择刚创建的统计表，单击“详细安排列表”按钮，打开详细项目列表，如图 5-24 所示。

标题：2011年上半年监督检查情况汇总表（已通车项目）

序号	项目名称	汇总表名称	建设管理单位	公路等级	路线长度(km)	路基宽度(m)	行车道数
1	惠州惠东至东莞常平高速公路东莞段	2011年上半年监督检查…	东莞公路桥梁开发建设总公司	高速公路	14.91	34.5	6
2	莞深高速公路附城至石碣共线段（…	2011年上半年监督检查…	东莞公路桥梁开发建设总公司	高速公路	5.64	33.5	6
3	常虎高速公路	2011年上半年监督检查…	东莞公路桥梁开发建设总公司	高速公路	41.643	35.0	6
4	东新高速公路	2011年上半年监督检查…	广州市交通委员会				
5	广州增城沙庄至花都北兴公路一期…	2011年上半年监督检查…	广州市交通委员会	高速公路	13.887	33.5	6
6	从化街口至花都北兴高速公路	2011年上半年监督检查…	广州市交通委员会	高速公路	0.0	0.0	0
7	西部通道深圳湾公路大桥★	2011年上半年监督检查…	深圳市交通运输委员会	高速公路	1.79	38.6	6

图 5-24　造价项目情况汇总表详细项目列表

④中标下浮率统计表

进入【监督管理＞＞监督检查统计＞＞中标下浮率统计表】，打开中标下浮率统计表界面，单击上方新建按钮可以新建某一招标年限的中标下浮率统计表，如图 5-25 所示。

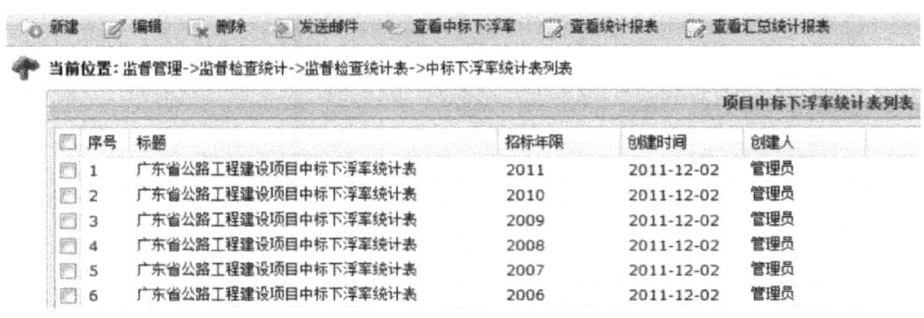

序号	标题	招标年限	创建时间	创建人
1	广东省公路工程建设项目中标下浮率统计表	2011	2011-12-02	管理员
2	广东省公路工程建设项目中标下浮率统计表	2010	2011-12-02	管理员
3	广东省公路工程建设项目中标下浮率统计表	2009	2011-12-02	管理员
4	广东省公路工程建设项目中标下浮率统计表	2008	2011-12-02	管理员
5	广东省公路工程建设项目中标下浮率统计表	2007	2011-12-02	管理员
6	广东省公路工程建设项目中标下浮率统计表	2006	2011-12-02	管理员

图 5-25　中标下浮率统计表列表界面

系统将从报送的台账资料中自动抽取中标下浮率表，并进行汇总，界面如图 5-26 所示。

⑤变更检查表

进入【监督管理＞＞监督检查统计＞＞变更检查表】，打开变更检查表界面，在页面上方输入筛选条件，如所需要统计的年份、统计项目状态，系统从数据库中调取满足相应条件的项目并自动汇总出相应的项目，如图 5-27 所示。

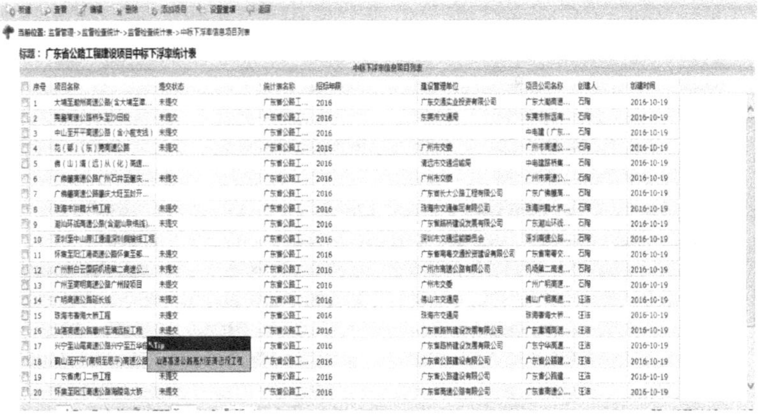

图 5-26　中标下浮率统计表界面

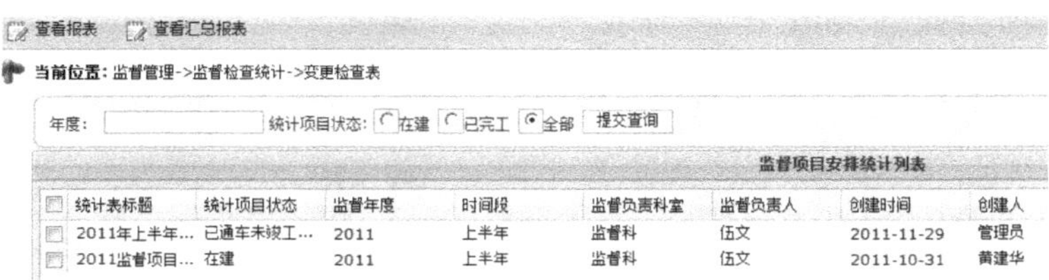

图 5-27　变更检查表界面

⑥持证情况

进入【监督管理 > >监督检查统计 > >持证情况】，打开持证情况统计表界面，单击“新增”按钮，创建一个统计表，系统自动获取有相应持证台账报表的项目进行统计，如图 5-28 所示。

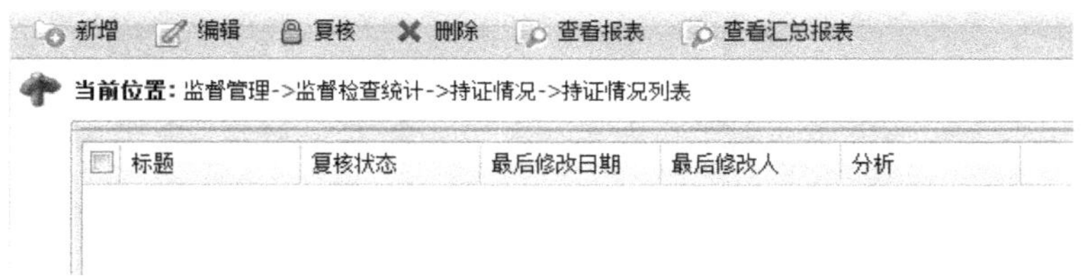

图 5-28　持证台账报表统计

5.5　竣(交)工阶段造价数据链处理

公路工程竣工决算是在公路工程建设项目完工后，以建设单位为编制主体，在监理工程师和施工单位的配合下，以工程结算及其他有关工程资料为基础，按一定的格式和要求进行编制的。竣工决算全面反映了竣工项目从筹建到交付使用全过程各项资金的使用情况和设计概算执行的结果，是公路建设成果和财务情况的总结性文件。

项目竣工验收阶段要编制竣工决算，竣工决算分为工程决算和财务决算两部分。竣工决算的编制应依据施工图设计批准的标准和规模，以招标形成的工程量和单价，以及项目实施中工程变更费用项进行编制。理论上工程决算不得突破批准的施工图设计。为了进一步清晰地掌握全过程造价数据的脉络，形成工程完工时实际耗费资金与设计阶段计划资金的数据总体对比和部分对比，分析其中原因，应对竣工决算阶段的数据链进行处理，使其满足全过程造价数据链管理需求。

从造价文件的编制依据和目的来看，概算、预算、决算的编制深度各有不同，但总体来说，各阶段造价文件是一个逐步细化、从宏观决策依据到全面反映建设成果价值的过程。造价文件编制深度不同，决定了不同造价文件项目组成会有粗细层级差异，这种差异是合理的。但是，现阶段各阶段造价文件编制办法确定的项目表中的部分分部分项工程内容，没有较好地体现出设计文件和工程实际引起的差异。一方面，部分项目表内容偏粗。如部分构成在编制竣工决算时项目表仅达到概算、预算项目表比“目”还粗的层级，预算与概算的项目表粗细层级也不一致。这样带来的后果是，虽然不同阶段造价文件的项目表仍然能建立大体对应关系，但对应关系往往建立在“目”甚至比“目”还粗的层级，由于对应层级过粗，丢失了资金使用环节的大量细节线索，难于分析资金使用的合理性。另一方面，部分项目表内容缺乏对应性。以决算项目表第一部分建筑安装工程费中路基工程为例，其项目表是在概算、预算项目表“目”的层级上归纳而成的，这种归纳丢失了估算、概算、预算项目表按照施工工序建立起的逻辑层次关系，使概算、预算、决算文件在路基工程建立不起来直接的对应关系，给不同阶段造价比照带来了困难。因此，有必要结合造价管理深度要求，以项目表为基础优化竣工决算环节的数据链。

在搭建竣工决算阶段的数据骨架时，在依据原交通部发布的《交通基本建设项目竣工决算报告编制办法》(交财发〔2000〕207 号)和《公路建设项目工程决算编制办法》(公路发〔2004〕507 号)有关规定的基础上，应满足两点需求，即与概预算项目表的衔接和客观反映工程实际。

①与概算、预算项目表的衔接

综合考虑编制决算阶段造价文件特点和深度，决算与概算项目表在“节”一级建立对应，以在桥梁与涵洞工程、隧道工程、交叉工程和工具器具购置等对造价有较大影响的分部分项工程建立细目级对应为原则，调整概算、预算、造价台账、决算项目表的层级设置，建立概算、预算、造价台账、决算项目表的对应关系。

②客观反映工程实际

目前由于实施阶段公路工程建设项目多采取工程量清单方式计价，在决算编制时采用的工程项目及费用类别随意性大，只是在对合同工程量清单中的工程细目适当归类汇总基础上，达到概(预)算项、目、节中类似于“目”的层次，且其工程项目及费用项目也未设“交叉工程”项，整体编制层级较粗、较综合，不能清楚地反映实际发生的工程细目。结合工程实际，编制层级更细的项目表，有利于明晰资金使用合理性，有效控制工程造价。

结合上述的需求和方法设置公路工程竣工决算阶段项目表，规范可与概算、预算项目表衔接的决算项目表是实现决算阶段数据链的前提。以路基工程的决算项目表为例，详见表5-14。

可与概算、预算项目表衔接的路基工程决算项目表(部分)　　表5-14

二				概算、预算、决算	路基工程	km	指路线工程为扣除桥梁、隧道和互通立交的主线长度;独立桥梁或隧道工程为引道或接线长度
	1			概算、预算、决算	场地清理	km/m^2	指清理长度和面积
		1		概算、预算、决算	清理与掘除	m^2	预算可按清除内容的不同划分细目
			1	概算、预算	清除表土	m^3	
			2	概算、预算	伐树、挖根、除草	m^2	
					…		
		2		概算、预算、决算	挖除旧路面	m^2	预算可按不同的路面类型和厚度划分细目
			1	概算、预算	挖除水泥混凝土路面	m^2	
			2	概算、预算	挖除沥青混凝土路面	m^2	
			3	概算、预算	挖除碎(砾)石路面	m^2	
					…		
		3		概算、预算、决算	拆除旧建筑物、构筑物	m^3	预算可按不同的构筑材料划分细目
			1	概算、预算	拆除钢筋混凝土结构	m^3	
			2	概算、预算	拆除混凝土结构	m^3	
			3	概算、预算	拆除砖石及其他砌体	m^3	
					…		
	2			概算、预算、决算	挖方	m^3	工作内容包括挖、装、运、弃
		1		概算、预算、决算	挖土方	m^3	按不同地点划分细目
			1	概算、预算、决算	挖路基土方	m^3	
			1-1	概算、预算	利用土方开挖运	m^3	
			1-2	概算、预算	弃土方开挖运	m^3	
					…		
		2		概算、预算、决算	挖石方	m^3	按不同地点划分细目
			1	概算、预算、决算	挖路基石方	m^3	
			1-1	概算、预算	利用石方开挖运	m^3	
			1-2	概算、预算	弃石方开挖运	m^3	
					…		
		3		概算、预算、决算	挖非适用材料	m^3	按不同地点划分细目
			1	预算、决算	挖运路基段非适用材料	m^3	
					…		

5.6 基于造价大数据管理平台的全过程造价数据链技术

5.6.1 关键数据库

数据库(Database)是按照数据结构来组织、存储和管理数据的仓库。随着信息技术和市场的发展,数据管理由最初的存储和管理数据,而转变成用户所需要的各种数据管理的方式。数据库有很多种类型,从最简单的存储有各种数据的表格到能够进行海量数据存储的大型数据库系统,都在各个方面得到了广泛的应用。目前,四种主流的数据库为:SQL Server,Oracle,Sybase ASE,DB2。大数据时代,由于数据的4V特征,即Volume(大量)、Velocity(高速)、Variety(多样)、Value(价值),传统数据库已不能满足数据的存储和管理需求,云计算、云存储概念因此产生,由于融合了分布式计算(Distributed Computing)、并行计算(Parallel Computing),云计算和云存储使数据存储的体量和数据处理的能力有了极大的提升。

公路工程造价的复杂性和海量性,使得直接利用造价大数据进行分析的难度和复杂度偏大,建立合适的造价数据库是解决这些问题的关键。从公路工程管理的角度讲,可把公路工程造价管理数据库分为造价管理标准数据库和造价数据库两个部分。

(1)造价管理标准数据库

造价管理标准数据库主要包括管理数据标准和项目数据标准库两个方面的内容。一方面是对造价管理相关的管理标准、技术标准、准入标准等系列标准体系建立起关键的标准体系数据库。将造价文件编制标准、文件标准、数据标准、业务流程标准、材料编码标准等建立数据库,如建立标准的费用项目节、工程量清单、技术经济指标清单、标准格式造价报表、材料编码标准库等,为实现全过程造价数据管理提供统一的数据处理标准。另一方面,是在建立项目信息库、单位名称库、技术标准库、材料编码库、定额标准库、从业人员库的同时,研究制定出各种表单数据项的标准。因涉及内容篇幅较多,本书仅摘录列举项目信息库数据元标准、单位名称库数据元标准、材料编码库数据元标准做案例分析。

①项目信息库元标准

项目信息库元标准包括公路建设项目的全称、项目编号、项目所属区域、在建项目的进展阶段、项目建设地址、(计划)开工时间、(实际)竣工时间、立项批准部门、立项批准时间、立项批准文号、初步设计批准部门、初步设计批准时间、初步设计批准文号、开工报告批准部门、开工报告批准时间、开工报告批准文号、交工验收批准部门、交工验收批准时间、交工验收批准文号、建设单位、工程质量监督机构、主要设计单位、主要施工单位、主要监理单位等信息。工程基本信息包括路线全长(km),主线长度(km),支线长度(km),车道数,公路等级,设计速度,路基宽度(m),设计荷载,隧道净宽(m),道路类别,地形情况,路面宽度(m),桥梁宽度(m),路基平均填高(m),路面结构,批复用地(亩),永久占用土地(亩),实际拆迁房屋(m^2),桥梁长度(m),桥梁数量(座),隧道长度(m),隧道数量(座),互通数量(m/处),连接线(m/处),路基土石方,特殊路基处理,路基排水圬工,路基防护圬工,路面工程,大、特大桥,中、小桥,涵洞,隧道,分离式立交(m/处),通道、天桥(m/座),平面交叉,互通式立交,连接线长度,管理及养护房屋,是否为重点项目等信息。建立项目元标准并设置编码规则,为不同项目间造价的分析对比打下数据基础。表 5-15 给出了广东省公路工程造价管理综合系统中采用的部分项目基本信息数据库元标准。

项目信息库数据元标准(项目基本信息)　　表 5-15

序号	数据元名称	类型	长度	备注
1	项目名称	字符	100	
2	建设管理单位	字符	100	
3	项目简称	字符	50	
4	是否重点项目	整形		{是,否}
5	路网类型	字符	10	{国网　省网　地方网　其他}
6	项目性质	字符	10	{新建项目　改建项目　扩建项目　养护项目}
7	区域	字符	500	多选地区
8	科研编制单位	字符	200	从单位名称库选
9	主要设计单位	字符	200	从单位名称库选
10	造价监督机构	字符	200	从单位名称库选
11	质量监督机构	字符	200	从单位名称库选
12	计划开工时间	日期		
13	计划交工时间	日期		
14	审批部门	字符	200	
15	审批日期	日期		
16	审批(核准)估算费用(万元)	数值	18,3*	
17	审批文号	字符	100	
18	调整估算费用(万元)	数值	18,3	
19	批准部门	字符	200	
20	批准日期	日期		
21	批准初步设计概算(万元)	数值	18,3	
22	批准文号	字符	100	
23	调整初步设计概算(万元)	数值	18,3	
24	主线路线全长(km)	数值	18,2	
25	车道数	整形		
26	路基长度(km)	数值	18,2	
27	支线里程(km)	数值	18,2	
28	桥梁(m/座)	数值	18,2	双单位
29	隧道(m/座)	数值	18,2	双单位
30	桥隧比(%)	数值	18,2	

续上表

序号	数 据 元 名 称	类型	长度	备 注
31	交叉工程(处)	整形		
32	连接线(m/处)	数值	18,2	双单位
33	管理服务设施(m^2/处)	数值	18,2	双单位
34	全线用地面积(亩)	数值	18,2	
35	备注	字符	200	
36	公路等级	字符	100	{高速公路、一级公路、二级公路、三级公路、四级公路}
37	设计速度(km/h)	整形		双单位
38	路基宽度(m)	数值	18,2	
39	设计荷载	字符	100	{公路-Ⅰ级、公路-Ⅱ级、其他}
40	地形情况	字符	100	{平原微丘、山岭重丘}
41	地震动峰值加速度系数	字符	100	
42	路面面层类型	字符	200	多选{沥青灌入、沥青碎石、沥青表面处治;砂石路面;水泥混凝土;沥青混凝土}
43	设计洪水频率	字符	100	
44	隧道净宽(m)	数值	18,2	
45	平均填高(m)	数值	18,2	
46	桥梁宽度(m)	数值	18,2	
47	不同宽度的路基占比	数值	18,2	
48	平均挖高(m)	数值	18,2	
49	不同宽度桥梁占比	数值	18,2	
50	不同宽度隧道占比	数值	18,2	
51	备注	字符	200	
52	路基挖方(m^3)	数值	18,3	
53	路基填方(m^3)	数值	18,3	
54	特殊路基处理(km)	数值	18,3	
55	连接线长度(km)	数值	18,3	
56	涵洞(m/道)	数值	18,3	双单位
57	路基排水圬工(m^3/km)	数值	18,3	双单位
58	通道、天桥(m/处)	数值	18,3	双单位
59	路基防护圬工(m^3/km)	数值	18,3	双单位
60	平面交叉(m/处)	数值	18,3	双单位
61	连拱式隧道(m/座)	数值	18,3	双单位
62	分离式立交(km/处)	数值	18,3	双单位
63	分离式隧道(m/座)	数值	18,3	双单位
64	互通式立交主线(km/处)	数值	18,3	双单位

续上表

序号	数 据 元 名 称	类型	长度	备 注
65	沥青路面（m^2/km）	数值	18,3	双单位
66	互通式立交匝道（km/处）	数值	18,3	双单位
67	水泥路面（m^2/km）	数值	18,3	双单位
68	大、特大桥（m/座）	数值	18,3	双单位
69	管理养护及服务房屋（m^2/处）	数值	18,3	双单位
70	中、小桥（m/座）	数值	18,3	双单位
71	批准用地（亩）	数值	18,3	
72	设计永久用地（亩）	数值	18,3	
73	设计拆迁房屋（m^2）	数值	18,3	
74	设计临时用地（亩）	数值	18,3	
75	备注	字符	200	
76	第一部分　建筑安装工程费（公路公里/万元）	数值	18,3	双单位
77	一、临时工程（公路公里/万元）	数值	18,3	双单位
78	二、路基工程（km/万元）	数值	18,3	双单位
79	三、路面工程（km/m^2/万元）	数值	18,3	双单位
80	四、桥梁涵洞工程（km/万元）	数值	18,3	双单位
81	五、交叉工程（处/万元）	数值	18,3	双单位
82	六、隧道工程（km/座/万元）	数值	18,3	双单位
83	七、公路设施及预埋管线工程（公路公里/万元）	数值	18,3	双单位
84	八、绿化及环境保护工程（公路公里/万元）	数值	18,3	双单位
85	九、管理、养护及服务房屋（公路公里/m^2/万元）	数值	18,3	双单位
86	十、建安工程其他费用（公路公里/万元）	数值	18,3	双单位
87	第二部分　设备及工具、器具购置费（公路公里/万元）	数值	18,3	双单位
88	一、设备购置费（公路公里/万元）	数值	18,3	双单位
89	二、工具、器具购置费（公路公里/万元）	数值	18,3	双单位
90	三、办公及生活用家具购置费（公路公里/万元）	数值	18,3	双单位
91	第三部分　工程建设其他费用（公路公里/万元）	数值	18,3	双单位
92	一、土地征用及拆迁补偿费（公路公里/万元）	数值	18,3	双单位
93	二、建设项目管理费（公路公里/万元）	数值	18,3	双单位
94	三、研究试验费（公路公里/万元）	数值	18,3	双单位
95	四、建设项目前期工作费（公路公里/万元）	数值	18,3	双单位
96	五、专项评价（估）费（公路公里/万元）	数值	18,3	双单位
97	六、施工机构迁移费（公路公里/万元）	数值	18,3	双单位
98	七、供电贴费（公路公里/万元）	数值	18,3	双单位
99	八、联合试运转费（公路公里/万元）	数值	18,3	双单位
100	九、生产人员培训费（公路公里/万元）	数值	18,3	双单位
101	十、固定资产投资方向调节税（公路公里/万元）	数值	18,3	双单位

续上表

序号	数据元名称	类型	长度	备注
102	第一、二、三部分费用合计(公路公里/万元)	数值	18,3	双单位
103	保险费(万元)	数值	18,3	
104	预留费用(万元)	数值	18,3	
105	1. 价差预留费(万元)	数值	18,3	
106	2. 基本预备费(暂定金额)(万元)	数值	18,3	
107	其他费用项目(项/万元)	数值	18,3	双单位
108	其中安全生产经费(万元)	数值	18,3	
109	其中交通管制经费(万元)	数值	18,3	
110	建设期贷款利息(万元)	数值	18,3	
111	公路基本造价(公路公里/万元)	数值	18,3	双单位
112	公路功能以外的工程费用(万元)	数值	18,3	双单位
113	项目总造价(公路公里/万元)	数值	18,3	双单位
114	备注	字符	200	
115	人工(工日)	整形		
116	机械工(工日)	整形		
117	主要机械(台班)	整形		
118	钢材(t)	整形		
119	钢筋(t)	整形		
120	钢绞线(t)	整形		
121	水泥(t)	整形		
122	沥青(t)	整形		
123	石料(m^3)	整形		
124	砂(m^3)	整形		
125	汽油(t)	整形		
126	柴油(t)	整形		
127	电(kW·h)	整形		

注:* 表示总共有 18 位,小数点后为 3 位。

②单位名称数据元标准

单位名称数据元标准包括单位名称、单位类别、单位地址、联系人、联系电话和邮箱等信息,单位按其属性不同分为建设、施工、监理、设计等不同类别,应分类统计,参见表 5-16。

单位名称数据元标准 表 5-16

数据元名称	类型	长度	备注
单位名称	字符	100	
单位类别	字符	10	建设(业主),行政,管理施工,监理,设计,咨询,其他
单位地址	字符	100	
联系人	字符	200	
联系电话	字符	50	
邮箱	字符	50	

③材料编码库数据元标准

材料编码库数据元标准见表5-17。

材料编码库数据元标准　　表5-17

数据元名称	类型	长度	备注
所属分类	字符	100	从材料分类中选择
材料名称	字符	100	
规格	字符	100	
材质	字符	100	
定额代号	字符	100	
编号	字符	100	
单位	字符	100	
单位质量(kg)	数值	18,2	
限定地区	字符	100	
要求报价	整形		是,否
是否全省综合	整形		是,否
是否发布	整形		是,否
排序号	整形		
损耗率	字符	100	
备注	字符	100	

(2)造价数据库

造价数据库可分为两个层次,第一个层次是服务于造价基础数据管理的数据库,包括材料价格库、从业人员库、计价依据库(定额库、编制办法库)、料场分布地图库;第二层次主要是根据数据元标准,存入公路工程项目相关的基础数据,如项目基础信息库、造价资料库、项目通讯录库、单位名称分类库、材料价格库、造价文件审查任务列表库、各阶段造价数据库、计价依据库、料场位置库、从业人员库等。如表5-18所示,分别实现对标准化后的各类造价管理过程中产生数据的存储,造价数据库使数据的查询更便捷,数据的调取更方便,并且使数据的分析、对比成为可能。

造价数据库　　表5-18

序号	造价相关数据库	实现应用
1	项目阶段信息、造价资料库	存储、修改、查询、引用
2	项目通讯录、单位名称分类库	存储、修改、查询、引用
3	材料价格库	材料价格数据精确采集、分析定价、发布引用、趋势分析及预测
4	造价文件审查任务列表库	为统计个人工作绩效提供数据
5	估算、概算、预算、招标清单预算、合同清单、造价台账、结算、决算数据库	存储各阶段造价数据;为纵向、横向分析公路工程造价水平提供全面的数据;为实现造价数据的深度挖掘提供依据
6	计价依据库(定额库、编制办法库)	存储、查询、引用、分析
7	料场分布地图库	掌握全省料场分布位置、产量等信息
8	从业人员信息库	查询、引用、分析

5.6.2 造价管理指标体系

造价大数据平台在收集和传送造价数据的同时，也存储了大量经批复后的公路工程估算、概算、预算、决算的全过程造价数据，构建了各类公路工程造价数据库，可实现对历史工程造价数据的查询；通过对公路工程造价数据库的规范化及其具体项目节的标准化处理，构建标准公路工程造价数据库，使对公路工程造价分析、预测成为可能。在造价大数据平台建立之前，造价指标体系的应用尚处于不成熟阶段，多碎片化或单结构化，没有形成系统、动态化造价指标的运用。随着高速公路建设的快速发展与造价大数据平台的相继建立，在大量造价数据支撑的基础上，优化和重建造价指标体系，按相应阶段工作深度和管理需要分阶段、分类、分级进行指标体系的构建，以满足不同群体的需求。

(1)公路工程造价指标体系概念及意义

指标是说明总体数量特征的概念，一般由指标名称和指标数值两部分组成，它体现了事物“质”和“量”两个方面的特点。所谓工程造价指标，主要是用来表征公路建设项目数量、单价和总价之间关系的一系列指标的合集，如反映某项目工程造价总体情况的每公路公里建筑安装工程造价指标、每平方米建筑面积造价指标，反映单位工程、主要分部分项工程(路基工程、路面工程、桥梁涵洞工程、交叉工程、其他工程及沿线设施、临时工程等)的工程量、总价、要素消耗量总量和单位里程平均量的统计指标等。

指标体系是若干个相互联系的统计指标所组成的有机体。指标体系(Indication System,IS)的建立是进行预测或评价研究的前提和基础，它是将抽象的研究对象按照其本质属性和特征的某一方面的标识分解成为具有行为化、可操作化的结构，并对指标体系中每一构成元素(即指标)赋予相应权重的过程。按照构建的指标体系对系统中的数据进行处理，可得到分层的、可视化的标准指标，以此清晰地反映系统的情况。所谓造价指标体系，就是根据造价各方利益相关者需求，对一系列造价指标进行梳理，得到的切合公路工程造价特点的能反映项目造价全貌的多层次、多维的指标体系。构建公路工程指标体系是公路工程造价大数据建设的重要一步，以标准化的公路工程指标体系为准则，结合相应的算法，实现对不同项目不同阶段造价数据的提取，从而为造价审查、监控、设计方案比选、施工方案改进、实现快速估算奠定数据基础。

(2)指标体系的构建原则

①科学、实用性原则

科学性是任何指标体系建立的重要原则，主要体现在指标体系能够全面、客观、真实地反映不同区域、不同地形、不同等级、不同阶段的造价情况；同时又要避免指标间的重复，使造价指标充分体现工程的造价特点。指标的设置要简单明了并具有适用性，设置指标体系时，每条指标都应配有相应的说明，同时要考虑数据取得的难易程度和可靠性，计算指标所需要的基础数据尽量是本身具有的，不需要增加额外的工作量。

②典型代表性原则

公路工程指标体系在构建时与公路工程造价指数体系相同，首先应对公路工程项目按照等级和地形进行划分，在此基础上选取典型工程，对其中典型工程结构类型下的工程数量、造价特点进行分析。在公路工程技术经济指标体系选取时，应保证选取的指标能真正反映不同类型、不同阶段公路工程技术经济的现状，以实现对今后类似工程的技术方案决策提供指导。

③可操作性原则

典型公路工程项目选取的技术经济指标，应保证指标能够利用实际工程中的数据进行测算；同时，考虑到指标的定量化、数据的可靠性和可获得性，设计的指标体系应简明清晰，计算指标所用的基础数据易于提取。

④通用性、可比性原则

构建造价指标体系，既要考虑同一项目不同阶段的纵向造价可比性（估算、概算、预算、决算）和同一项目不同指标之间的可比性，又要考虑不同项目指标之间的横向可比性。因此，造价指标体系的建立，应充分考虑不同工程、不同方案的差异性，尽量选取可以通用的指标。

⑤独立性原则

选取的各个评价指标的含义应当明确，不能用多个指标来表达相同或相似的内容，保证各指标之间具有相互独立性，避免指标之间的包含关系，以消除因指标间的相关关系而产生结果的相同倾向性，不同等级、不同地形的公路在构建子指标体系时应注意其独立性，以便最大限度地保证不同类型公路项目的子指标体系反映出的差异性。

⑥动态性原则

现如今，科学发展的速度越来越快，材料、工艺、技术和设备的更新速度较快，相应的造价会出现波动的情况。某一年公路造价管理的重要指标，在另一个时期可能会成为次要指标，甚至可以忽略。因此选取的指标应能够反映公路工程造价的动态变化情况，并在一定时间范围内，对造价指标进行调整。

（3）造价指标体系构建综述

建立造价指标体系时，需紧密结合不同阶段造价文件特点，如考虑到造价文件从估算、概算、预算是一个由粗到细、层层控制的关系，设置指标体系时要分层设计，既要有反映总体情况的指标，也要有反映重点分部分项工程的指标；考虑到不同造价工程之间的可比性，设置指标体系时从纵、横向两个维度构建。

造价指标体系的纵向维度设置以公路工程概算、预算、决算项目表为基础，在公路工程造价管理标准化的基础上，汇集造价审查、管理和数据需要，按照与标准化的估算、概算、预算、决算项目表的项、目、节和细目分级对应的原则制定综合指标、分项指标、单元指标三个层次的指标体系，不同类型、不同等级公路造价指标体系设置时，可根据具体情况选用不同的指标。一级综合指标与项目表中“项”一级对应，二级分项指标与项目表中“目和节”对应，三级单元指标与项目表中主要的“细目”对应。其中，综合指标反映项目总体造价情况，例如建筑安装工程费总体情况；分项指标反映占造价比例较大的工程造价情况;而单元指标是从抓住主要矛盾入手,主要对分项工程中常用的设计方案或对总体造价影响较大的设计方案进行设定,可分特殊路基、高边坡、桥梁、立交、隧道等单元指标。

造价指标体系的横向维度以指标性质为基础,将指标分为总体造价指标、方案经济指标、工程量指标和造价占比指标四类。其中,总体造价指标反映造价总体情况,例如平原地区四车道高速公路的建筑安装工程费的公路公里造价指标和临时工程造价占比指标等;方案经济指标反映具体设计方案经济性,例如平原区一级公路每公里和每平方米的造价占比指标等;工程量指标反映工程数量情况,例如路基软基处理的清除换填工程量体积面积比、桥梁基础钢筋混凝土工程的含筋率等;造价占比指标反映造价各部分所占总造价的份额,例如建筑安装工程造价占比指标、临时工程造价、路面工程造价占比指标等。

构建大数据造价指标体系时,应具有开放性,使用者可以根据自己的需求在系统内置指标体系基础上按照设置规则定义新的造价指标,系统依据新指标的计算规则,从数据库调用相应的数据源进行计算,最终系统自动生成可视化的基于单独项目的造价指标体系报表和图表,或者基于可比多项目的造价指标体系和图表。

(4)造价指标体系构建实践

指标体系建设围绕指标清单表构建为核心。考虑到计算机指标提取、统计、计算、分析、对比等实际需求,指标清单表由指标编号、项目或费用名称、指标单位、四类指标、计算规则等列组成。指标编号由数字编号、字母编号两类组成,数字编号代表平行层次关系,字母编号代表递进层次关系,采用英文字母顺序作为流水编号。综合指标和分项指标清单中编号是统一规则的,单元指标清单中的编号规则独立。综合指标和分项指标清单均涵盖概算、预算、决算项目表对应项、目、节工程内容。从抓住主要矛盾着眼,单元指标清单没有必要一一涵盖所有细目内容,仅对常用的设计方案或对总体造价影响较大的设计方案相关联的费用项目进行编制,使用者也可在此基础上根据自身需要扩充内容。指标清单由公路工程一级综合指标清单、公路工程二级分项指标清单、公路工程三级分项指标清单组成,公路工程三级单元指标清单按工程类别细分为软基处理、桥梁、互通立交、隧道、其他五类三级指标清单。

①公路工程一级综合指标清单

一级综合指标与项目表中"项"一级对应,需要结合临时工程、路基工程、路面工程、交叉工程等分部工程特点全面反映造价情况。例如,构建桥梁涵洞工程的一级综合指标时,结合桥涵工程造价特点,指标体系应包含反映桥梁长度、桥涵工程路线总长的每公里造价、桥涵工程每公里造价、桥涵工程建筑总面积每平方米造价、桥涵工程建筑面积每平方米造价、桥涵工程占建安费的比例、桥梁圬工体积长度比、桥梁圬工体积面积比、桥梁含筋率、桥梁建筑面积长度比、桥梁长度占比共十项指标,桥梁涵洞工程的一级综合指标具体构成清单,详见表5-19。

②公路工程二级分项指标清单

二级分项指标与项目表中"目和节"对应,例如构建路基工程的分项指标时,需要通过指标放映场地清理、挖方、特殊路基处理、排水工程、路基防护与加固工程、路基零星工程共七个子目的造价特征。以路基工程的场地清理分项为例，详见表5-20，为路基工程—场地清理二级分项指标清单，构建指标时，首先，考虑场地清理数量指标即单位面积的清理路基长度；其次，考虑场地清理项造价特征性指标，包括每公里路线长度场地清理造价、每公里路基长度场地清理造价、每路基清理长度场地造价、每平方米清理面积造价、场地清理费用占路基工程费比例、场地清理宽度、场地清理长度占路基工程长度比例等；最后，考虑反映场地清理项目表中“目”一级的特征指标，包括单位面积清理与挖掘造价、清理与掘除费用占场地清理费用比率、单位面积挖除旧路面造价、挖除旧路面费用占场地清理费用比率、单位体积拆除旧筑物造价、拆除旧筑物费用占场地清理费用比率等。

桥梁涵洞工程一级综合指标清单 表5-19

指标编号	项目或费用名称	指标单位		总体造价指标	方案经济指标	工程量指标	造价权重比	合价（元）	计算规则
z	第一部分 建筑安装工程费用								
z4	桥梁涵洞工程								桥梁长度
z4-1	桥涵工程路线总长度造价指标	元	公路公里	√					本项合价/路线总长度（主线长度）
z4-2	桥涵工程桥梁长度造价指标	元	km		√				本项合价/桥梁长度（双幅平均计）
z4-3	桥涵工程建筑总面积造价指标	元	m^2	√					本项合价/建筑总面积{路线总长度（主线长度）×路基（或桥隧）宽度}
z4-4	桥涵工程建筑面积造价指标	元	m^2		√				本项合价/桥梁建筑面积（桥梁长度×宽度）
z4-5	桥涵工程造价占比		%				√		本项合价/建安费
z4-6	桥梁圬工体积长度比	m^3	km			√			桥梁圬工体积/桥梁长度
z4-7	桥梁圬工体积面积比	m^3	m^2			√			桥梁圬工体积/桥梁建筑面积
z4-8	桥梁含筋率	kg	m^3			√			桥梁用筋重量/桥梁混凝土体积
z4-9	桥梁建筑面积长度比	m^2	km			√			桥梁建筑面积/桥梁长度
z4-10	桥梁长度占比	km	公路公里			√			指桥梁长度/路线总长度（主线长度）

路基工程—场地清理二级分项指标清单 表 5-20

指标编号	项目或费用名称	指标单位		总体造价指标	单项造价指标	工程量指标	造价权重比	合价(元)	计 算 规 则
z2	路基工程								
z2-a	场地清理		km/m²						清理路基长度(双幅平均计)/面积
z2-a-1	场地清理公路公里造价	元	公路公里	√					合价/路线总长度
z2-a-2	场地清理路基长度造价	元	km	√					合价/路基长度
z2-a-3	场地清理长度造价	元	km		√				合价/清理路基长度
z2-a-4	场地清理面积造价	元	m²		√				合价/清理面积
z2-a-5	场地清理造价占比		%				√		合价/路基工程费用
z2-a-6	场地清理面积长度比	m²	km			√			清理面积/清理路基长度
z2-a-7	场地清理长度占比		%			√			清理路基长度/路基长度
z2-a-a-1	清理与掘除处理面积造价	元	m²		√				本项合价/清理与掘除面积
z2-a-a-2	清理与掘除造价占比		%				√		本项合价/场地清理费用
z2-a-b-1	挖除旧路面面积造价	元	m²		√				本项合价/挖除旧路面面积
z2-a-b-2	挖除旧路面造价占比		%				√		本项合价/场地清理费用
z2-a-c-1	拆除旧构筑物体积造价	元	m³		√				本项合价/拆除旧构筑物体积
z2-a-c-2	拆除旧构筑物造价占比		%				√		本项合价/场地清理费用

③公路工程三级单元指标清单

三级单元指标清单与项目表中对造价影响较大的“细目”对应,起到补充综合指标和分项指标的作用,分为软基处理、边坡防护与加固、桥梁、互通立交、隧道和其他六大类。例如,构建边坡防护与加固的单元指标清单时,按照项目表子目将其分为坡面植物防护、坡面圬工防护、浆砌片(块)石护脚、干砌片(块)石护脚、坡面喷射防护、预应力锚索、锚杆和锚钉、锚固板、抗滑桩共9个单元。以表5-21为例,为预应力锚索的单元指标体系,包括单位锚索长度价格、单位锚索重量价格、锚索圬工体积价格、预应力锚索费用占边坡防护与加固费用比率、预应力锚索长度重量比、预应力锚索圬工体积重量比、预应力锚索长度圬工体积比、预应力锚索长度路线比、预应力锚索长度坡面面积比等。

边坡防护与加固—预应力锚索单元指标体系 表 5-21

指标编号	项目或费用名称	指标单位		总体造价指标	方案经济指标	工程量指标	造价权重比	合价(元)	计算规则
BPFH	边坡防护与加固	km	m^2						(单边)路基长度和坡面面积
BPFH-f	预应力锚索	m	t						锚索长度和重量
BPFH-f-1	预应力锚索延米单价	元	m		√				合价/锚索长度
BPFH-f-2	预应力锚索重量单价	元	t		√				合价/锚索重量
BPFH-f-3	预应力锚索圬工单方单价	元	m^3		√				合价/锚索圬工体积
BPFH-f-4	预应力锚索造价占比		%				√		合价/边坡防护与加固费用
BPFH-f-5	预应力锚索长度重量比	t	m			√			锚索重量/锚索长度
BPFH-f-6	预应力锚索圬工体积重量比	t	m^3			√			锚索重量/锚索圬工体积
BPFH-f-7	预应力锚索长度圬工体积比	m	m^3			√			锚索长度/锚索圬工体积
BPFH-f-8	预应力锚索长度路线比	m	km			√			锚索长度/(单边)路基处理长度
BPFH-f-9	预应力锚索长度坡面面积比	m	m^2			√			锚索长度/坡面面积

(5)指标体系的综合应用

造价管理平台的数据库中存储了大量的不同时点、不同区域、不同类型的公路建设工程项目的造价数据,从数据库中提取所需的标准化数据,按照造价指标体系的算法对各项指标进行测算,并根据不同使用者的需求进行呈递,充分发挥造价大数据的价值,造价指标体系至少可在以下几方面的实际应用中发挥作用。

①实现快速估算的基础

将数据库中的历史项目按照造价指标框架进行分类,对每一类项目建立基于工程决算的典型分部分项造价指标库,其指标可用于对同类型拟建项目的快速估算。

②实现同一工程项目的纵向对比

对于同一工程而言,估算、概算、预算、决算阶段的造价数据由于编制的深浅程度不一,因此,不具有纵向可比性,通过造价指标体系的综合指标、分项指标、单元指标的层级处理,使不同阶段造价数据具有可比性,得到各个阶段造价之间的变化,以分析得出每个阶段的造价指标是否合理,造价是否可控。

③实现不同工程造价项目的横向可比

对同类项目造价指标的横向对比，有助于快速发现造价异常的项目，总结出某一大类项目的造价规律，分析出造成造价升高或者降低的关键依据，为决策者提供参考依据。

5.6.3 基于造价大数据平台的全过程造价数据管理效益分析

在有限的数据世界中，人们往往执着于现象背后的因果关系，试图通过有限样本数据来剖析其中的内在机理。小规模数据的另一个缺陷就是有限的样本数据无法反映出事物之间的普遍性的相关关系。而在大数据时代，人们可以通过大数据技术挖掘出事物之间隐蔽的相关关系，获得更多的认知与洞见，运用这些认知与洞见就可以帮助我们捕捉现在和预测未来，发现趋势。在大数据时代，随着物联网、云计算、社会计算、可视技术等的突破发展，数据的存储量增大，多元异构数据得到了整合，数据的分析能力增强。舍恩伯格在《大数据时代》指出，“大数据开启了一个重大的时代转型。就像望远镜让我们感受宇宙，显微镜让我们能够观测到微生物一样，大数据正在改变我们的生活以及理解世界的方式，成为新发明和新服务的源泉，而更多的改变正蓄势待发”。大数据时代将带来深刻的思维转变，大数据不仅将改变每个人的日常生活和工作方式，改变商业组织和社会组织的运行方式，而且将从根本上奠定国家和社会治理的基础数据，彻底改变长期以来国家与社会诸多领域存在的“不可治理”状况，使得国家和社会治理更加透明、有效和智慧。公路生产过程伴随大量数据信息，包括各阶段造价数据，计价依据相关数据，从业人员和从业单位相关数据，与传统造价管理方式相比，基于造价大数据平台的全过程造价数据管理可带来以下几点明显社会效益。

(1)多源异构数据的整合

在公路工程造价编制的过程中，需要参考众多的基础资料，包括各类造价文件编制办法、计量计价通则、估算指标、概(预)算定额、施工定额等计价标准，指标、费率、工料机价格信息、项目经济评价方法及参数、造价指标系数，设计工程量及设计文件、合同、工程量计算规则、施工组织计划设计以及其他政府部门发布的与公路工程定价相关的法律法规及相关政策等，而这些资料需根据不同的编制需要，在造价编制的不同阶段使用，资料的获取和使用是造价编制和审查工作开展过程中一项艰巨的工作。全过程造价数据链接技术通过将包括定额库、费率库、工机料库、标准化造价文件编制办法在内的参与造价数据链形成的多源异构信息全方位、全跨度的集合并编码，实现对多源异构数据的更加快速、便捷的获取与利用，免去手工套用、计算定额的繁重工作。例如，将不同年份的交通运输部颁布的定额标准及各地发布的补充定额标准汇集于定额库中并构建内置的编码体系，造价编制人员在编制造价时只需根据需要添加定额库并套取所需定额子目，造价审查人员发现造价指标异常时，也可直接追溯回数据的源头，再现定额套用的过程。

(2)实现全过程造价数据链的数据化

数据化有别于数字化，数字化是数据化的基础，数字化是静态的，而数据化是动态的。以造价数据为例,将估算指标、概算定额、预算定额以文本文档形式存入电脑中并上传至互联网或者将纸质版的造价资料扫描并以 PDF 形式存入电脑中,方便资料的存储、传递,这个过程属于造价数据的数字化处理过程。而数字化后的造价数据与纸质版相比,存储占用的空间少,保存和传递起来更加方便,然而,这些造价资料的价值还未能全部发挥出来。比如,造价编制者把各个地方的补充定额标准以 PDF 形式存入电脑中后,想利用时还需按文件名查找,手动输入;查询到费率数值后,还需人工一项一项套用计算;想利用历史造价数据进行对比时,还需一页页翻看寻找相似的项目。而造价数据的数据化处理则可以有效解决这些诸多问题,全过程造价数据链接技术通过专业化工具软件和综合管理系统,把造价文件编制过程中涉及的数字类、文本类的资料全部数据化采集,包括造价的估算指标、概算定额、预算定额、费率库工料机库以及历史造价资料。由此实现了造价编制过程中对于各种指标、定额、费率及工、机、料价格的直接链接,历史造价资料中的指标通过与在建项目基本条件的匹配也可得充分地利用。

(3)实现基于大数据平台的造价审查

全过程造价链接技术的第三个阶段是基于平台式的综合管理系统实现的,如果说造价数据链的前两个阶段是形成单一数据链全过程链接的阶段,那么造价数据链的第三个阶段就是多条数据链之间链接的阶段。

在建立大数据平台之前,同一项目的纵向对比和不同项目间的横向对比与交叉对比较难实现,造价的审查大多依据审查人员的经验对分部分项工程进行逐项或者重点的审查,审核时工作量较大。大数据的特点之一就是利用大量数据的汇集,从中提取规律,展现单一数据无法展现的特征,以此提高人们的工作效率,指导人们的工作。借助造价综合管理系统采集并存储的数据化后的历史造价数据,通过设置查询的筛选条件,搜索具有相似条件的项目进行横、纵向造价指标比对,查找数值差异较大的单元,再对异常单元逐项进行费用分析。基于大数据平台的造价审查有效地缩小了逐项审查范围,实现了模糊审查与精确审查的有效结合、审查精度与效率的合理统一。

(4)实现造价大数据分析技术进一步发展的基础

大数据的价值只有经过挖掘才能体现出来,数据挖掘就是从大量的、不完全的、有噪声的、模糊的、随机的实际应用数据中,提取隐含在其中的、人们未知的信息从而预测出某些现象或者指标,来更好地了解过去或是指导人们未来的规划和决策。公路工程造价因数据的内在关联性复杂、不同项目间差异较大,很难创造一种适用于全部项目的统一算法,因此,以往造价的审查主要以人工分析为主,大数据的出现使得这类问题的解决方法出现转机,通过对大量全过程造价链进行机器学习、对相似项目进行聚类分析,找出影响这类项目造价的主要指标,最后给出待审项目的造价指标值,达到提高审查目的的效果,其中,全过程造价数据链因其具有标准化后的造价数据基础框架和编码系统,从而为实现造价大数据分析技术的进一步发展奠定基础。

6 全过程造价数据处理应用

6.1 全过程造价数据处理软件系统综述

造价数据和我们日常生活中的互联网大数据相比有其独特的地方，其中最显著的特征就是以独立项目为单位的造价数据结构固定、数据层次多、数据之间的逻辑关系较复杂。究其原因，造价数据主要是要遵循行业计价标准和编制规范进行编制而成，数据结构化程度高、内容相对稳定，无须快速更新，通过互联网从各级造价管理平台报送到各级造价管理部门。而一般意义的互联网大数据，比如购物网站淘宝、视频网站 YouTube 的数据都具有数据体量大，结构化与非结构共存，数据更新速度较快等特点。周苏，王文等人在《大数据导论》中指出“随着技术的不断发展，符合大数据标准的数据集容量也会增长；并且定义随着不同的行业也有变化，这依赖于在一个特定行业通常使用何种软件和数据集”。从应用角度来讲，一般意义的大数据，比如淘宝网站，可以通过用户的喜好和以往的购买记录为用户提供推荐有潜在需求的物品从而提高用户体验。同样的，从软件方面入手，可以帮助不同造价工作参与者提高工作效率，提升用户的产品体验为目标，对造价软件进行数据测算和数据分析方面的优化。

公路造价大数据的采集、处理、汇集和应用的各个阶段都需要专业化软件的支持，所需要的软件主要分为单机版专用工具软件、基于项目管理的系统平台、基于行业管理的系统平台和公众网站四类，其中单机版工具软件负责造价基础数据的处理，项目管理系统平台负责建设项目数据的再处理和汇集，行业综合管理系统负责行政区域内的造价数据的汇集、处理、分析和行业管理，公众网站负责通过对公路造价数据的信息公开发布来构建与公众沟通的平台。

在单机版软件方面，广东省统一并普遍推广了公路工程设计文件工程量处理软件，公路估算、概算、预算编制标准化处理软件和公路竣工决算编审软件。设计文件工程量处理软件能自动读取 Excel 格式的设计工程数量表，实现定额工程量、清单工程数量的自动统计，生成三级清单，搭建设计阶段工程数量与招、投标阶段的工程数量的关联纽带。公路估算、概算、预算编制标准化处理软件内置公路建设项目各阶段造价编制所需的标准费用项目表和造价文件标准格式报表，可实现施工图预算与招标工程量清单预算同步编制，同步出版，编制一份预算，输出两套报表，大大降低了编审工作量，大幅度提高文件编制的标准化、规范化程度。公路竣工决算编审软件实现了“预算—结算—决算”的动态管理，能快速准确建立工程数量台账、合同清单台账、变更台账、计量支付台账，实现工程结算和竣工决算的自动生成。

在系统管理平台软件方面，公路建设项目管理系统采用 B/S 结构（Browser/Server，浏览器/服务器模式）下设造价管理子系统实现基于单一建设项目的造价数据存储和处理。综合管理系统基于 J2EE 体系的 B/S 架构模式构建实践，为了兼顾现有可用、高效的单机版造价专用工具软件、各级造价管理机构内部办公业务办理系统，系统设计多个开放的接口，以数据共享池形式，实现了全省所有交通建设工程造价数据的汇集、审查业务的开展和基于海量数据的分析和管理功能。

6.2　全过程造价数据处理案例

6.2.1　设计文件工程量处理软件应用案例

广东省交通运输工程造价管理站和珠海纵横创新软件有限公司联合研发的公路工程设计工程量处理软件与传统的工程量清单编制软件相比，大幅度提高了施工图预算和招标清单预算的文件编制效率和造价编制准确度。在调研中，受访对象的 90% 认为进行标准化处理后的表格数据和全树结构这两个功能使得工程量处理软件较之前的清单编制软件在效率上有了超过 30% 的提高。将设计图纸工程数量表标准化处理后，图纸设计工程数量表形式与招标工程量清单结构匹配程度高，通过全树结构轻松完成二者之间的关联，自动生成分项工程量清单，而无须再去拆分对应表格。部分熟悉软件应用的受访者还提到了工程量计算软件的一键更新功能、自动复核功能和相同结构物或者路线模块克隆功能等，大大减少了他们的工作量，提高了造价编制的准确性。

（1）示例一：标准化图纸自动提取

小李是造价咨询单位的某工程师，过去他所在单位采用传统的清单编制软件编制项目分项清单时，首先应在系统里建立清单架构，导入标准化费用项目节及清单子目编号及清单名称，通过编制者的主观判断，在设计图纸中一个个手工摘取并逐条录入所需数据，再一个个手工输入费用项目节对应的工程数量及清单子目对应的工程数量（如图 6-1 中方框标识所示），最后将清单项下对应的设计细目工程量逐一填入形成完整的分项工程量清单，当设计细目较多时，耗时耗力，且编制质量难以保证，采用传统清单编制软件的工作界面如图 6-1 所示。

设计工程量处理软件中，只需把设计工程数量表按 Excel 格式导入软件中，定义表格横向和纵向表头后生成全树结构，在全树结构界面，通过添加标准清单子目编号，构建图纸设计工程数量表与分项工程量清单的联系，具体步骤如下：

①新建公路建设项目及设计图表文件目录

打开软件，点击左上角的新建按钮，在弹出对话框输入公路建设项目名称，软件会自动生成设计图表文件目录框架，用户可根据自己的需要细化图表目录，如图 6-2 所示。具体方法为：

a. 右键→插入，输入图表目录的名称，给图表目录框架中添加新的图表名称。

b. 右键→删除，可将有误的图表删去。

c.若建立的图表目录层次不合理,可利用←→↑↓调整。如已在软件外编制好了设计图表文件目录,可直接复制粘贴,层次稍作调整即可。

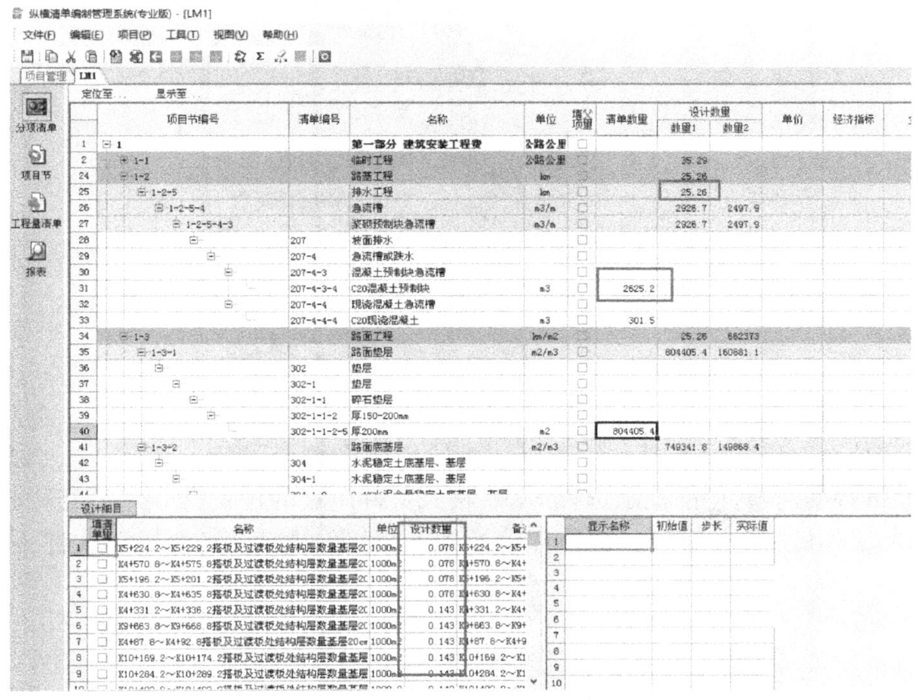

图 6-1 传统清单编制软件工作界面

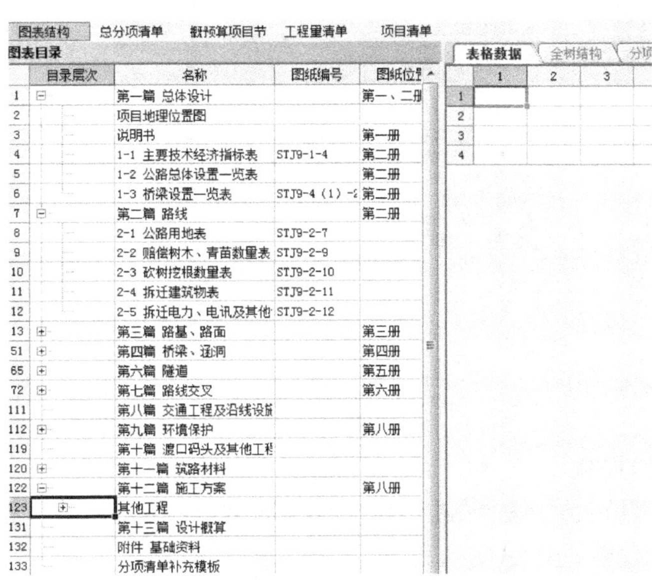

图 6-2 设计工程量处理软件建立设计图表文件目录示例图

②添加相关文件及导入表格数据(设计图纸工程数量表)

a.在软件界面的左下方"相关文件"窗口,单击右键可添加、打开、替换相关文件,此处的可添加相关的工程数量表、设计图等相关文件,如图6-3所示。

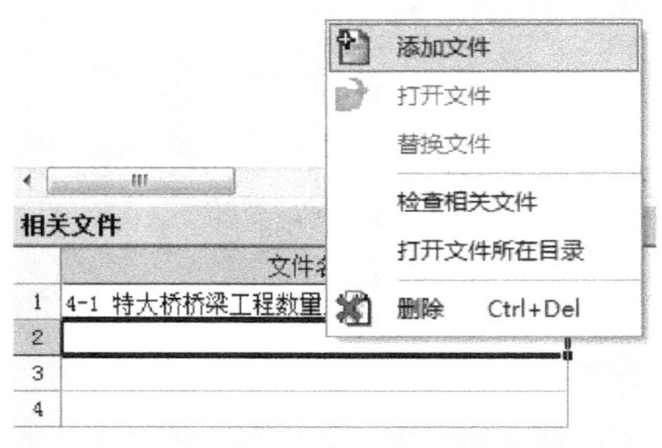

图6-3 添加相关文件界面示例图

b.定位至对应的设计图表目录,在中间的"表格数据"窗口单击右键,选择导入Excel表格数据选项,按照提示选择Excel格式文件所在的位置,点击"打开",选择需要导入的工作区,点击确定。软件自动导入Excel格式的表格数据至软件,同时将Excel文件关联至相关文件处,如图6-4所示。

图6-4 Excel格式的设计工程数量导入示例图

③表格数据的提取

a.定义横向区域:选中表头,右键定义横向区域,被定义的区域显示灰色。

b.定义纵向区域:选中纵向列表,右键定义纵向区域。

c.定义表格单位:选中单位行(列),右键定义表格单位。

d.定义横向左边:选中要读取的数据(工程量)区域,定义左边界。

e.定义横向右边:选中要读取的数据(工程量)区域,定义右边界。

f.定义纵横上边:选中要读取的数据(工程量)区域,定义上边界。

g. 定义纵横下边：选中要读取的数据（工程量）区域，定义下边界。

h. 定义完成的表格数据表头区域会显示灰色，如图 6-5 所示。

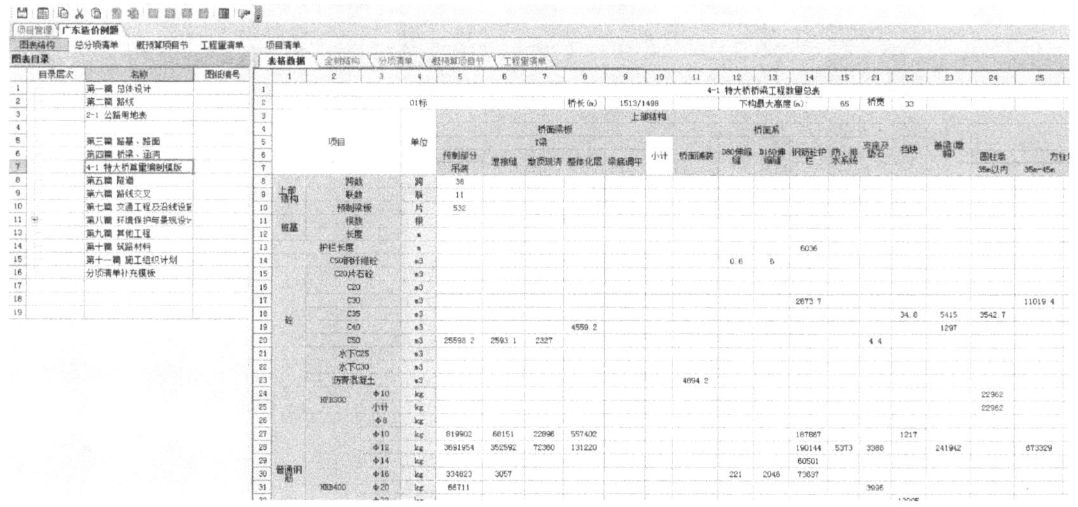

图 6-5　表格数据的提取示例图

④生成全树结构

定义完成表格数据之后，单击右键生成“全树结构”，如图 6-6 所示。

图 6-6　桥隧结构树的生成示例图

a. 桥梁、隧道、高边坡工程的表格数据，单击右键后选择“生成桥隧结构树”生成。

b. 临时工程、路基、路面、一般边坡、涵洞工程的表格数据，单击右键后选择“生成桩号结构树”生成。

切换至“全树结构”选项卡，查看生成的树结构，如图 6-7 所示。

⑤添加标准项（填写费用项目节、清单子目编号）及填写设计工程量

a. 点击 **标准清单** 按钮，展开标准清单，逐级展开标准清单，选中左边对应的部位，双击添加标准清单至树结构。

b. 右键选择“填写清单数量（ = 图纸数量）”，软件自动将图纸设计数量填写至

"清单编号"界面的工程量。

表格数据 | 全树结构 | 分项清单 | 概预算项目节 | 工程量清单

显示至... 表达式:

	层次	图纸名称	单位	图纸数量(D)	标准编号	名称	单位	清单数量(A)	设计数量1(B)	设计数量2(C)	指标名称
1		上部结构			1-4-5-64-1-4	上部构造	m2/m		48928.75	1505.5	
2		桥面梁板			1-4-5-64-1-4-1	上部主体结构	m3/m2		35077.5	48928.75	
3		T梁			1-4-5-64-1-4-1-2	预应力混凝土T形梁	m3/m2		30518.3	48928.75	
4		预制部分									
5		吊装									
6		上部结构									
7		跨数	跨	38							
8		联数	联	11							
9		预制梁板	片	532	411-10-3-5-7	C50混凝土	m3				
10		砼									
11		C50	m3	25598.2	411-10-3-5-7	C50混凝土	m3	25598.2			
12		普通钢筋									
13		HRB400									
14		ϕ10	kg	819902							
15		ϕ12	kg	3891954							
16		ϕ16	kg	334823							
17		ϕ20	kg	68711							
18		ϕ25	kg	104429							
19		ϕ28	kg	727633							
20		小计	kg	5745452	403-3-2	带肋钢筋	kg	5745452			
21		钢绞线(非计量)									
22		fpk1860									
23		ϕS15.2	kg	24775.1							
24		小计	kg	24775.1	411-5	后张法预应力钢绞	kg				
25		钢绞线(计量)									
26		fpk1860									
27		ϕS15.2	kg	801062							

图 6-7　生成的全树结构示例图

示例如图 6-8 所示。

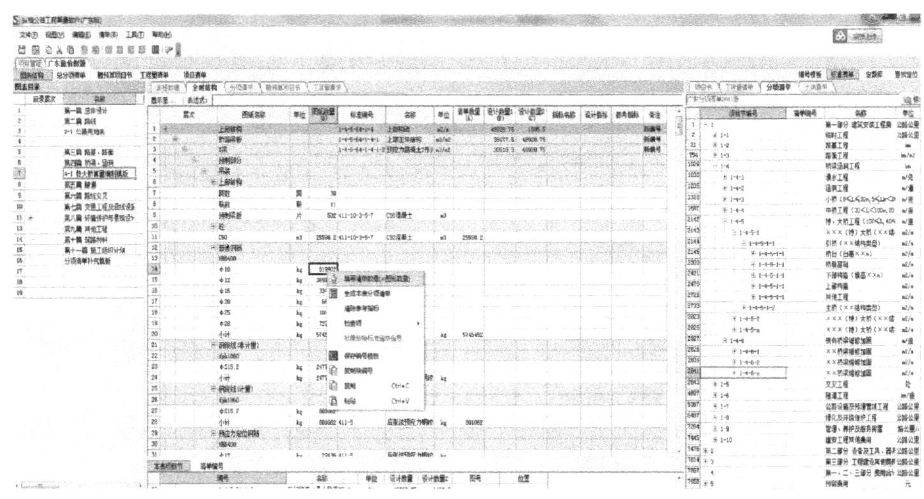

图 6-8　添加标准项(填写项目节、清单编号)及填写工程量示例图

⑥生成分项工程量清单

在完成费用项目节及工程量设置后,单击右键选择"生成本表分项清单",切换至"分项清单"选项卡,此时则可查看生成的分项工程量清单。定位至指定的清单,可以查看清单项下的设计细目工程量详情,也可根据需要切换至概算、预算项目节、工程量清单选项卡,如图 6-9 所示。

⑦生成总分项清单、项目清单和工程量清单

在"清单"菜单下单击"生成总分项清单"菜单,或直接点击▣即可。生成总分项清单是将本项目所有设计图表结构中节点生成的分项清单的汇总。示例如表 6-1 ~ 表 6-3 所示。

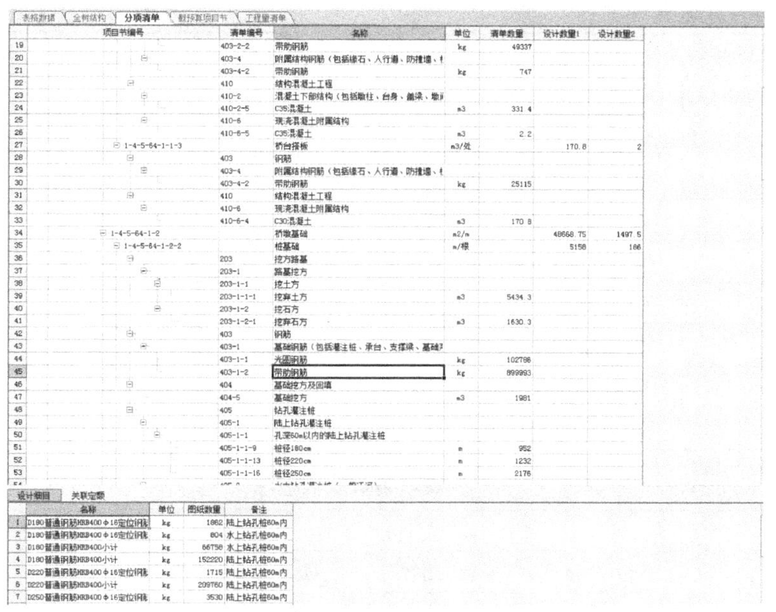

图 6-9　生成分项工程量清单示例图

生成分项清单示例　　　　表 6-1

项目节编号	清单子目号	名　　称	单位	工程量	设计数量	清单单价	金额
1-7		公路设施及预埋管线工程	公路公里		20.18		39254841
1-7-1		安全设施	公路公里		20.18		39254841
1-7-1-1		主线路基安全设施	km		15.452		28543416
1-7-1-1-1		安全护栏	km		15.452		23165754
1-7-1-1-1-1		路侧护栏	m		32760		9402147
	602	护栏					9338147
	602-1	混凝土护栏					49899
	602-1-1	现浇混凝土护栏					49899
	602-1-1-1	护栏现浇混凝土钢筋	kg	2429.44		6.53	15864
		RrF-SA-E1 混凝土护栏、HRB400 钢筋	kg		2429.44		
	602-1-1-4	C30 现浇混凝土	m^3	29.05		1171.6	34035
		RrF-SA-E1 混凝土护栏、传力件、HRB400 钢筋	kg		116.65		
		RrF-SA-E1 混凝土护栏、100PVC 管	m		7.34		
		RrF-SA-E1 混凝土护栏、传力件、50 镀锌钢管	kg		42.92		
		RrF-SA-E1 混凝土护栏、140 镀锌钢管	kg		1317.36		
		RrF-SA-E1 混凝土护栏、C30 混凝土	m^3		29.05		
	602-2	单面波形梁钢护栏					8700308

续上表

项目节编号	清单子目号	名　　称	单位	工程量	设计数量	清单单价	金额
	602-2-1	路侧单面波形梁钢护栏					8700308
	602-2-1-1	Gr-A-4E	m	21060		242.1	5098626
		Gr-A-4E 波形梁面板防阻块	kg		46016.1		
		Gr-A-4E 波形梁面板紧固件	kg		16300.44		
		Gr-A-4E 波形梁面板波型钢板	kg		402772.5		
		Gr-A-4E 长度	m		21060		
		Gr-A-4E 立柱数量	根		5265		
		Gr-A-4E 立柱钢管立柱	kg		186170.4		
		Gr-A-4E 立柱柱帽	个		5265		

生成项目单示例　　表 6-2

项目节编号	清单子目号	名　　称	单位	工程量	设计数量	清单单价	金额
1		第一部分　建筑安装工程费	公路公里		20.18		41827440
1-7		公路设施及预埋管线工程	公路公里		20.18		39254841
1-7-1		安全设施	公路公里		20.18		39254841
1-7-1-1		主线路基安全设施	km		15.452		28543416
1-7-1-1-1		安全护栏	km		15.452		23165754
1-7-1-1-1-1		路侧护栏	m		32760		9402147
	602	护栏					9338147
	602-1	混凝土护栏					49899
	602-1-1	现浇混凝土护栏					49899
	602-1-1-1	护栏现浇混凝土钢筋	kg	2429.44		6.53	15864
	602-1-1-4	C30 现浇混凝土	m^3	29.05		1171.6	34035
	602-2	单面波形梁钢护栏					8700308
	602-2-1	路侧单面波形梁钢护栏					8700308
	602-2-1-1	Gr-A-4E	m	21060		242.1	5098626
	602-2-1-2	Gr-A-2E	m	8254		337.28	2783909
	602-2-1-7	Gr-SB-2E	m	1783		458.65	817773

生成工程量清单示例　　表 6-3

清单编号	名　　称	单位	工程量	清单单价	金额
101	总则				190254
101-1	保险费	总额	1	190254	190254
102	工程管理				418286
102-3	安全生产费	总额	1	418286	418286
313	培土路肩、中央分隔带填土、土路肩加固及路缘石				673039
313-7	中央分隔带回填砂	m^3	3043.91	221.11	673039
314	路面及中央分隔带排水				389000

续上表

清单编号	名　　称	单位	工程量	清单单价	金额
314-6	路肩、中央分隔带排水沟				389000
314-6-4	土工布(膜)	m^2	27945.4	13.92	389000
602	护栏				26313600
602-1	混凝土护栏				13174942
602-1-1	现浇混凝土护栏				49899
602-1-1-1	护栏现浇混凝土钢筋	kg	2429.44	6.53	15864
602-1-1-4	C30 现浇混凝土	m^3	29.05	1171.6	34035
602-1-2	预制安装混凝土护栏				12784287
602-1-2-1	预制混凝土护栏				11589022
602-1-2-1-1	预制钢筋	kg	593068.3	6.11	3623647
602-1-2-1-4	C30 预制混凝土	m^3	6790.89	1172.95	7965375

⑧结果应用追溯

软件可实现从生成的工程量清单的工程量数据的来源进行追溯,即查询设计工程量数据,如图 6-10 所示。

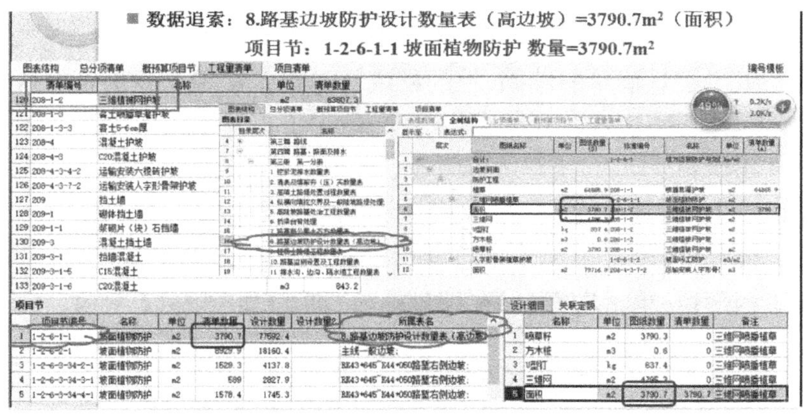

图 6-10　工程量清单数据追溯示例

(2)示例二:智能化检查造价文件

造价员小王刚入行不久,编制招标三级工程量清单时经常出现漏项,如有图纸数量无清单编号项、有清单编号项无清单数量项等情况。设计工程量处理软件内置清单复查功能,可以复查工程量的层次、编号、数量、单位、设置位置图号,减少工程量漏计的情况。具体步骤如下:

在“全树结构”界面,单击鼠标右键,选择“检查项”,有两个可以点击的选项,分别是检查有图纸数据无清单编号项、检查有清单编号项无清单数量项。

①“检查有图纸数据无清单编号项”:检查设计工程数量表的量是否遗漏,是否已填写对应的清单(附属工程量也应该填写所属的清单编号、名称、单位,但是不填写清单数量)。

②“检查有清单编号无清单数量项”：检查有清单编号，但是没有填写清单数量的项，是否都是附属工程，有无可能漏填。

示例如图6-11所示。

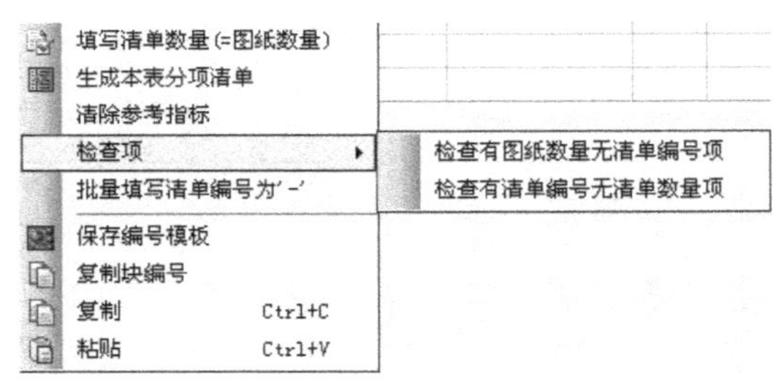

图6-11 智能化检查界造价文件示例

(3)示例三：模板克隆

设计工程量处理软件实现了公路工程设计工程量数据从设计文件中的自动提取，而生成全树结构后，编制者需在标准清单库中进行选择，将其填写至全树结构的相应位置，有些结构物的工程量组成类似，比如桥梁工程的上部结构等，在编制多座桥梁工程的设计工程量转化为清单工程量时，需要重复多次添加同类的清单子目编号，耗时耗力，简单重复同样的工作。而省内很多高速公路工期紧任务重，留给造价人员编制分项工程量清单的时间都很短，而某些造价工程师却总能在较短的时间完成高质量的三级工程量清单的编制，他的秘诀就是建立常用工程类别模版，需要时直接调用模版，进行克隆，快速套用既有标准项，减少了重复录入操作。具体步骤如下：

①建立常用模板

首先点击右上角“编号模板”按钮(图标为编号模板)，在编号模板列表中选中需要添加模板的工程部位，单击添加子项按钮(图标为)，选中需要建立基本模板的树形结构具体工程部位，单击右键“保存编号模板”即可，如图6-12所示。

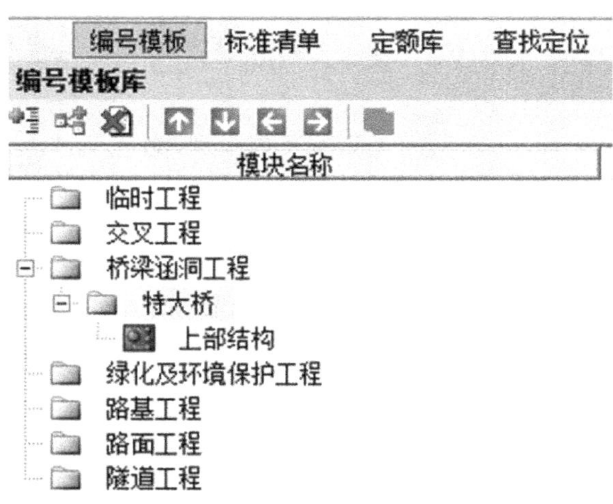

图6-12 建立常用模板示例

②常用模板的克隆

以对浆砌片石排水沟的模板克隆为例，欲利用编号模板库对设计图纸名称为

M7.5 浆砌片石进行快速套用标准项，操作步骤如下：展开克隆块所在的分类，定位至编号模板，单击右键，选择“克隆块编号模板”，即可完成模板的克隆，重复使用，如图 6-13所示。

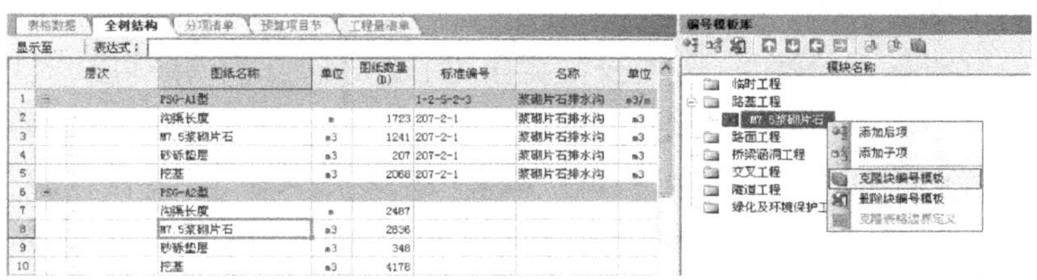

图 6-13　常用模板克隆示例

(4)示例四：一键更新功能

在编制分项清单的过程中，时有发生设计图纸工程数量变更的情况，在过去的做法上，当设计数量变更后，需要重做与更改有关联的所有分项清单条目，工作量非常大，近乎重新录入。在设计工程量处理软件中，通过数据表格的一键更新功能，软件能自动实现数据表格、全树结构及三级清单的一键刷新，从而减少了编制人员因设计图纸工程量调整而大为增加的工作量。如，拟将桥梁上部结构的预制梁板片数由 500 片更改为 524 片，并生成新的三级清单，具体步骤如下：

①在设计工程数量表格的数据界面直接更改变更后的工程量。

②更改完成后，在数量表格界面点击更新全树结构，则软件自动完成全树结构以及三级清单工程量的相应更新，如图 6-14 所示。

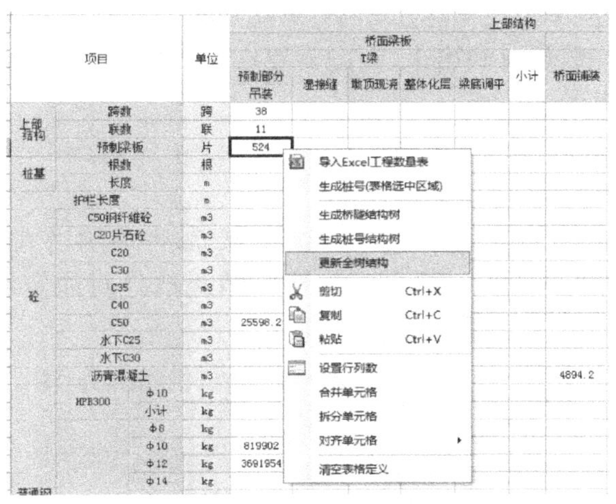

图 6-14　全树结构的更新功能示例

6.2.2　造价编制标准化处理软件应用案例

升级改造后的广东省公路工程估算、概算、预算三算编制标准化处理软件（下文简称“造价编制标准化处理软件”）是从公路工程设计单位、施工单位、建设管理单位、造价审核与监管单位、工程造价咨询单位等不同用户的实际工作需求出发，结合广东省造价文件编制标准化和精细化管理要求，对现有常规造价编制专用工具软件进行技术改造后，向市场提供的造价管理专业工具软件。

如工程设计单位迫切希望通过软件与数据共享促进协同工作，减少重复性修改，提高编制估算、概算、预算、多方案经济性比选的效率；施工单位希望在投标阶段能快速、准确地编制投标报价清单，增强投标竞争力；建设单位、审计单位、监理单位能有效地对多个标段和多个项目实行造价指标分析与比对，提高投资审核与监管的效率与水平；工程咨询单位可以快速地向客户提交咨询方案或结果，对软件的各个模块进行了设计，改进和新增了费率套用、建立费用标准项目表、定额套用、定额调整、工料机价格调整、输出报表、模板克隆、定位查找、新增定额、编制质量评分等功能。调查问卷反馈的结果显示，来自不同建设单位、咨询单位、造价管理机构、设计单位的所有受访者均认为造价编制标准化处理软件显著地缩短了造价编审工作的时间，显著地提升了造价编审工作的效率。根据调查问卷的普遍反馈，建立项目费用项目表的功能，帮助使用者提高了1/2的工作效率；输出报表功能，帮助使用者将工作效率提升了6倍；生成模板功能，帮助使用者将工作效率提高了3倍。部分熟悉软件的使用者还提及了新建定额、模板克隆、报表输出、查找定位等功能在实际工作为他们带来的时间和效益方面的显著改变。

(1)示例一：补充定额或补充工机料库的编制

补充定额是指交通运输部部颁《公路工程预算定额》(或概算定额、估算指标等)内没有包含的定额，造价编制标准化处理软件已内置大量各省近年公路工程四新技术配套的补充定额，内容全面涵盖了公路路基、路面、隧道、桥梁、防护、绿化、交通工程等，可直接调用。但小王在实际工作中，未找到防抛网对应的定额，无法将人工、材料和机械台班的消耗数量反映出来，因此需要在软件的定额库中增补“防抛网”补充定额。具体步骤如下：

第一步，建立补充定额。

①建立补充定额

点击菜单栏的工具按钮，选择定额库编辑器，软件显示进入SmartCost定额库编辑器子程序，进入图6-15所示界面，根据实际情况选择对应定额库类型，此处选择“预算补充定额(2007)”后单击“确定”按钮。

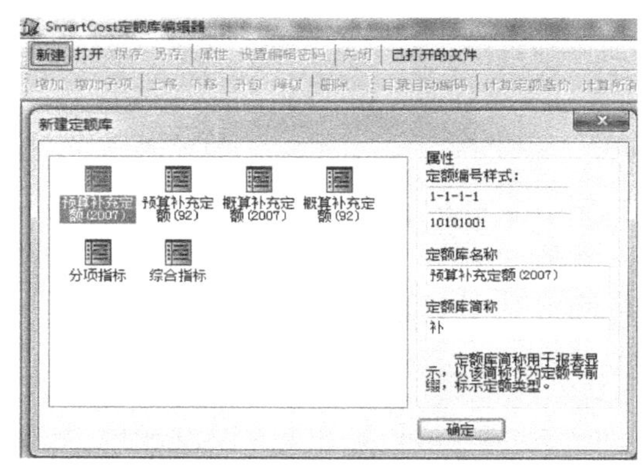

图6-15　新建补充定额示例

②添加定额分项

选择需要添加子项的部位，单击“增加子项”，输入子项名称，在右侧定额窗口输入定额编号、定额名称及定额单位等基本信息，如图 6-16 所示。

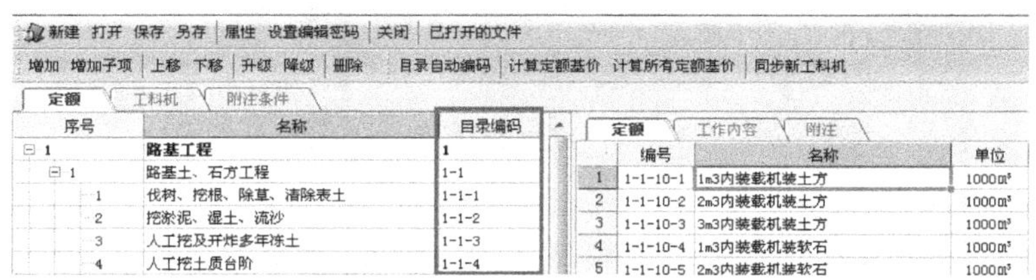

图 6-16 补充定额子项的添加示例

③填写工机料的消耗量

在图 6-17 所示的“工料机”窗口输入实际的工料机名称及对应的定额消耗量，直接右键“增加”项，勾选工料机点击“确定”即可。

工料机 | 辅助定额调整 | 附注条件调整 | 稳定土配合比

	编码	名称	型号规格	单位	定额单价	定额消耗	主材	新材料	类型
1	1	人工		工日	49.2	286.600	☐	☐	人工
2	111	光圆钢筋	直径10~14 mm	t	3300	0.010	☐	☐	材料
3	221	钢丝绳	股丝6~7×19mm绳径1	t	5853	0.010	☐	☐	材料
4	996	其它材料费		元	1	910.000	☐	☐	材料
5	1349	油泵、千斤顶各1钢绞线拉伸i		台班	135.49	16.600	☐	☐	机械
6	1374	6t以内载货汽车	GA14K,CA1091K	台班	332.86	3.410	☐	☐	机械
7	1500	50kN以内单筒慢动电动卷扬机	JJM-5	台班	99.59	13.900	☐	☐	机械
8	1726	32KV·A交流电弧焊机	BX1-330	台班	104.64	12.800	☐	☐	机械
9	1998	小型机具使用费		元	1	2671.700	☐	☐	机械
10	1999	基价		元	1	23882.000	☐	☐	基价
11									

图 6-17 添加工料机消耗量示例

④新增工料机库

如软件中工料机库中没有的工料机类别，可以使用新增工料机的功能进行增补。如图 6-18 所示，切换至工料机界面，单击增加，弹出“新增工料机”窗口，输入需要增补的工料机编号，名称、规格型号，单价及计价单位等数据。

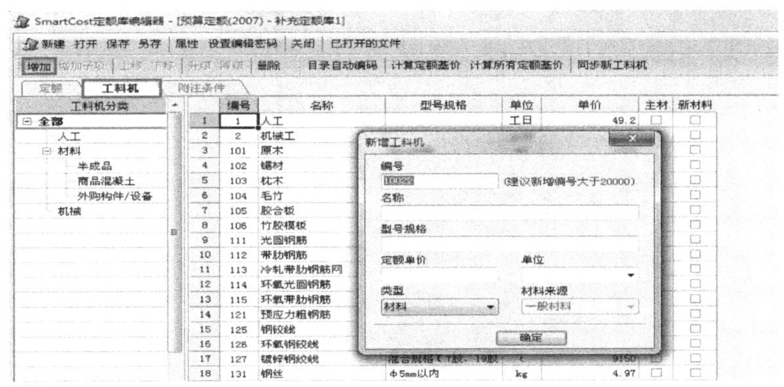

图 6-18 新增工料机库示例

⑤计算定额基价

添加定额工料机消耗后，软件自动进行定额基价计算；如重新修改定额工料机消耗,也可使用“计算定额基价”功能,刷新定额基价,以避免有些定额基价没有被计算,在完成所有定额项目的添加后,建议单击“计算所有定额基价”,如图 6-19 所示。

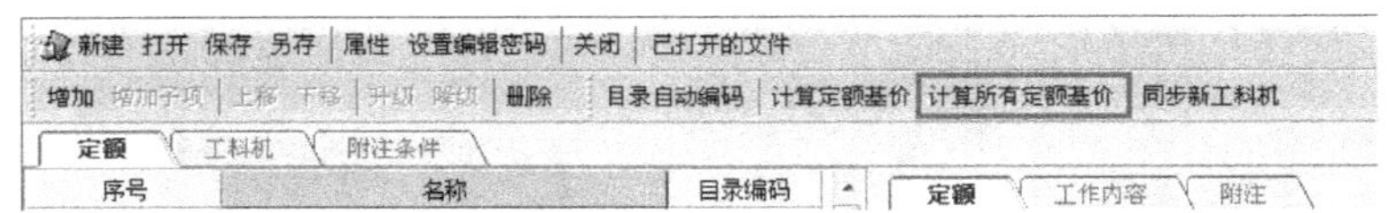

图 6-19　定额基价计算示例

⑥补充定额的保存

完成以上步骤后,单击“保存”并输入拟编制的补充定额名称,完成保存。

第二步:调用补充定额。

①切换至“造价书”界面,单击右上角定额库按钮,添加补充定额,如图 6-20 所示。

图 6-20　添加补充定额示例

②在弹出对话框中点击增加定额库,如图 6-21 所示。

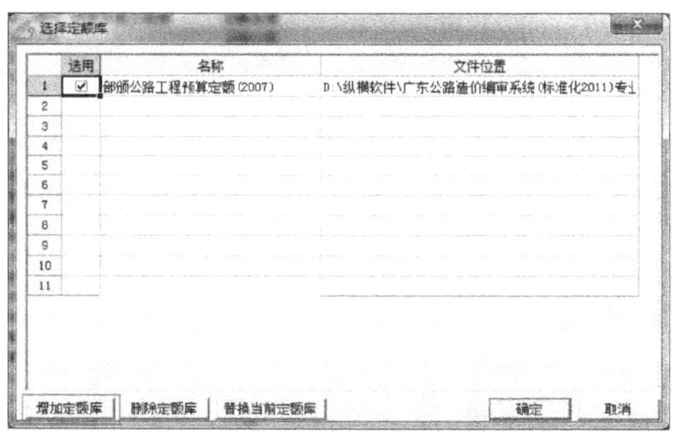

图 6-21　增加定额库示例

软件弹出定额库选择界面后,选择需要的定额库即可在编制造价文件时进行套用。套用完毕可单击定额库旁边的▼重新切换定额库,如图 6-22 所示。

图 6-22　定额库选择示例

(2)示例二:调价

调价是在工程量清单编制完成后,对需要调整的工机料价格部分进行调整。调价是工程量清单后处理的主要内容,也是招标清单预算或标底编制的最后工序。社会主义市场经济体制下的公路建设市场竞争激烈,对于投标的施工企业而言,在分析竞争对手的报价水平基础上,快速对自己的报价方案,如工料机消耗量、管理费取费费率、工机料单价进行调整,增大中标竞争力,是常态化的做法。自由选择调价方式:调消耗量、调费率、调工料机单价。具备调价前、调价后两套输出报表(所有报表数据均为两套),是本次开发软件的独特功能。

甲施工单位参加某高速公路09标段的投标,在投标截至1天前,为增大中标概率,该单位决定将部分有下调空间的计费项目报价进行下调,并进行不同调价方案的对比,以确定最优方案,并进行全套报表的对比。在以往,要在如此之短时间内想实现全套报表的重新编制很难办到,现在利用造价编制标准化处理软件,甲施工单位顺利完成了投标方案报价的调整和比对。具体的操作步骤如下:

调价的基本操作,主要通过"初始化/恢复、成批调整消耗、费率/单价调整、反向调价和正向调价"等功能实现(对应的按钮在调价界面的上方,图标为 清空消耗量系数　成批调整消耗　费率/单价调整　反向调价　正向调价)。"正向调价"是指直接输入的工料机消耗系数、工料机单价系数调整,正向计算出需要调整的金额;"反向调价"是指输入最终报价,软件反推出各项价格调整。

a. 单击左侧导航栏的"调价"按钮 ,切换至调价窗口。

b. 根据实际调整的对象,选择调价范围,如在左边第一列内勾选"第200章路基"。

c. 根据实际需要可选择费率/单价调整、成批调整消耗。以修改路基工程部分工机料调整系数为例,具体的操作为,单击"成批调整工料机消耗",在人工、材料、机械方框内分别录入人工调整系数为0.9,机械调整系数为0.92,如图6-23、图6-24所示。

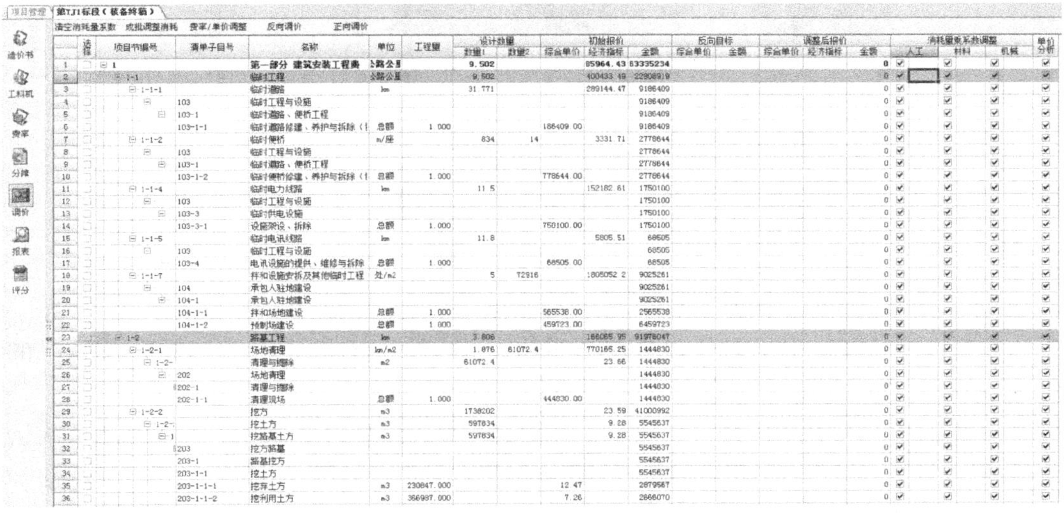

项目管理　第TJ1标段(核备终稿)

清空消耗量系数　成批调整消耗　费率/单价调整　反向调价　正向调价

造价书　工料机　费率　分摊　调价　报表　评分

	选择	项目节编号	清单子目号	名称	单位	工程量	设计数量		初始报价			反向目标		调整后报价			消耗量表系数调整			单价分析
							数量1	数量2	综合单价	经济指标	金额	综合单价	金额	综合单价	经济指标	金额	人工	材料	机械	
1	☐	1		第一部分 建筑安装工程费	公路公里		9.502			85964.43	83335234					0	☑	☑	☑	☑
2	☐	1-1		临时工程	公路公里		9.502			400433.49	22808919					0	☑	☑	☑	☑
3	☐	1-1-1		临时道路	km		31.771			289144.47	9186409					0	☑	☑	☑	☑
4	☐		103	临时工程与设施							9186409					0	☑	☑	☑	☑
5	☐		103-1	临时道路、便桥工程							9186409					0	☑	☑	☑	☑
6	☐		103-1-1	临时道路修建、养护与拆除(1	总额	1.000			186409.00		9186409					0	☑	☑	☑	☑
7	☐	1-1-2		临时便桥	m/座		834	14		3331.71	2778644					0	☑	☑	☑	☑
8	☐		103	临时工程与设施							2778644					0	☑	☑	☑	☑
9	☐		103-1	临时道路、便桥工程							2778644					0	☑	☑	☑	☑
10	☐		103-1-2	临时便桥修建、养护与拆除(1	总额	1.000			778644.00		2778644					0	☑	☑	☑	☑
11	☐	1-1-4		临时电力线路	km		11.5			152182.61	1750100					0	☑	☑	☑	☑
12	☐		103	临时工程与设施							1750100					0	☑	☑	☑	☑
13	☐		103-3	临时供电设施							1750100					0	☑	☑	☑	☑
14	☐		103-3-1	设施架设、拆除	总额	1.000			750100.00		1750100					0	☑	☑	☑	☑
15	☐	1-1-5		临时电讯线路	km		11.8			5805.51	68505					0	☑	☑	☑	☑
16	☐		103	临时工程与设施							68505					0	☑	☑	☑	☑
17	☐		103-4	电讯设施的提供、维修与拆除	总额	1.000			68505.00		68505					0	☑	☑	☑	☑
18	☐	1-1-7		拌和设施安拆及其他临时工程	处/m2		5	72916		1805052.2	9025261					0	☑	☑	☑	☑
19	☐		104	承包人驻地建设							9025261					0	☑	☑	☑	☑
20	☐		104-1	承包人驻地建设							9025261					0	☑	☑	☑	☑
21	☐		104-1-1	拌和场地建设	总额	1.000			565538.00		2565538					0	☑	☑	☑	☑
22	☐		104-1-2	预制场建设	总额	1.000			459723.00		6459723					0	☑	☑	☑	☑
23	☐	1-2		路基工程	km		3.806			166065.95	91978047					0	☑	☑	☑	☑
24	☐	1-2-1		场地清理	km/m2		1.876	61072.4		770165.25	1444830					0	☑	☑	☑	☑
25	☐	1-2-		清理与掘除	m2		61072.4			23.66	1444830					0	☑	☑	☑	☑
26	☐		202	场地清理							1444830					0	☑	☑	☑	☑
27	☐		202-1	清理与掘除							1444830					0	☑	☑	☑	☑
28	☐		202-1-1	清理现场	总额	1.000			444830.00		1444830					0	☑	☑	☑	☑
29	☐	1-2-2		挖方	m3		1738202			23.59	41000992					0	☑	☑	☑	☑
30	☐	1-2-		挖土方	m3		597834			9.28	5545637					0	☑	☑	☑	☑
31	☐	1		挖路基土方	m3		597834			9.28	5545637					0	☑	☑	☑	☑
32	☐		203	挖方路基							5545637					0	☑	☑	☑	☑
33	☐		203-1	路基挖方							5545637					0	☑	☑	☑	☑
34	☐		203-1-1	挖土方							5545637					0	☑	☑	☑	☑
35	☐		203-1-1-1	挖弃土方	m3	230847.000			12.47		2879567					0	☑	☑	☑	☑
36	☐		203-1-1-2	挖利用土方	m3	366987.000			7.26		2666070					0	☑	☑	☑	☑

图6-23　调价操作示例

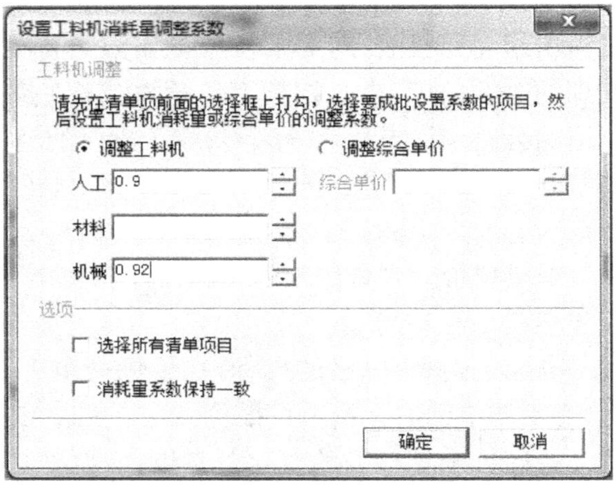

设置工料机消耗量调整系数

工料机调整

请先在清单项前面的选择框上打勾，选择要成批设置系数的项目，然后设置工料机消耗量或综合单价的调整系数。

◉ 调整工料机　　○ 调整综合单价

人工 0.9　　综合单价

材料

机械 0.92

选项

☐ 选择所有清单项目

☐ 消耗量系数保持一致

确定　　取消

图 6-24　工料机消耗量调整系数页面

d. 如为造价的正向调整，单击“正向调整”，即可观察到调价前和调价后工程单价金额的变化，如图 6-25 所示。

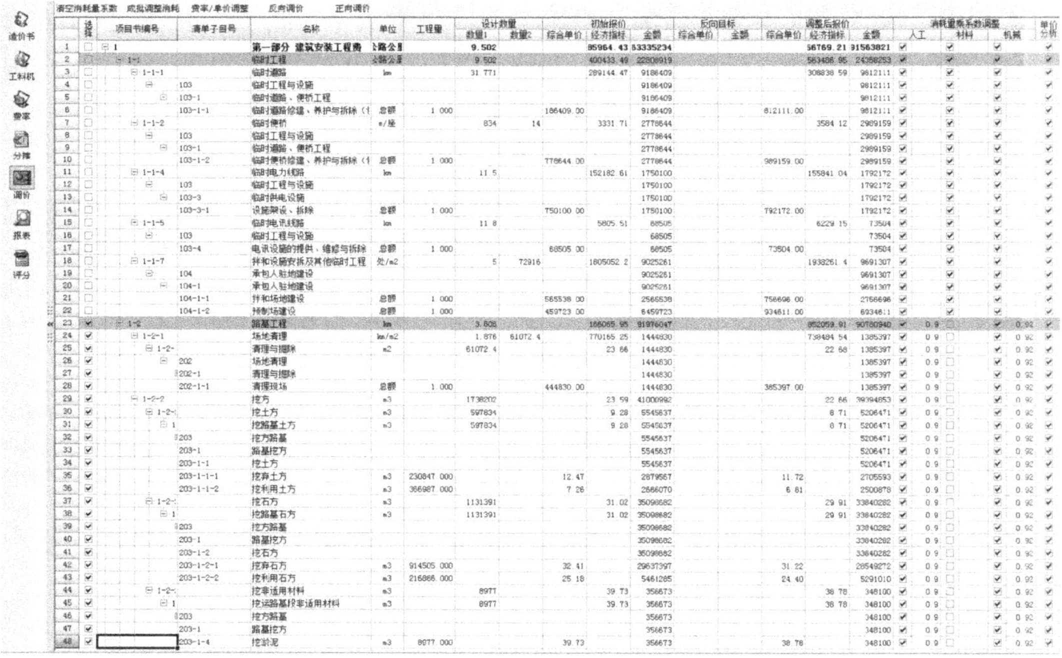

清空消耗量系数　成批调整消耗　费率/单价调整　反向调价　正向调价

	选择	项目书编号	清单子目号	名称	单位	工程量	设计数量		初始报价			反向目标		调整后报价			消耗量乘系数调整			单价分析
							数量1	数量2	综合单价	经济指标	金额	综合单价	金额	综合单价	经济指标	金额	人工	材料	机械	
1	□	1		第一部分 建筑安装工程费	公路公		9.502			85964.43	83335234				56769.21	91563821	✓	✓	✓	✓
2	□	1-1		临时工程	公路公		9.502			400433.49	22808919				583486.95	24358253	✓	✓	✓	✓
3	□	1-1-1		临时道路	km		31.771			289144.47	9186409				308838.59	9812111	✓	✓	✓	✓
4	□		103	临时工程与设施							9186409					9812111	✓	✓	✓	✓
5	□		103-1	临时道路、便桥工程							9186409					9812111	✓	✓	✓	✓
6	□		103-1-1	临时道路修建、养护与拆除（1	总额	1.000			186409.00		9186409			812111.00		9812111	✓	✓	✓	✓
7	□	1-1-2		临时便桥	m/座		834	14		3331.71	2778644				3584.12	2989159	✓	✓	✓	✓
8	□		103	临时工程与设施							2778644					2989159	✓	✓	✓	✓
9	□		103-1	临时道路、便桥工程							2778644					2989159	✓	✓	✓	✓
10	□		103-1-2	临时便桥修建、养护与拆除（1	总额	1.000			778644.00		2778644			989159.00		2989159	✓	✓	✓	✓
11	□	1-1-4		临时电力线路	km		11.5			152182.61	1750100				155841.04	1792172	✓	✓	✓	✓
12	□		103	临时工程与设施							1750100					1792172	✓	✓	✓	✓
13	□		103-3	临时供电设施							1750100					1792172	✓	✓	✓	✓
14	□		103-3-1	设施架设、拆除	总额	1.000			750100.00		1750100			792172.00		1792172	✓	✓	✓	✓
15	□	1-1-5		临时电讯线路	km		11.8			5805.51	68505				6229.15	73504	✓	✓	✓	✓
16	□		103	临时工程与设施							68505					73504	✓	✓	✓	✓
17	□		103-4	电讯设施的提供、维修与拆除	总额	1.000			68505.00		68505			73504.00		73504	✓	✓	✓	✓
18	□	1-1-7		拌和设施安拆及其他临时工程	处/m2		5	72916		1805052.2	9025261				1938261.4	9691307	✓	✓	✓	✓
19	□		104	承包人驻地建设							9025261					9691307	✓	✓	✓	✓
20	□		104-1	承包人驻地建设							9025261					9691307	✓	✓	✓	✓
21	□		104-1-1	拌和场地建设	总额	1.000			565538.00		2565538			756696.00		2756696	✓	✓	✓	✓
22	□		104-1-2	预制场建设	总额	1.000			459723.00		6459723			934811.00		6934811	✓	✓	✓	✓
23	✓	1-2		路基工程	km		3.808			166065.95	91976047				852059.91	90780940	✓ 0.9	□	✓ 0.92	✓
24	✓	1-2-1		场地清理	km/m2		1.876	61072.4		770165.25	1444830				738484.54	1385397	✓ 0.9	□	✓ 0.92	✓
25	✓	1-2-		清理与掘除	m2		61072.4			23.66	1444830				22.68	1385397	✓ 0.9	□	✓ 0.92	✓
26	✓		202	场地清理							1444830					1385397	✓ 0.9	□	✓ 0.92	✓
27	✓		202-1	清理与掘除							1444830					1385397	✓ 0.9	□	✓ 0.92	✓
28	✓		202-1-1	清理现场	总额	1.000			444830.00		1444830			385397.00		1385397	✓ 0.9	□	✓ 0.92	✓
29	✓	1-2-2		挖方	m3		1738202			23.59	41000992				22.66	39394853	✓ 0.9	□	✓ 0.92	✓
30	✓	1-2-		挖土方	m3		597834			9.28	5545637				8.71	5206471	✓ 0.9	□	✓ 0.92	✓
31	✓	1		挖路基土方	m3		597834			9.28	5545637				8.71	5206471	✓ 0.9	□	✓ 0.92	✓
32	✓		203	挖方路基							5545637					5206471	✓ 0.9	□	✓ 0.92	✓
33	✓		203-1	路基挖方							5545637					5206471	✓ 0.9	□	✓ 0.92	✓
34	✓		203-1-1	挖土方							5545637					5206471	✓ 0.9	□	✓ 0.92	✓
35	✓		203-1-1-1	挖弃土方	m3	230847.000			12.47		2879567			11.72		2705593	✓ 0.9	□	✓ 0.92	✓
36	✓		203-1-1-2	挖利用土方	m3	366987.000			7.26		2666070			6.81		2500878	✓ 0.9	□	✓ 0.92	✓
37	✓	1-2-		挖石方	m3		1131391			31.02	35098682				29.91	33840282	✓ 0.9	□	✓ 0.92	✓
38	✓	1		挖路基石方	m3		1131391			31.02	35098682				29.91	33840282	✓ 0.9	□	✓ 0.92	✓
39	✓		203	挖方路基							35098682					33840282	✓ 0.9	□	✓ 0.92	✓
40	✓		203-1	路基挖方							35098682					33840282	✓ 0.9	□	✓ 0.92	✓
41	✓		203-1-2	挖石方							35098682					33840282	✓ 0.9	□	✓ 0.92	✓
42	✓		203-1-2-1	挖弃石方	m3	914505.000			32.41		29637397			31.22		28549272	✓ 0.9	□	✓ 0.92	✓
43	✓		203-1-2-2	挖利用石方	m3	216866.000			25.18		5461285			24.40		5291010	✓ 0.9	□	✓ 0.92	✓
44	✓	1-2-		挖非适用材料	m3		8977			39.73	356673				38.78	348100	✓ 0.9	□	✓ 0.92	✓
45	✓	1		挖运路基段非适用材料	m3		8977			39.73	356673				38.78	348100	✓ 0.9	□	✓ 0.92	✓
46	✓		203	挖方路基							356673					348100	✓ 0.9	□	✓ 0.92	✓
47	✓		203-1	路基挖方							356673					348100	✓ 0.9	□	✓ 0.92	✓
48	✓		203-1-4	挖淤泥	m3	8977.000			39.73		356673			38.78		348100	✓ 0.9	□	✓ 0.92	✓

图 6-25　调价结果显示示例

小提示 1：同时，也可对某些分项清单进行微调，直接调整“人工、材料、机械”的系数，单击“正向计算”即可。

小提示 2：“清空消耗量系数”的作用是重新调用原始计算数据，一键取消全部调价操作。若在清单主界面内修改了计算数据，重新回到调价窗口时，应点“清空消耗量系数”，可获取修改后的原始数据。

小提示 3：在调整材料系数时，应慎重考虑，以免出现不合理的消耗量等问题，如混凝土的定额消耗单位为 $10m^3$,定额消耗量一般为 $10.2m^3$,若材料统一乘系数 0.9 后,则出现“每 $10m^3$ 混凝土定额”只使用“$9m^3$ 混凝土材料”的问题。特别是要求以 08 表格式提交详细的工程单价分析表时,这个结果是明显不合理的。故如果必须调整材料系数,建议对不同的定额选择范围分批调价,且应核查其调整的合理性。

e. 报表的输出。

点击左侧的“报表”输出按钮,根据需要在报表输出页面可以选择调价前和调价后两套报表(对应的图标为 ⊙ 调价前 ○ 调价后)。

调价方案的比对:

可将不同的调价方案导入 Excel 工具中,进行多方案的比选。

方案一:路基工程,人工消耗量调节系数为 0.9,机械消耗量调节系数为 0.92。

方案二:路基工程,人工消耗量调节系数为 0.92,机械消耗量调节系数为 0.9。

方案三:桥梁涵洞工程,人工消耗量调节系数为 0.92,机械消耗量调节系数为 0.9。

小提示 4:为了防止乱码现象的发生,应将 Excel 单元格设成“文本”格式。

如图 6-26 所示,从对比方案中可以看出每一个费用项目节及清单子目的经济(单价)指标与金额。

项目节编号	清单子目号	名称	单位	工程量	设计数量		初始报价			调价方案一			调价方案二			调价方案三		
					数量1	数量2	综合报价	经济指标	金额	综合报价	经济指标	金额	综合报价	经济指标	金额	综合报价	经济指标	金额
1		第一部分 建筑安装工	公路公里		9.502			59285964.	563335234		62256769.	591563821		61169323.	581230916		6.2E+07	591081538
1-1		临时工程	公路公里		9.502			2400433.4	22808919		2563486.9	24358253		2563486.9	24358253		2563487	24358253
1-1-1		临时道路	km		31.771			289144.47	9186409		308838.59	9812111		308838.59	9812111		308839	9812111
	103	临时工程与设施							9186409			9812111			9812111			9812111
	103-1	临时道路、便桥工程							9186409			9812111			9812111			9812111
	103-1-1	临时道路修建、养护	总额	1.000			9186409.00		9186409	9812111.00		9812111	9812111.00		9812111	9812111		9812111
1-1-2		临时便桥	m/座		834	14		3331.71	2778644		3584.12	2989159		3584.12	2989159		3584.12	2989159
	103	临时工程与设施							2778644			2989159			2989159			2989159
	103-1	临时道路、便桥工程							2778644			2989159			2989159			2989159
	103-1-2	临时便桥修建、养护	总额	1.000			2778644.00		2778644	2989159.00		2989159	2989159.00		2989159	2989159		2989159
1-1-4		临时电力线路	km		11.5			152182.61	1750100		155841.04	1792172		155841.04	1792172		155841	1792172
	103	临时工程与设施							1750100			1792172			1792172			1792172
	103-3	临时供电设施							1750100			1792172			1792172			1792172
	103-3-1	设施架设、拆除	总额	1.000			1750100.00		1750100	1792172.00		1792172	1792172.00		1792172	1792172		1792172
1-1-5		临时电讯线路	km		11.8			5805.51	68505		6229.15	73504		6229.15	73504		6229.15	73504
	103	临时工程与设施							68505			73504			73504			73504
	103-4	电讯设施的提供、维	总额	1.000			68505.00		68505	73504.00		73504	73504.00		73504	73504		73504
1-1-7		拌和设施安拆及其他	处/m2		5	72916		1805052.2	9025261		1938261.4	9691307		1938261.4	9691307		1938261	9691307
	104	承包人驻地建设							9025261			9691307			9691307			9691307
	104-1	承包人驻地建设							9025261			9691307			9691307			9691307
	104-1-1	拌和场地建设	总额	1.000			2565538.00		2565538	2756696.00		2756696	2756696.00		2756696	2756696		2756696
	104-1-2	预制场建设	总额	1.000			6459723.00		6459723	6934611.00		6934611	6934611.00		6934611	6934611		6934611
1-2		路基工程	km		3.806			24166065.	91976047		23852059.	90780940		23725343.	90298657		2.4E+07	90298657
1-2-1		场地清理	km/m2		1.876	61072.4		770165.25	1444830		738484.54	1385397		744005.86	1395755		744006	1395755
1-2-1-1		清理与掘除	m2		61072.4			23.66	1444830		22.68	1385397		22.85	1395755		22.85	1395755
	202	场地清理							1444830			1385397			1395755			1395755
	202-1	清理与掘除							1444830			1385397			1395755			1395755
	202-1-1	清理现场	总额	1.000			1444830.00		1444830	1385397.00		1385397	1395755.00		1395755	1395755		1395755
1-2-2		挖方	m3		1738202			23.59	41000992		22.66	39394853		22.33	38806665		22.33	38806665
1-2-2-1		挖土方	m3		597834			9.28	5545637		8.71	5206471		8.54	5104517		8.54	5104517
1-2-2-1-1		挖路基土方	m3		597834			9.28	5545637		8.71	5206471		8.54	5104517		8.54	5104517
	203	挖方路基							5545637			5206471			5104517			5104517
	203-1	路基挖方							5545637			5206471			5104517			5104517
	203-1-1	挖土方							5545637			5206471			5104517			5104517
	203-1-1-1	挖弃土方	m3	230847.000			12.47		2879567	11.72		2705593	11.48		2651049	11.48		2651049
	203-1-1-2	挖利用土方	m3	366987.000			7.26		2666070	6.81		2500878	6.69		2453468	6.69		2453468
1-2-2-2		挖石方	m3		1131391			31.02	35098682		29.91	33840282		29.48	33353854		29.48	33353854

图 6-26 调价对比方案示例

(3)示例三:提高效率之模板库

在编制造价文件过程中,常会遇到这样的问题,同一个公路项目,不同的编制者编制出的估算、概算或预算却可能会有较大的差异。如何提高各类造价文件编制的标准化程度?如何让高质量高水平的造价文件数据得到有效的共享,以提高初学者编制造价文件的质量和效率?如何实现对宏观的造价指标分析(技术含量高的劳动)与对具体的计算定额工程量(单一重复性的劳动)两者的分工?如何提高涉及人员在设计方案比选时或设计审批部门在设计(含造价)审查的效率?在造价编制标准化处理软件中，根据上述这些实际需求，开发人员在软件中设立了模板库的功能，包括：a. 用户可以逐步建立一个项目多组定额组价的模板库，供不同的估算、概算、预算编制人员使套用；b. 使用共同的模板后，快速保证了估算、概算、预算文件编制的统一性。让估算、概算、预算编制人员重点工作侧重于准确摘录图纸设计工程量，造价审查人员侧重于专注技术经济指标分析；c. 模板克隆功能，可实现自动按分解系数计算定额工程量，同类构造物在剔除相同单价指标的因素下，可以通过此功能快速判断设计方案技术经济的合理性；d. 初学者可使用软件系统中自带的模板，或本单位内部模板，迅速掌握估算、概算、预算编制技术。具体操作步骤为：

①模板库的建立

在造价文件编制界面，单击“模板库”按钮，弹出模板库编辑框，在空白处单击鼠标右键，选择“新建分类”，输入新建模板的工程分类名称，比如新建“引桥”这一分类，在造价文件编制界面，选择已编制好的预算，单击鼠标右键，选择“生成块模板”，弹出对话框，模板库默认选择“我的模板库”，在块分类默认选择“引桥”（如果需要修改可点击下拉框进行修改），单击“确定”，软件会自动把已编制好的预算生成模板放到右边的模板库的“引桥”分项中，生成块模板的操作界面如图 6-27 所示。

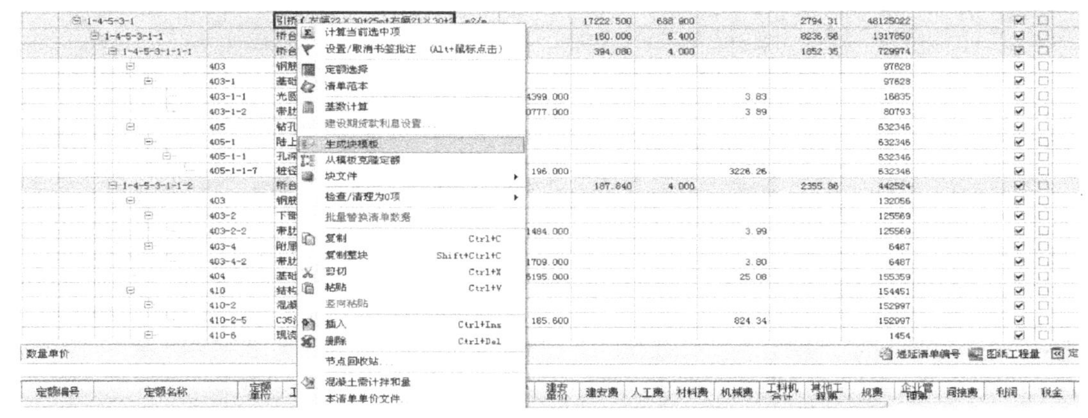

图 6-27 生成模板操作界面示例

从图 6-27 中可以看出，生成的“引桥”模板中，已包含“引桥”这一分部工程中涉及的所有工程量清单子目内容，每个清单子目对应生成一个块文件，如图 6-28 所示，单击“403-2-1 光圆钢筋”块文件（文件格式为. BLK），可以看到其总数量是 4171kg，单价是 4. 11 元/kg，该项工程量清单子目所涉及的定额项达 8 项，软件自动生成了具体信息以列表显示在总数量的下方位置，详见图 6-28。

②模板库的用途

在三级工程量清单体系当中，根据编制原则规定，工程量清单子目号是不允许修改其编号的，建筑安装工程费用基本是由各种工程量清单子目费用构成，故通过模板库功能可以快速地完成定额标准项目的套用。在利用模板进行定额标准的套取时，只需根据对应的设计图纸反映的设计工程量修改数据即可。根据套用模板的工程量清单子目的数目，模板的套用可分为一对一克隆和多对多克隆两种类型。下面详细介绍两种类型的用途及操作方法。

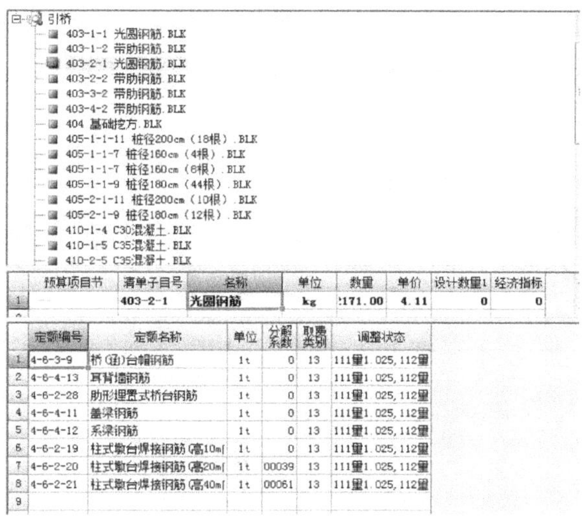

图 6-28　引桥块模板示例

a. 一对一克隆

一对一克隆是指在模板库中选择最底层的工程量清单子目编号块文件，对应将其克隆到选中的当前项，即完成了将模板中的定额套用到当前项的工程量清单子目的计价。在一对一克隆时，若工程量清单编号一致时，直接完全匹配套用该定额；若编号不一致，则会提示：是否需要强制匹配套用定额，选择“确定”。例如，将模板库中清单子目编号“403-1-1”的定额套用到所选的清单子目编号下，在造价文件编制界面单击右键，选择从模板克隆定额，选择所需套用模板的位置，并单击“确定”，系统弹出克隆块，根据需要点选要求，如图 6-29 所示，即完成了对编号“403-1-1”清单子目的克隆。

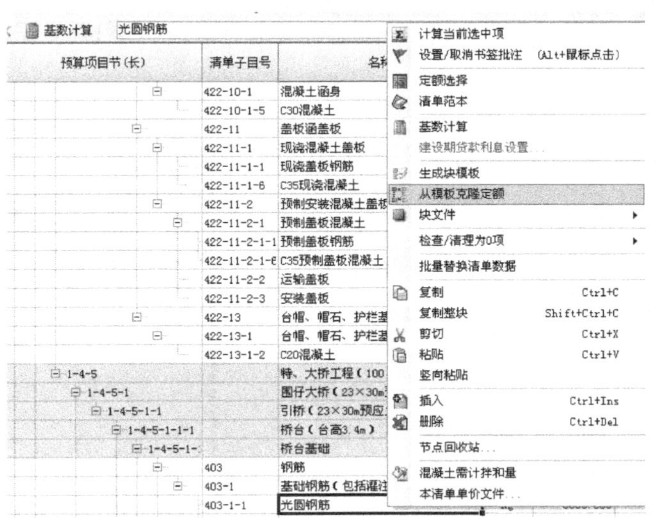

图 6-29　一对一克隆示例

b. 多对多克隆

多对多克隆将某一个工程分类中包含的所有子项，克隆到当前所选项目下挂的对应的工程量清单子目号下。例如，某新建项目的引桥部分的造价编制通过套用模板完成，单击“模板库”，单击“引桥”块分类，如图 6-30 所示，单击鼠标右键，选择“多对多克隆”，在弹出的对话框中，单击“确定”，软件自动套用模板库的定额项。

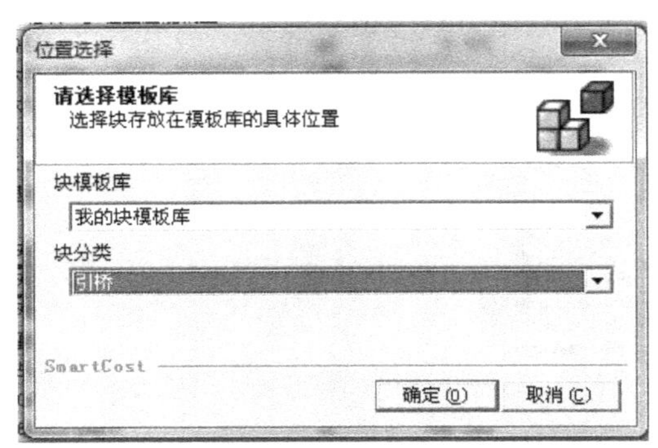

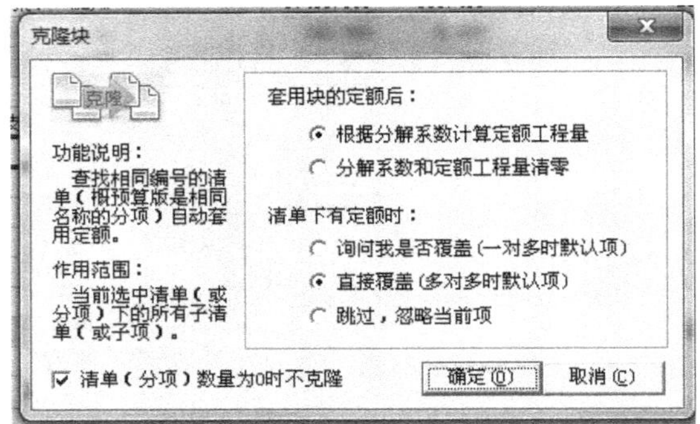

图 6-30　多对多克隆示例

(4)示例四：提高效率之查找定位

单击软件的右上角的“查找定位”按钮，查找定位分为工程量清单子目编号/清单名称、定额标准编号/定额名称、工料机编号/工料机名称和书签（批注）四类。

①清单子目号/清单名称

选择需要查找的类型，在“关键字”内输入对应的清单子目编号或者名称，单击“查找”，下方窗口即可显示查找的结果，双击可直接自动定位至此清单项在造价文件中的具体位置。

此项功能可用于快速审查同类工程单价不一致的问题，单击清单子目编号或者清单名称，在下方列表中软件会自动将清单编号或清单名称相同的项目排列在一起，如图 6-31 所示。此功能可用于审查单价不一致的问题，并可通过双击快速定位至原始数据录入信息，与以往在 Excel 软件中操作相比，查找效率提高很多。

②定额标准编号/定额名称

选择后，在“关键字”内输入对应的定额标准编号或定额名称，单击“查找”即可显示结果，双击结果可直接自动定位至此定额标准项在造价文件中的具体位置。例如，在图 6-32 中，双击“变压器”，则在界面左方上侧对应显示此定额标准项在造价文件编制过程中的具体位置，在界面左方下侧显示“变压器”数量、单价的详细信息。

③工料机编号/工料机名称

选择后，在“关键字”内输入对应的工料机编号或工料机名称，单击“查找”，结果显示在页面下方的窗口中，双击则可直接自动定位至此工料机在造价文件编制过程中的具体位置。

④书签（批注）

在造价文件编制界面中，单击鼠标右键，选择“添加到书签”词条，此项颜色变为粉红色，同时在“查找定位”窗口的书签（批注）窗口添加该项，在下方空白处填写对于此项的批注或注意事项，双击则可以自动定位至此项在造价文件中的具体位置，如图 6-33 所示。在之前的同类软件中无此功能时，多是以另行新建文档的方式备注所需信息，现在只需直接在软件中审核“书签批注”意见，审核结束后如有疑义可发回文件报送单位解释或修改，报送单位只需单击“查找定位—书签批注”词条块，鼠标双击列表中的条目，软件会自动定位至有疑义的清单项，修改后还可一键清除审核过程中留有的痕迹。

部颁公路工程预算定额(2007)(营改 ▾ 定额库 定额选择 项目表 模板库 查找定位

关键字 [ ] 查找 显示所有

◉ 清单子目号 ◯ 定额编号 ◯ 工料机编号 ◯ 书签批注
◯ 清单名称 ◯ 定额名称 ◯ 工料机名称
☑ 超 10 %时突出显示 ☐ 只显示机电

清单子目号	清单名称	单位	数量	单价	金额	机电
202	场地清理				418308	☐
202-1	清理与掘除				1444830	☐
202-1	清理与掘除				403919	☐
202-1	清理与掘除				418308	☐
202-1-1	清理现场	总额	1	1444830	1444830	☐
202-1-1	清理现场	总额	1	403919	403919	☐
202-1-1	清理现场	总额	1	418308	418308	☐
203	挖方路基				5545637	☐
203	挖方路基				35098682	☐
203	挖方路基				356673	☐
203	挖方路基				1044324	☐
203	挖方路基				115321	☐
203	挖方路基				174594	☐
203	挖方路基				1540031	☐
203	挖方路基				5044974	☐
203	挖方路基				83982	☐
203	挖方路基				434292	☐

图 6-31 清单子目查找定位功能示例

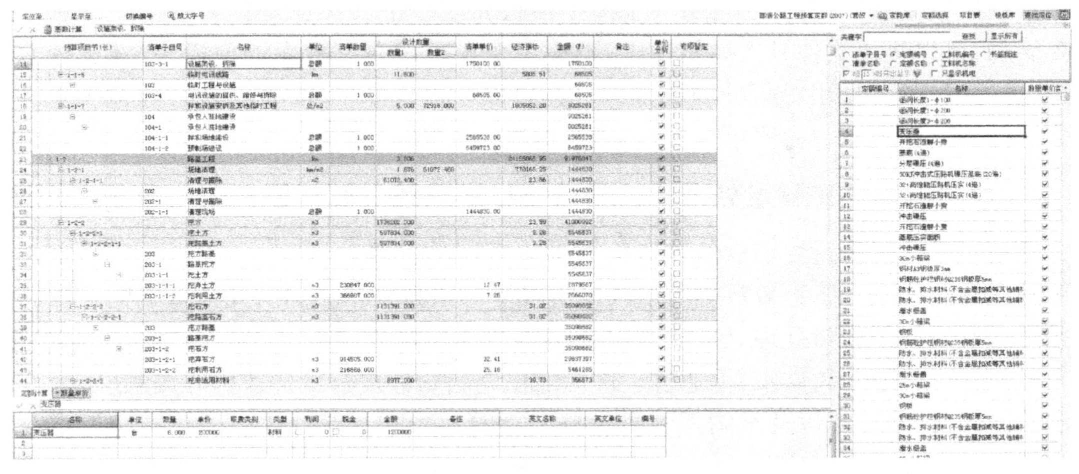

图 6-32 定额查找定位功能示例

(5)示例五：提高效率之数据交互

在造价文件编制和审查实际工作过程中，同类工程的估算、概算、预算标准项、目、节下套用的定额标准、定额工程量一般是相同(近)的，为了提高造价文件编制效率，可将同一类工程的计价模块固化，将其存为块文件(.BLK)用于共享交互。

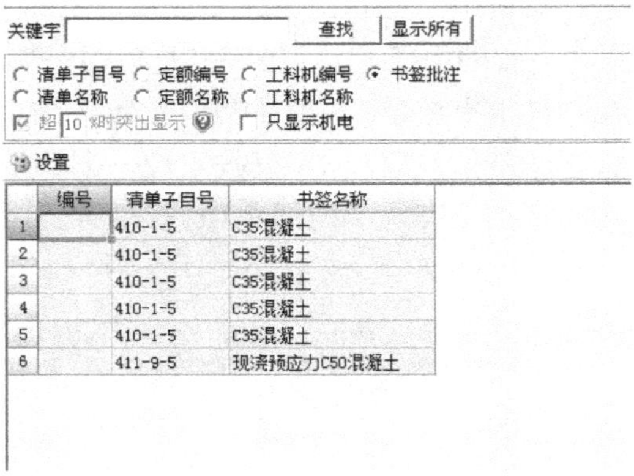

关键字 查找 显示所有

○清单子目号 ○定额编号 ○工料机编号 ⊙书签批注
○清单名称 ○定额名称 ○工料机名称
☑超10%时突出显示 □只显示机电

设置

	编号	清单子目号	书签名称
1		410-1-5	C35混凝土
2		410-1-5	C35混凝土
3		410-1-5	C35混凝土
4		410-1-5	C35混凝土
5		410-1-5	C35混凝土
6		411-9-5	现浇预应力C50混凝土

图 6-33　添加书签功能示例

①单用户块文件共享交互

在软件中，单击造价文件编制时计价工程中的某一项，按鼠标右键，选择“复制整块”，粘贴至本项目或其他项目需要粘贴的部位，则把该项工程及其子项以及所属定额标准、定额工程量、调整状态全部复制。“复制整块”的功能只适用于本机当前复制操作，如果关闭软件再打开，则需要重新再选择。

②多用户块文件共享交互

如果需要保存此项目的某一块计费模块，或者需要把此项目的某一块计费模块与更多的用户共享，则可以在造价文件编制时单击该项工程，按鼠标右键，选择“块文件”—“导出块”，软件自动将该项工程及其子项以及所属定额标准、定额工程量、调整状态全部导出成一个块文件（＊.BLK），可以保存或者共享给其他工作伙伴，相应单击鼠标右键，选择“块文件”—“导入块”，则成功导入该块文件。

在模板库功能的分项下，每一个清单模板在软件中其实也是作为一个块文件来存储的，可以将块文件导入模板库中，形成一个模板。在模板库的窗口中，按鼠标右键，也可以进行“导出/导入”块的操作。亦可以在模板库中单击插入块，在造价文件中直接插入模板库中的清单模板，形成新增项。

6.2.3　设计工程量处理软件与造价标准化编制软件联合使用应用案例

通过设计工程量处理软件和造价标准化编制软件联合使用，可实现公路工程施工图设计阶段设计工程量数据与招投标阶段清单预算数据之间的完整数据链。在实践中通过设计工程量处理软件实现三级工程量清单文件编制，将形成的清单数据导入造价标准化编制软件中，再通过造价标准化编制软件进行计价计费的编制（即套用定额标准、计费费率以及编制工料机价格），运算后形成预算文件。通过造价标准化编制软件生成工程量清单单价后，反导入清单单价数据至设计工程量处理软件中，在两套软件之间即构成了有量有价闭合的数据链。

现以公路交通安全设施工程造价编制为例进行具体说明。如表 6-4 所示，为软件输出的“总预算审核表”，表中“广东省某公路交通安全设施工程”采用设计工程量处理软件进行工程量组价后得到的金额（61254342 元）与采用造价标准化编制软件编制的预算金额（61254510 元）相比，增加金额 168 元。

表 6-4

清单组价和总预算对比

总预算审核表														
建设项目名称：广东省某公路交通安全设施工程（算量预算对比核备稿）									第 1 页		共 76 页			
项	目	节	细目	清单子目号	工程或费用名称	单位	4 标算量预算			增减（元）		第 JA4 标段		
							数量	金额	技术经济指标	数量	金额	数量	金额	技术经济指标
					第一部分　建筑安装工程费	公路公里	35.751	61254342	1713360.2		168	35.751	61254510	1713364.9
七					公路设施及预埋管线工程	公路公里	35.751	48337102	1352049		168	35.751	48337270	1352053.7
	1				安全设施	公路公里	35.751	48337102	1352049		168	35.751	48337270	1352053.7

表 6-5

设计工程量处理软件与造价标准化编制软件的数据闭合检查对比

算量软件含价工程量清单						造价软件工程量清单预算表						算量软件-造件软件		
清单编号	名称	单位	工程量	清单单价	金额	子目号	子目名称	单位	数量	单价（元）	合价（元）	数量	单价（元）	合价（元）
602	护栏					602	护栏							
602-1	混凝土护栏					602-1	混凝土护栏							
602-1-1	现浇混凝土护栏					602-1-1	护栏							
602-1-1-1	护栏现浇混凝土	kg	41569	6.99	290566	602-1-1-1	混凝土钢筋	kg	41568.84	6.99	590566	0	0	0
602-1-1-4	C30 现浇混凝土	m^3	377.64	730.22	275760	602-1-1-4	混凝土	m^3	377.64	730.22	275762	0	0	-2
602-1-1-5	镀锌钢管	kg	16479	9.01	148477	602-1-1-5	镀锌钢管	kg	16479.17	9.01	148477	0	0	0
602-2	单面波形梁钢护栏					602-2	单面波形梁钢护栏							
602-2-1	路侧单面波形梁钢护栏					602-2-1	路侧单面波形梁钢护栏							
602-2-1-1	Gr-A-4E	m	76708	257.18	19727841	602-2-1-1	Gr-A-4E	m	76708.3	257.18	19728000	0	0	-159
602-2-1-2	Gr-A-2E	m	1560.9	357.19	557538	602-2-1-2	Gr-A-2E	m	1560.9	357.1	557538	0	0	0
602-2-1-6	Gr-A-2C	m	410.4	362.5	148770	602-2-1-6	Gr-A-2C	m	410.4	362.5	148770	0	0	0
602-2-1-7	Gr-SB-2E	m	10719	474.89	5090203	602-2-1-7	Gr-SB-2E	m	10718.7	474.89	5090203	0	0	0
602-2-1-10	Gr-SB-2C	m	28.4	437.99	12439	602-2-1-10	Gr-SB-2C	m	28.4	437.99	12439	0	0	0
602-2-1-12	Gr-SA-3E	m	2985.2	537.12	1603410	602-2-1-12	Gr-SA-3E	m	2985.2	537.12	1603419	0	0	-9

进一步将设计工程量处理软件生成的工程量组价后导出 Excel 格式，并与采用造价标准化编制软件生成的工程量清单预算表做对比，可以得到每条工程量清单子目的数量和总价差异，如表 6-5 所示，由清单编号“602-1-1-4”“602-2-1-1”“602-2-1-12”三项的差异，可找出引起总价不一致的原因。

6.2.4 建设项目管理系统及造价综合管理系统应用案例

广东韶关仁化至新丰公路建设工程全长 162.32km，起于广东韶关市仁化县城口镇（粤湘界），经仁化、始兴、翁源、新丰等县，终于新丰县永兴围（接大广高速公路）。设特大桥、大桥 31503m/85 座，隧道 27705m/14 座，互通式立体交叉 11 处，分离式立体交叉 3 处，主线收费站 1 处，服务区 3 处，停车区 4 处，治超站 1 处。为动态反映项目造价管理情况，该项目建设管理单位采用了公路建设项目管理系统进行招标、变更、计量与支付、合同、投资计划等建设管理工作，所有相关数据均在项目管理系统上同步展现和更新。图 6-34 所示为其工程变更管理页面，图 6-35 所示为其工程计量管理页面。

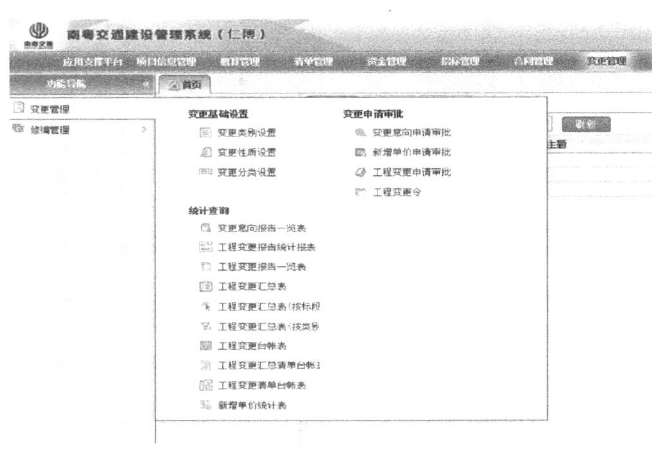

图 6-34　建设项目管理系统变更管理页面

图 6-35　建设项目管理系统计量管理页面

此外，根据广东省交通运输厅相关造价管理规定，建设项目应及时向造价管理部门报送项目造价管理自检报告和造价管理台账文件，该建设项目管理单位对造价管理自检报告和造价管理台账采取了书面文件和电子文件（向广东省公路工程造价综合管理系统报送）两种方式同步报送。如图6-36所示，为该项目利用造价综合管理系统的外网窗口进行可行性研究阶段造价文件上传的页面。

图6-36 造价综合管理系统外网的资料报送窗口

7 基于互联网及 BIM 技术的造价数据分析

7.1 网络爬虫技术简述

网络爬虫(Web Crawler)又称为 Web 信息采集器,是一个自动下载网页的计算机程序或自动化脚本,是搜索引擎的重要组成部分。网络爬虫通常从一个称为种子集的 URL 集合开始运行,它首先将这些 URL(Uniform Resource Locator,中文名称为统一资源定位符,它是互联网上标准资源的地址,简洁地表示了互联网资源的位置和访问的方法)全部放入一个有序的待爬行队列里,按照一定的顺序从中取出 URL 并下载所指向的页面,分析页面内容,提取新的 URL 并存入待爬行 URL 队列中。如此重复上述过程,直到 URL 队列为空或满足某个爬行终止条件,从而遍历 Web。该过程称为网络爬行(Web Crawling)。

网络爬虫按照系统结构和实现技术,大致可以分为以下几种类型:通用网络爬虫(General Purpose Web Crawler)、聚焦网络爬虫(Focused Web Crawler)、增量式网络爬虫(Incremental Web Crawler)、深层网络爬虫(Deep Web Crawler)。实际的网络爬虫系统通常是通过几种爬虫技术相结合来实现的。

(1)通用网络爬虫(General Purpose Web Crawler)

通用网络爬虫又称全网爬虫(Scalable Web Crawler),爬行对象从一些种子 URL 扩充到整个 Web,主要为门户站点搜索引擎和大型 Web 服务提供商采集数据。由于商业原因,它们的技术细节很少公布出来。这类网络爬虫的爬行范围和数量巨大,对于爬行速度和存储空间要求较高,对于爬行页面的顺序要求相对较低,同时由于待刷新的页面太多,通常采用并行工作方式,但需要较长时间。

(2)聚焦网络爬虫(Focused Crawler)

聚焦网络爬虫又称主题网络爬虫(Topical Crawler),是指选择性地爬行那些与预先定义好的主题相关页面的网络爬虫。和通用网络爬虫相比,聚焦爬虫只需要爬行与主题相关的页面,极大地节省了硬件和网络资源,保存的页面也由于数量少而更新快,还可以很好地满足一些特定人群对特定领域信息的需求。

(3)增量式网络爬虫(Incremental Web Crawler)

增量式网络爬虫(Incremental Web Crawler),是指对已下载网页采取增量式更新和只爬行新产生的或者已经发生变化网页的爬虫,它能够在一定程度上保证所爬行的页面尽可能的新。与周期性爬行和刷新页面的网络爬虫相比,增量式爬虫有需求时爬行新产生或发生更新的页面,对发生变化的页面不会重新下载,可有效减少数据下载量，及时更新已爬行的网页，减小时间和空间上的耗费，缺点是增加了爬行算法的复杂度和实现难度。

（4）深层网络爬虫（Deep Web Crawler）

Web 页面按存在方式可以分为表层网页（Surface Web）和深层网页（Deep Web，也称 Invisible Web Pages 或 Hidden Web）。表层网页是指传统搜索引擎可以索引的页面，以超链接可以到达的静态网页为主构成的 Web 页面。Deep Web 是那些大部分内容不能通过静态链接获取的、隐藏在搜索表单后的，只有用户提交一些关键词才能获得的 Web 页面。例如那些用户注册后内容才可见的网页就属于 Deep Web。2000 年 Bright Planet 指出：Deep Web 中可访问信息容量是 Surface Web 的几百倍，是互联网上最大、发展最快的新型信息资源。

目前我国在基础设施建设工程造价领域信息化水平有了较大的提高，交通运输行业行政管理部门、建设管理单位、造价专业机构、互联网企业等都建立了一些系列网站和系统平台，由于其信息量大、零碎，且没有专门的接口供研究人员获取研究数据，造成数据更新慢，缺乏实时性，利用价值不高。如何应用网络爬虫技术有效地快速查找、挖掘网络中隐藏在 Web 中的交通基础设施建设工程的造价信息，为工程各方参与者提供高质量的信息是一个需要关注的研究方向。

7.2 基于互联网数据的材料价格信息分析

爬取同类型的多个建筑工程材料发布网站的数据，选择材料价格搜索热门省，以广东省、湖南省、陕西省作为代表，分析比较其 2017 年 9 月的钢筋价格数据。

（1）广东省

对爬取的广东省钢筋市场价数据进行分析，如图 7-1 所示，有镀锌盘圆、方钢、高线、拉丝线、冷轧带勒钢筋、螺纹钢、盘螺、普线八类钢筋，对应的平均市场价格为 4493 元/t、3356 元/t、4137 元/t、3486 元/t、4512 元/t、4212 元/t、4112 元/t、4111 元/t。

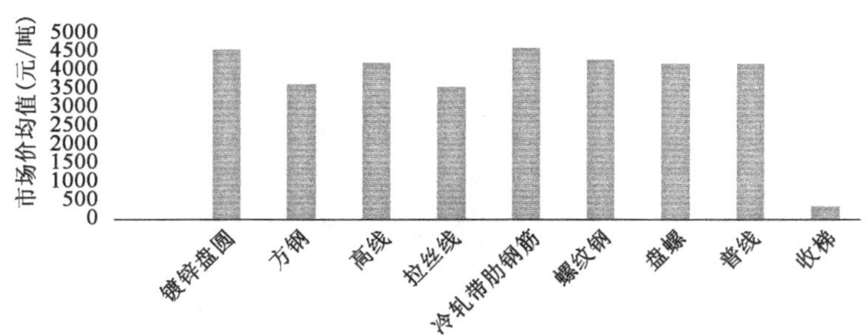

图 7-1 2017 年 9 月广东省不同类型钢筋平均市场价

如图 7-2 所示，在广东省设有公司或分公司的钢筋供应商中，发布的价格信息条数排前六位的钢筋品牌分别为韶钢、广钢、中城、湘钢、裕丰、特钢，且韶钢和广钢的占比较高，分别占到总发布条数的 28% 和 22%。

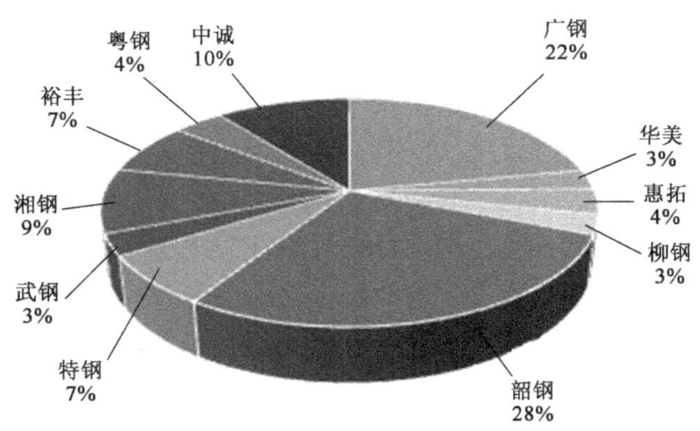

图 7-2 广东省钢筋品牌信息发布率

(2)湖南省

对爬取的湖南省钢筋市场价数据进行分析,如图 7-3 所示,有高线、螺纹钢、盘螺、普线四类钢筋,对应的市场平均价格为 4051 元/t、4069 元/t、4172 元/t、3920 元/t。

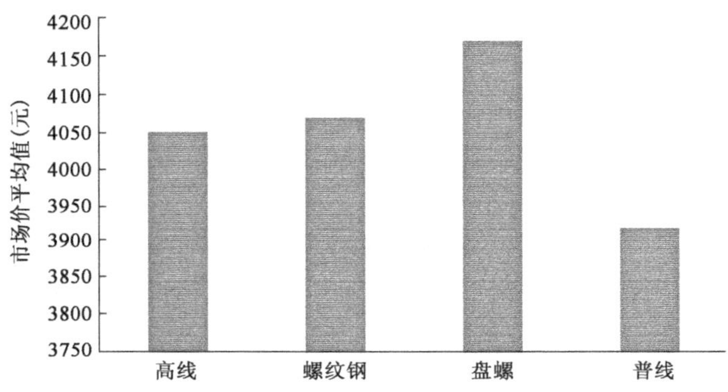

图 7-3 2017 年 9 月湖南省不同类型钢筋平均市场价

如图 7-4 所示,在湖南省设有公司或分公司的钢筋供应商中,发布的价格信息条数排前三位的钢筋品牌分别为冷钢、涟钢和湘钢,分别占到总发布条数的 24%、16% 和 15%。

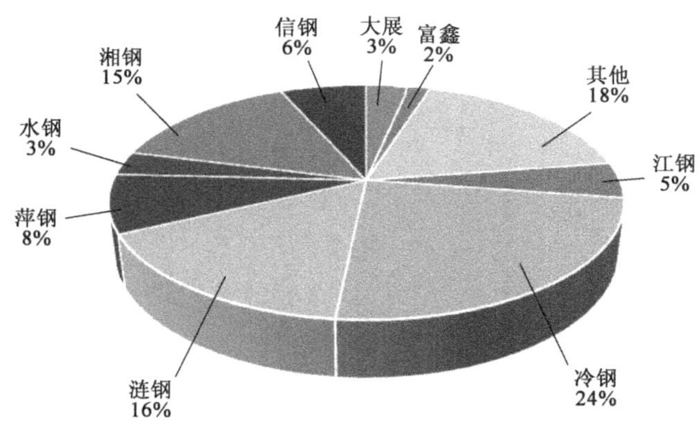

图 7-4 湖南省钢筋品牌信息发布率

(3)陕西省

对爬取的陕西省钢筋市场价数据进行分析，如图 7-5 所示，陕西省钢筋市场品种类别较多，分为 15 类，分别为低碳钢、电缆钢、刚棉钢、高碳钢、高线、管桩钢筋、含硼冷镦钢、焊接用钢、合金冷镦钢、冷镦钢、螺纹钢、铝包钢、盘螺、桥索用钢、优碳钢，对应的市场平均价格为 3563 元/t、3580 元/t、3523 元/t、3596 元/t、3733 元/t、3582 元/t、3459 元/t、3538 元/t、3500 元/t。

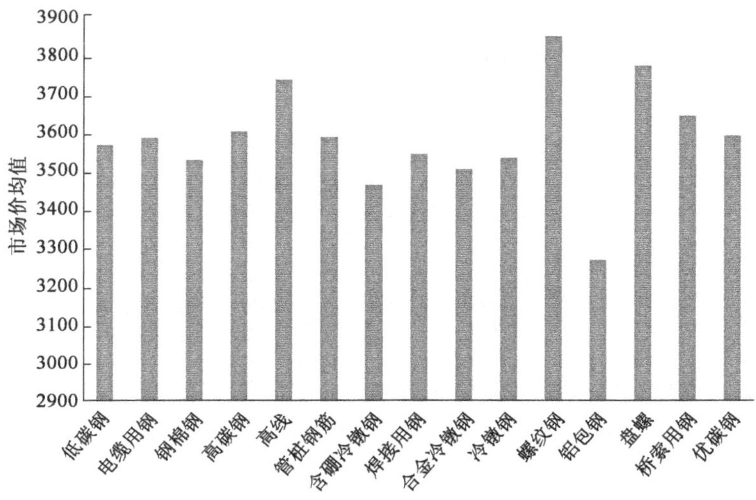

图 7-5　2017 年 9 月陕西省不同类型钢筋平均市场价

如图 7-6 所示，在陕西省设有公司或分公司的钢筋供应商中，发布的钢筋价格信息条数排前三位的钢筋品牌分别为武钢、龙钢和包钢，分别占到总发布条数的 52%、12% 和 10%。

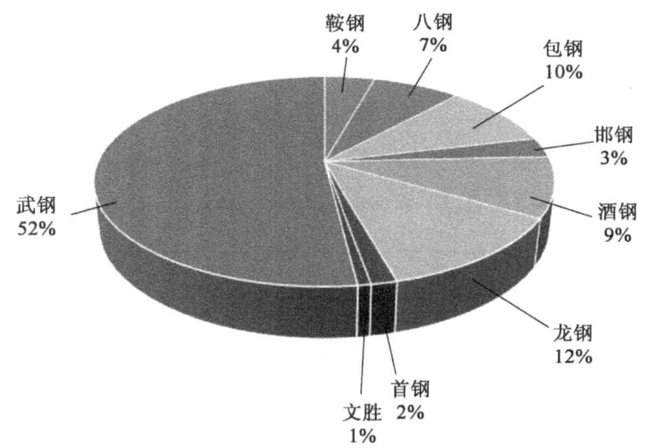

图 7-6　陕西省钢筋品牌信息发布率

(4)三省对比

如图 7-7 所示，对广东省、湖南省和陕西省的高线、螺纹钢、盘螺三类钢筋的平均市场价格进行对比，可以看出：总体而言，对于同种类型钢筋，广东省的平均市场价为三省最高，湖南省的钢筋市场价略低于广东省，而陕西省的钢筋平均市场价最低。

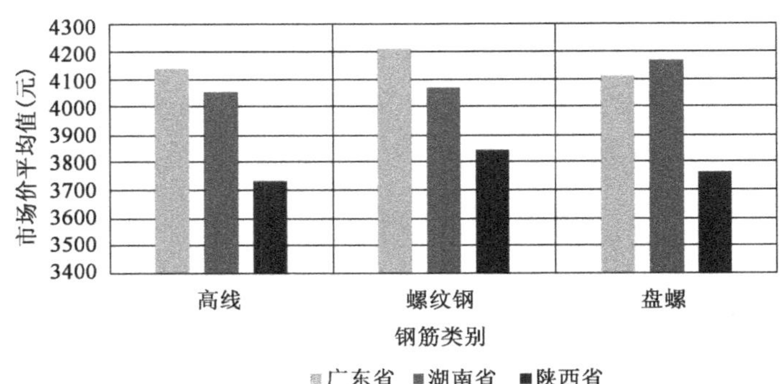

图 7-7 三省钢筋平均市场价对比

7.3 基于互联网数据的收费公路信息分析

利用聚焦网络爬虫技术，爬取关于 2013—2016 年间全国收费公路的相关网页，对全国高速公路的里程构成、主线收费站数量、建设投资情况、债务余额和收入—支出等数据进行分析。

(1)收费公路里程构成情况

从图 7-8 可以了解，从 2013 年到 2016 年底，我国高速公路总里程和收费公路总里程均处于逐年增加状态，反映出国家重视交通基础设施建设，我国公路网处于不断完善的过程中。截至 2016 年底，全国收费公路里程为 17.11 万公里，占公路总里程 469.63 万公里的 3.6%。

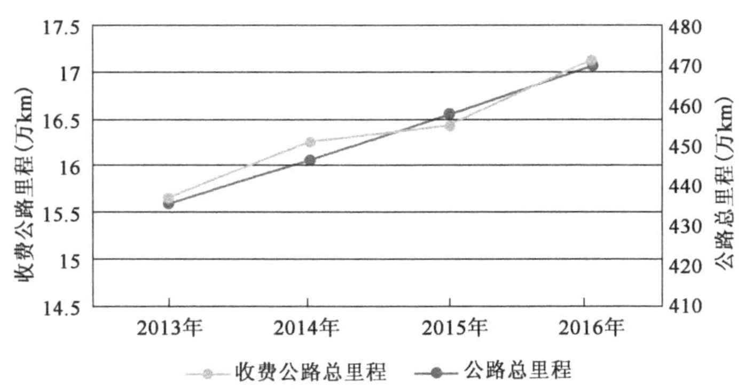

图 7-8 2013—2016 年间我国公路里程统计

以高速公路、一级公路、二级公路、独立桥梁隧道四类来划分我国现有的收费公路，从图 7-9 可以了解到，2013—2016 年，收费高速公路里程和占比逐年稳步提高，由 2013 年的公路里程 15.65 万公里，占全国收费公路里程的 64.2%，增长至 2016 年公路里程 17.11 万公里，占公路总里程 469.63 万公里的 72.8%；一级收费道路总里程和占比基本持平；二级收费公路总里程和占比略有下降，这与成品油税费改革实施后，政府还贷二级公路的收费站点的撤销政策有关；独立桥梁隧道里程和占比情况略有提高。

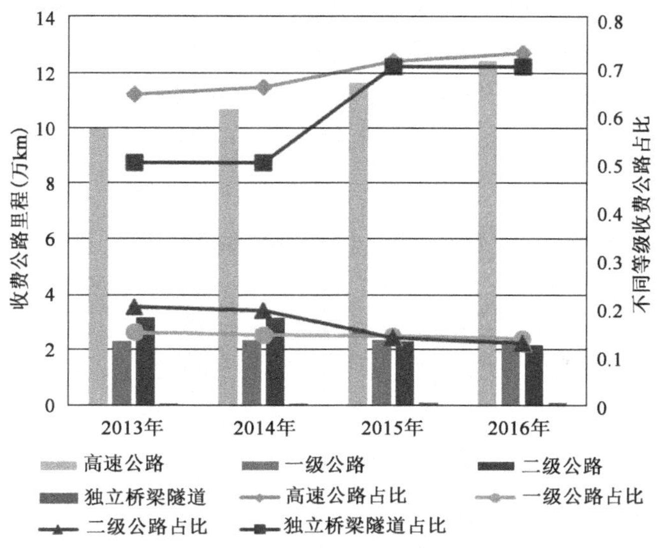

图 7-9　不同技术等级收费公路里程及占比统计(2013—2016 年)

(2)收费公路主线收费站数量情况

从图 7-10 可以了解,2013—2016 年,全国收费公路主线收费站总数略有减少,由 2013 年的 1728 个减少至 2016 年的 1575 个。对于各技术等级收费公路,高速公路主线收费站数量有小幅提高,由 2013 年的 736 个增长至 2016 年的 743 个;一级公路主线收费站个数略有下降,由 2013 年的 452 个下降至 2016 年的 414 个;二级公路主线收费站个数因政策引导,下降较为明显,由 2013 年的 451 个下降至 2016 年的 320 个;独立桥梁隧道主线收费站个数略有增长,由 2013 年的 89 个增长至 2016 年的 98 个。

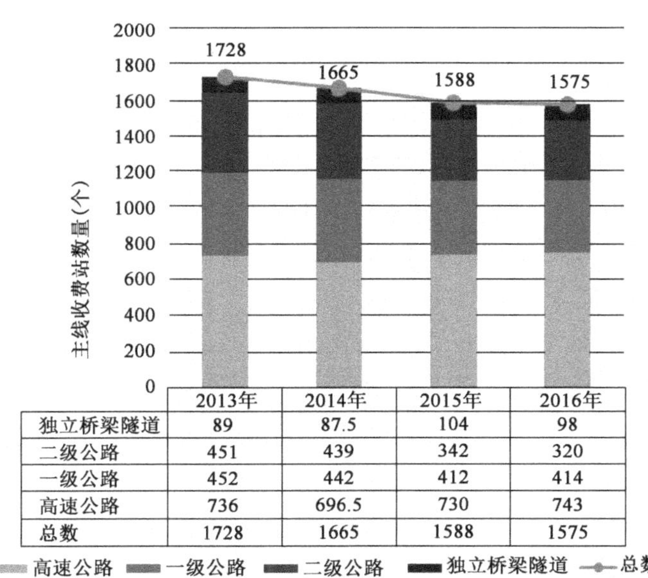

	2013年	2014年	2015年	2016年
独立桥梁隧道	89	87.5	104	98
二级公路	451	439	342	320
一级公路	452	442	412	414
高速公路	736	696.5	730	743
总数	1728	1665	1588	1575

图 7-10　主线收费站数量统计(2013—2016 年)

(3)建设投资情况

从图 7-11 可以了解,收费公路资金来源由资本金投入和债务性资金投入两个部分构成,其中资本金投入可分为财政性投入和非财政性投入,债务性投入可分为银行贷款和其他债务。2013—2016 年,收费公路累计投资总额逐年上升,由 2013 年的 16876 亿元上升至 2016 年的 75857.5 亿元,各部分投资来源均有增加,其中上升最明显的为银行贷款,由 2013 年累计借贷银行资金 35160 亿元上升至 2016 年累计 48147.9 亿元。

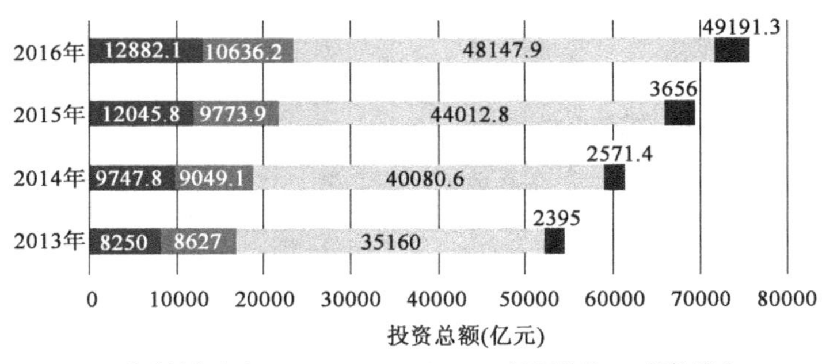

图 7-11　累计建设投资总额统计(2013—2016 年)

从图 7-12 可以了解到,在收费公路累计资金构成方面,银行贷款占到累计资金总额的比重最大,约为 65%;其次是财政性资本金和非财政性资本金,合计约占到投资总额的 30%;最后是其他债务,约占到投资总额的 5%。2013 年累计银行贷款占累计建设投资总额的 65%,2016 年累计银行贷款占累计投资建设总额的 63%,下降两个百分点;非财政性资本金由 2013 年的 16% 下降到 2016 年的 14%,下降两个百分点。相应的,财政性资本金和其他债务占比均有上升,分别从 2013 年的 15% 和 4% 上升至 2016 年的 17% 和 6%,均增长两个百分点。

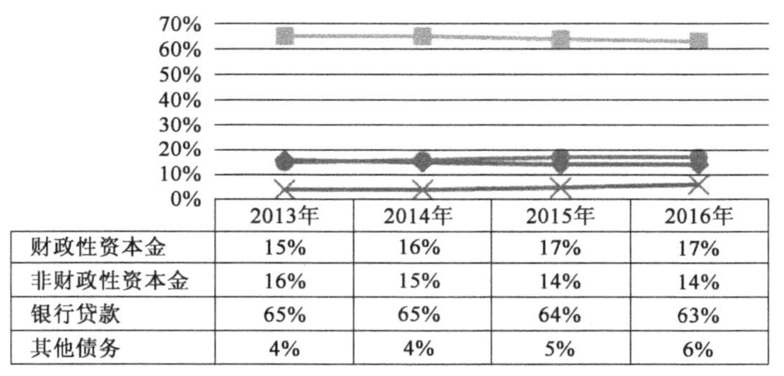

	2013年	2014年	2015年	2016年
财政性资本金	15%	16%	17%	17%
非财政性资本金	16%	15%	14%	14%
银行贷款	65%	65%	64%	63%
其他债务	4%	4%	5%	6%

图 7-12　收费公路累计资金构成统计

(4)债务余额情况

从图 7-13 反映出,2013—2016 年,公路累计债务余额逐年上升,由 2013 年的 34308 亿元上升至 2016 年的 48554.7 亿元。其中高速公路累计债务余额上升最为明显,从 2013 年的 31286 亿元上升至 2016 年的 45635 亿元,净增加 14349 亿元。截至

2016 年底,公路累计债务余额中,高速公路 45635.0 亿元,一级公路 1673.8 亿元,二级公路 468.9 亿元,独立桥隧 777.0 亿元,分别占全国收费公路债务余额的 94.0%、3.4%、1.0% 和 1.6%。

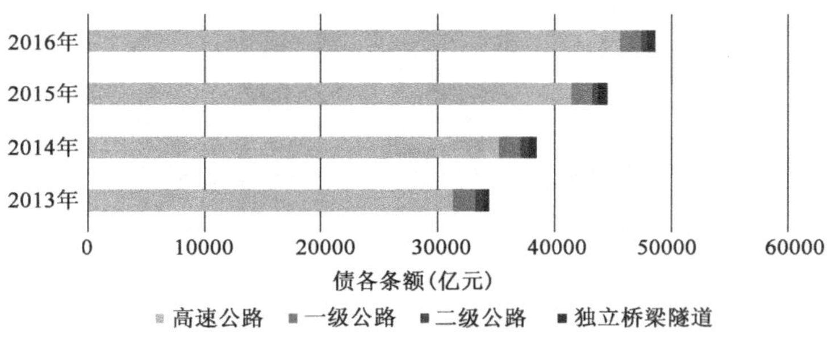

图 7-13 收费公路债务余额统计(2013—2016 年)

(5)收费公路收支出情况

①支出构成

2013 年度,全国收费公路支出总额为 4313 亿元。其中,偿还本金 1707 亿元,偿还利息支出 1440 亿元,养护经费支出 390 亿元,运营管理支出 457 亿元,税费支出 214 亿元,其他费用支出 104 亿元,分别占收费公路支出总额的 39.6%、33.4%、9.0%、10.6%、5.0% 和 2.4%。2016 年度,全国收费公路支出总额为 8691.7 亿元。其中,偿还本金支出 4750.5 亿元,偿还利息支出 2313.3 亿元,养护支出 476.3 亿元,公路及附属设施改扩建工程支出 228.7 亿元,运营管理支出 596.8 亿元,税费支出 308.9 亿元,其他支出 17.3 亿元,分别占收费公路支出总额的 54.7%、26.6%、5.5%、2.6%、6.9%、3.6% 和 0.2%。偿还本金和利息占我国收费公路总支出较大比重,且其比例在不断增大。图 7-14、图 7-15 反映了支出构成结构比例。

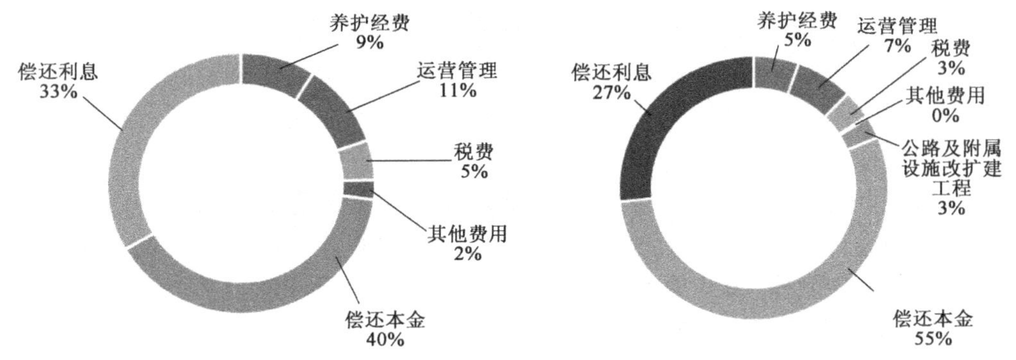

图 7-14 2013 年收费公路支出构成

图 7-15 2016 年收费公路支出构成

②收入—支出

从图 7-16 可以了解,2013 年度,全国收费公路收支平衡结果为 -661 亿元,即整体亏损 661 亿元。2013—2014 年新增资金缺口 910.1 亿元,2014—2015 年新增资金缺口 1616.2 亿元,2015—2016 年新增资金缺口 955.9 亿元,截至 2016 年末,总资金缺口达到 4143.2 亿元。

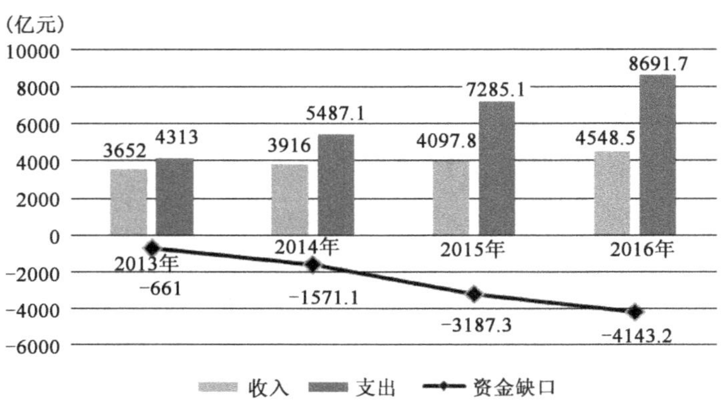

图 7-16　收费公路收支对比(2013—2016 年)

7.4　BIM 技术在公路工程造价数据管理的应用

7.4.1　BIM 技术及在我国的应用现状

(1)BIM 技术简介

BIM(Building Information Modeling)在国内普遍译为建筑信息模型,作为一种全新的理念和技术,受到建筑行业和相关学者的追捧。BIM 技术的发展旨在提高建筑业的建设效率和生产效益,最初于 20 世纪 70 年代由美国佐治亚技术学院建筑与计算机专业的查克・伊斯曼(Chuck Eastman)博士提出。随着微软公司 Windows 系统的开发、应用及普及,BIM 在建筑业中的实践应用逐渐深入。

美国国家 BIM 标准(NBIMS)在第 2 章中给出了 BIM 的意义:BIM 通过使用和共享建筑生命周期数据的方式直接或间接影响建筑行业所有的利益相关者。除此之外,NBIMS 指出了 BIM 的三个方面内涵,首先 BIM 是一种产品;其次是基于 IT 的可传输开放标准,BIM 允许多用户协同工作;第三,BIM 应满足建筑设施全寿命管理的需求。我国业界人士对 BIM 给出的定义是:BIM 是一种应用于工程设计建造管理的数据化工具,通过参数模型整合各种项目的相关信息,在项目策划、运行和维护的全生命周期过程中进行共享和传递,使工程技术人员对各种建筑信息做出正确理解和高效应对,为设计团队以及包括建筑运营单位在内的各方建设主体提供协同工作的基础,在提高生产效率、节约成本和缩短工期方面发挥重要作用。

(2)BIM 技术在我国的应用现状

BIM 技术从 2002 年引入我国,国内的 BIM 技术相关研究正式开始。国家住房和城乡建设部在《十二五建筑业信息化发展纲要》中提出,“十二五”期间将基本实现建筑企业信息系统的普及应用,加快建筑信息模型(BIM)、基于网络的协同工作等新技术在工程中的应用。

BIM 技术在我国发展的难点集中于标准的制定和软件本土化两个方面。在 BIM 标准建立方面,目前我国引进了 IFC(Industry Foundation Classes,工业基础类)标准的平台部分,并结合我国规范体系进行了一定程度的本土化,对 IFC 标准探讨和研究已取得初步成果，但结合我国建筑工程实际对标准进行拓展的工作相对缺乏。在 BIM 软件方面，目前国外主流的 BIM 核心建模软件包括核心建模软件 Autodesk Revit 系列、Benefly Building 系列及原 Gmphsoft（2007 年被 Nemetschek 收购）的 ArcMCAD 等，除此之外 BIM 软件还包括 BIM 设计软件、BIM 结构分析软件、BIM 可视化软件、BIM 模型综合碰撞检查软件、BIM 造价管理软件、BIM 运营软件。国外的 BIM 软件逐步进入我国市场，但目前尚不能很好地满足我国技术标准和规范的要求，因此存在 BIM 软件需要本土化等问题。就目前情况而言，建筑行业 BIM 的使用还是以设计阶段的可视化设计、设计效果的表现为主，或以施工阶段的碰撞检查、模拟施工为主，且以单阶段使用为主（占 75%），全过程应用的案例目前还只停留在计划阶段。

（3）BIM 技术在国内基础设施建设项目中的应用

BIM 技术作为建筑行业数字化、智能化发展的新趋势，美国多个州的运输局都已经将 BIM 应用于交通基础设施解决方案。BIM 技术在我国公路工程等交通基础设施建设中的应用尚处于初步发展阶段。下面以 BIM 技术在公路工程基础设施运用中的三个实例进行介绍。

①BIM 技术在虎门二桥项目施工管理中的应用

虎门二桥工程路线起于广州市南沙区东涌镇，期间跨越珠江大沙水道、坭洲水道，终点与广深沿江高速公路相接，路线全长 12.89km，全线采用桥梁方式建设，设置跨江特大桥两座。其中大沙水道桥为主跨 1200m 悬索桥，坭洲水道桥主跨 1688m，位居钢箱梁悬索桥世界第一。虎门二桥项目 BIM 技术的应用在三维建模方面，有别于很多项目的工程量计算软件、碰撞检查软件、施工方案模拟软件等 BIM 技术的单点应用。虎门二桥项目开发出工程建设项目进度管理、质量安全隐患排查等八项具有项目特色的功能模块，通过功能模块的建立，将项目原有的办公自动化系统（OA）、项目管理系统（HCS）等十几个系统管理软件进行集成，将各个分离的子系统连接成为一个完整、可靠、经济和有效的整体，并使之能彼此协调工作，发挥整体效益。

虎门二桥项目以 BIM 技术为核心，以移动互联网等先进信息技术为手段，有效控制工程建设过程中信息的采集、加工、存储和交流，构建信息的创造、传递、评估和利用的良性循环机制，实现 BIM 技术包括设计、施工和管养方面的全寿命的应用。在设计方面，虎门二桥通过建立 BIM 模型，完成了钢筋构造碰撞检查、预制梁构造复核、桥塔横梁预应力筋锚头与钢筋碰撞检查、关键施工工艺仿真模拟等工作。在施工方面，搭建多维施工管理系统，完善和集成多个数字化施工模块；实现不同阶段信息的关联查询，追溯管理；虚拟施工，实现了施工组织方案的优化。在管养方面，建立包括结构设计、施工、运营和养护维修等内容的全生命周期 BIM 管养系统，通过 BIM 技术将施工监控、健康监测、荷载试验、桥梁检测等这些分阶段的数据串联起来，实现基于构件的全寿命周期管理。

②BIM 技术在塞拉利昂公路工程建设中的应用

塞拉利昂公路项目位于塞拉利昂首都 Freetown 市东南部，需要建设一座从 Wellington 镇开始，经过 Waterloo 镇后，在 Songo 镇与新机场道路连接，长度为 165m 的大桥及相应的辅助设施。在 BIM 技术应用方面，主要完成公路及桥梁项目的可视化展示及在设计阶段进行 BIM 建模、检查,工程量清算,建立施工图模板,施工图出图以及施工进程模拟等应用。

在设计方面,通过三维 BIM 模型,可进行设计校核、碰撞检查,设置好标准化模板,可直接生成二维施工图纸。在施工方面,通过 BIM 技术可以对整个工程的施工过程进行模拟,分析各个专业施工进度的合理性以及配合的协调性,以便于对施工计划进行调整。在造价管理方面,BIM 模型作为参数化模型,建模时各类构件的尺寸、型号、材料等参数已被定义,数据库中的数据随设计中的修改不断更新,因此 BIM 模型直接导出的工程量数据可应用到工程预算的编制中,为造价控制提供了自动、准确的数据源,省去了人工读图算量的工作,同时准确性和效率也大幅提高。

③BIM 技术在邢汾高速公路工程建设中的应用

邢汾高速公路连接河北邢台与山西汾阳,是国家主干线 G25 长深高速公路的 7 条联络线之一 G2516 东吕高速公路的重要组成部分。为提高建设管理水平和效率,邢汾高速公路项目将 BIM 技术与 4D-CAD 技术结合运用于规划建设过程中,开发"基于 BIM 的邢汾高速公路 4D 建设管理系统"。通过建立邢汾高速公路整体线路、工程标段和重点桥隧路段不同细度的 BIM 施工模型,实现了基于 BIM 的宏观、中观与精细化管理相结合的多层次 4D 施工管理和可视化模拟。

7.4.2 BIM 技术在公路工程造价管理中的应用探索

公路工程造价计算的核心是围绕工程量和价格两个部分展开的,将 BIM 技术成果应用于工程量的计算和确定,是未来设计、建设、施工各方所期盼的。相对房屋建筑工程而言,公路工程点多线长,其各分部分项工程的工程量计算规则标准化程度不高,工程量计算软件市场化程度不高,建设各阶段的各类参与者对工程量计算更新不同步等,基于 BIM 技术的公路工程造价管理平台有望有效解决上述问题。BIM 技术最大的优势是建模完成后能自动输出工程量数据,通过平台各方参与者能共享实时数据,及时了解工程进度、工程变更等情况,减少长久以来存在的设计工程量与实际施工工程量不一致、工程结算工程量与合同工程量差异大、竣工图工程量难以准确确定等问题。

(1)BIM 技术在公路工程造价管理方面的优、劣势分析

①优势分析

一是参数化。BIM 技术在建立由单个构件或物体等基本元素构成的模型时将构件或物体的特性、几何信息、成本信息、施工要求等内容均转化为参数输入,因此,一旦模型搭建完成,造价测算所需要的数据只需设定提取规则就可实现自动提取,免去了造价编制人员通过读取二维施工图纸,手工提取工程量的繁杂工作。二是精准化。精准的设计是造价控制的基本保障,公路工程受地形、地质的多变影响常会发生设计变更,BIM 技术通过提前搭建模型,可运用钢筋构造碰撞检查、关键施工工艺仿真模拟等技术辅助设计精准化,减少后期实施过程中的工程变更,在设计阶段较为准确地反映工程量项目等信息,降低资金管控风险。三是平台化。包括设计方、施工方等在内的每个工程建设主体更改模型信息后,利用 BIM 的平台化优势,各工程参与主体都

能实现最新数据的共享,在项目全生命周期内协作完成工程建设,提高工作和决策的效率,减少冗余工作和工程纠纷。

②劣势分析

公路工程是布置于地球表面的带状构造物,公路工程建立 BIM 模型必须基于公路工程所跨越的不同地貌、地形、地质条件,建立其繁长的数字地面模型(DTM)。不同于建筑工程,公路工程所处地貌不规则性强、跳跃性大、断裂性多、里程长、对高程差值计算要求高,这导致公路工程 BIM 模型对精确合理性、构网速度、模型内插速度及精度有更高的要求,运算量更大。常用数字地面模型构建主要包括:基于不规则三角形的建模、基于规则格网的建模两种,这两种在公路工程构建数字地面模型中均存在一定缺陷。基于格网建模的缺点为不能完全准确地表示地形结构和细节,陡峭斜坡、大断裂线地区覆盖能力差;基于不规则三角形建模的缺点为数据量大,数据结构复杂,在大范围、小比例的公路工程数字地面建模中难度大。

(2)BIM 在各阶段工程造价管理环节的应用探索

①BIM 在投资决策阶段的应用

在投资决策阶段,我国公路工程在现阶段均采用交通运输部发布的统一的估算指标标准来编制投资估算,对工程量的测算相对较粗略。投资决策阶段的关键问题是如何较为合理、准确地确定估算投资,基于 BIM 参数化的特点,可在模型库中参考以往构造类似模型,结合实际情况,修改参数,在勘测设计深度有限的条件下,可较为准确地确定投资估算。若有多个投资方案,基于 BIM 可模拟的特点,搭建不同模型,综合考察风险性与经济性,选择出最优方案。

②BIM 在设计阶段的应用

在初步设计阶段,设计人员可根据初步设计图纸构建初步 BIM 模型,使用 BIM 模型对设计成果进行检验,减少设计中的碰撞问题,及时发现错误设计,进行模型的逐步优化。在施工图设计阶段,可通过分部式 BIM 模型,将传统 CAD 施工图导入模型,建立设计工程量—工程成本模型,再套取相应清单子目和定额标准子目,软件可自动完成扣减、分类汇总,得出各类价格文件。再将价格文件导入 BIM 模型内,得出最终项目的准确造价,提高施工图预算的编制质量和效率。

③BIM 在工程招投标阶段的应用

BIM 在招投标和合同签订阶段发挥着巨大的作用,可根据 BIM 模型抽取工程量数据,结合最接近市场的价格编制标底或招标控制价,并生成招标文件。其后,将 BIM 模型及工程量清单发放给投标单位,保证招标信息与设计信息的完整性与连续性,投标方通过 BIM 模型在了解工程情况后根据自身情况填报单价,对工程量的准确掌握和对计价标准的合理确定,可减少恶意竞标后期的工程索赔。

④BIM 在公路施工阶段的应用

在施工管理过程中,如何准确计量工程款、确定工程变更费用、处理索赔是造价管理的主要内容,其核心是合理确定和有效控制施工阶段工程造价。BIM 技术在施工阶段的应用体现在四个方面:一是可根据施工时间和工程进度,快速测算出工料机需求量,结合 4D 技术帮助施工管理人员准确地把握施工方案与进度安排,优化施工组织设计;二是发生工程变更时,可直接在BIM模型上修改设计参数,快速得到变更后的造价并通过BIM平台更新所有信息,提高变更管理质量、减少索赔纠纷;三是从BIM模型中可直接获取已完工分部分项工程量及其造价,改善现阶段结算过程中工程款结算的烦琐过程,实现按进度结算的进度款支付;四是根据BIM模型可较为精准地实现施工进度管理,合理安排资金使用计划,确保工程顺利完工。

⑤BTM在竣工阶段的应用

在BIM模型工程量数据基础上,录入材料价格、用量等信息,对竣工工程实体构建BIM数据库,对数据进行统计,可直接获得项目实际施工阶段成本。例如检查混凝土使用量,使用BIM模型内框架出图功能,选中公路工程所需消耗的混凝土选项,快速获取混凝土使用总量,因BIM平台的共享性,建设单位与施工单位可共享最新BIM模型及数据,减少工程结算纠纷,更便于实现多合同段汇总形成整个项目的竣工决算数据。

8 基于造价大数据平台的数据管理、分析与应用

公路工程造价管理是一项精细的融专业技术、经济分析、行政管理为一体的工作,管理效果相当程度上依赖于细节管理是否到位。面对各阶段海量的造价数据,通过互联网进行数据的采集、传递和处理,可以有效提高数据处理效率、确保业务的规范化处理。通过系统平台对数据进行记录、存储、提取、统计、计算、分析,获得有价值的信息,进而通过海量的数据分析,为决策和纠偏提供支持,为全过程一体化造价管理体系的良好运行提供有效的工具手段,为公路工程造价管理提供科学有效的决策依据。研发并推广使用造价综合管理系统,在公路工程造价管理标准化建设的基础上,结合造价文件标准化编审系列工具软件,可大幅度提高造价文件编制、审查效率,保证造价文件、数据的规范性和质量,规范审核审查业务流程,更为重要的是通过造价综合管理系统完成了对计价依据、从业人员信息、各项目造价数据的采集和实时更新,建立了造价项目、计价依据、资格管理、技术标准等多组数据库,造价综合管理系统中的综合查询分析子模块通过对数据库中各类数据进行调取,可实现对公路工程各类造价信息的查询、统计、分析对比、造价指标采集等数据分析功能,随着数据量的不断增大和计算机技术的进步,结合工程经济学、统计学等知识,进一步挖掘造价数据中的有效信息用之于工程实践。本章将从工程造价数据分析、从业人员数据分析、计价依据数据分析三个角度,初探应该从何种角度对造价数据库中的数据进行挖掘和利用。

8.1 工程造价数据分析

造价综合管理系统中,通过造价编审子系统集成了大量不同阶段、不同合同段的造价数据,对数据进行不同层级的分析,可为交通运输行政管理部门、造价专业管理机构、建设单位、施工企业等不同利益相关者提供数据信息和管理思路。对造价数据进行分析与使用时,首先应归纳建立数据特征指标,接着根据特定分析需求结合数据特征指标将造价数据进行分类,按类别从数据库中提取,进行数据统计、分析、比较,并将最终结果以可视化的图表形式展示出来。

8.1.1 造价数据的基本信息

不同公路工程项目因工程所在地区、地形类别、技术等级、设计速度等因素不同,工程造价存在较大差异,因此,为便于评估公路工程建设项目造价合理性,编制工程概算定额、预算定额、估算指标,快速反映工程项目造价特征需要,应建立包含项目基

本信息在内的公路工程项目主要技术经济指标体系。

(1)项目基本信息

项目基本信息应包含工程所在地、地形类别、新建/改(扩)建、技术等级、设计速度、路面类型及结构层厚度(水泥/沥青)、路基宽度、路线长度、桥梁长度、隧道长度、桥隧占比、互通式立交数、支线、联络线长度、辅道、连接线长度等能反应项目基本特征的有效信息。表8-1列出了公路工程项目与造价关联度较大的主要基本特征值。

公路工程项目主要特征值信息统计表 表8-1

指标编码	指标名称	单位	信息或工程量	备注
z-o	项目基本信息	公路公里		
z-001	工程所在地			地级市行政地名
z-002	地形类别			
z-003	新建/改(扩)建			
z-004	公路技术等级	级		
z-005	设计速度	km/h		
z-006	路面类型及结构层厚度(水泥/沥青)	cm		
z-007	路基宽度	m		路基标准横断面宽度
z-008	路线长度	公路公里		
z-009	桥梁长度	km		
z-010	隧道长度	km		
z-011	桥隧比例	%		路线长度中的桥梁隧道长度占路线总长度的比例
z-012	互通式立交数	km/处		
z-013	支线、联络线长度	km		
z-014	辅道、连接线长度	km		

(2)项目造价信息

公路工程建设项目造价一般包括建筑安装工程费、土地使用及拆迁补偿费、工程建设其他费用、预备费、建设期贷款利息等费用,各类费用中按公路工程分部分项组成再行细分,将对造价总额影响较大的费用按单位工程量指标进行细化,可以了解项目造价主要信息。表8-2提供了公路工程项目需要采集的主要技术经济指标信息。

公路工程项目主要技术经济指标统计表 表8-2

指标编码	指标名称	单位	工程量	费用(万元)	技术经济指标	造价占比(%)
z-1	建筑安装工程费	公路公里				
z-101	临时工程	公路公里				
z-102	路基工程	km				
z-10201	路基挖方	$1000m^3$				
z-10202	路基填方	$1000m^3$				

续上表

指标编码	指 标 名 称	单位	工程量	费用（万元）	技术经济指标	造价占比（%）
z-10203	排水圬工	$1000m^3$				
z-10204	防护圬工	$1000m^3$				
z-10205	特殊路基处理	km				
z-103	路面工程	km				
z-10301	沥青混凝土路面	$1000m^2$				
z-10302	水泥混凝土路面	$1000m^2$				
z-104	桥梁涵洞工程	km				
z-10401	涵洞工程	m/座				
z-10402	中小桥工程	m/座				
z-10403	大桥工程	m/座				
z-10404	特大桥工程	m/座				
z-105	隧道工程	km/座				
z-10501	小间距隧道	km/座				
z-10502	分离式隧道	km/座				
z-10503	连拱隧道	km/座				
z-10504	其他隧道	km/座				
z-106	交叉工程	处				
z-10601	通道	m/处				
z-10602	分离式立体交叉	m/处				
z-10603	互通式立体交叉	km/处				
z-107	交通工程	公路公里				
z-10701	交通安全设施	公路公里				
z-10702	机电设备及安装工程	公路公里				
z-10703	管理养护服务房屋工程	m^2				
z-108	绿化及环境保护工程	公路公里				
z-109	其他工程	公路公里				
z-10901	联络线、支线工程	km/处				
z-10902	连接线工程	km/处				
z-10903	辅道工程	km/处				
z-110	其他专项费用	公路公里				
z-2	土地使用及拆迁补偿费	公路公里				
z-201	永久征用土地	亩				
z-202	临时用地	亩				
z-203	拆迁补偿费	公路公里				
z-3	工程建设其他费用	公路公里				
z-301	建设单位管理费	公路公里				

续上表

指标编码	指 标 名 称	单位	工程量	费用（万元）	技术经济指标	造价占比（%）
z-302	工程勘察设计费	公路公里				
z-303	工程监理费	公路公里				
z-4	预备费	公路公里				
z-5	建设期贷款利息	公路公里				
z-6	造价总金额	公路公里				

（3）工程主要材料消耗信息

工程材料用量和价格是影响公路工程总造价的主要因素，材料价格受地区、时间影响差异较大，因此，应对钢材、水泥、沥青、砂、石料等主要道路用材的用量和价格进行统计，以获取主要信息，如表 8-3 所示。

公路工程项目主要材料消耗信息统计表 表 8-3

指标编码	指 标 名 称	单 位	数量	单价	备注
z-7	项目主要人工、材料消耗				
z-701	人工	工日			
z-702	钢材	t			
z-703	水泥	t			
z-704	沥青	t			
z-705	砂	m^3			
z-706	石料	m^3			

8.1.2 单一项目造价数据分析与应用

单一项目造价数据分析与应用指的是对单一项目的数据库中的数据进行抽取、分析和应用，通过调取造价综合管理系统中造价编审子系统和造价综合查询子系统中的数据，以工程量和技术经济指标为基础，以经标准化处理后概算、预算项目节为骨架，对同一项目的不同阶段或者合同段的工程量或费用进行对比，反映出同一项目造价的总体和分项差异情况，并通过指标分类或者图表的形式展现出来。

纵向对比分析是指对于同一项目的可行性研究阶段的估算、初步设计阶段的概算、施工图设计阶段的预算、招投标阶段的清单预算和合同价、施工阶段的造价管理台账和竣工阶段竣工决算，进行以概算、预算项目节为骨架的造价比对，这对于了解概算执行情况、工程变更数额和变更明细、造价精细化管理和造价规范化管理都有积极的作用。考虑到主线路线全长、车道数、路基长度、支线里程、桥梁（m/座）、隧道（m/座）、桥隧比[桥隧比是指公路建设中，桥梁和隧道占总路线里程的比例，桥隧比 =（桥梁长度 + 隧道长度）/路线总长度]、交叉工程（处）、连接线（m/处）、管理服务设施、全线用地面积（亩）、公路等级、设计速度、路基宽度、设计荷载、地形情况、地震动峰加速度系数、路面结构类型、设计洪水频率、隧道净宽指标的变化对总体造价会产生较大影响，在纵向对比分析时首先对这些指标进行对比，再以概算、预算项目节为骨架进行分部分项工程的造价对比，结合系统功能具体方法如下。

进入【综合查询分析＞＞项目信息分析＞＞纵向对比】模块，打开项目信息“纵向对比”界面，如图 8-1 所示。

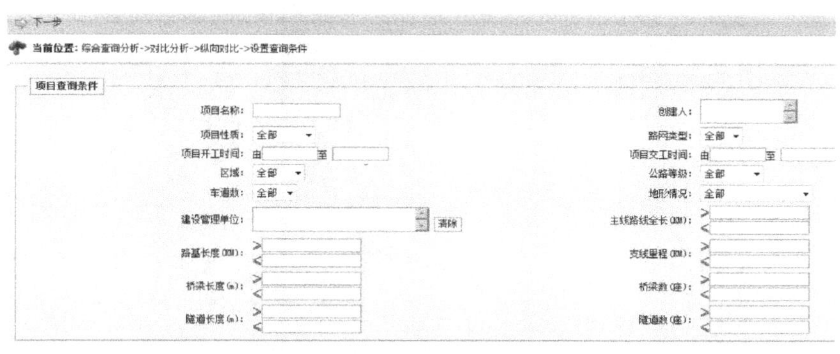

图 8-1　纵向对比页面示例

选择项目筛选条件，如图 8-2 所示，单击下一步。

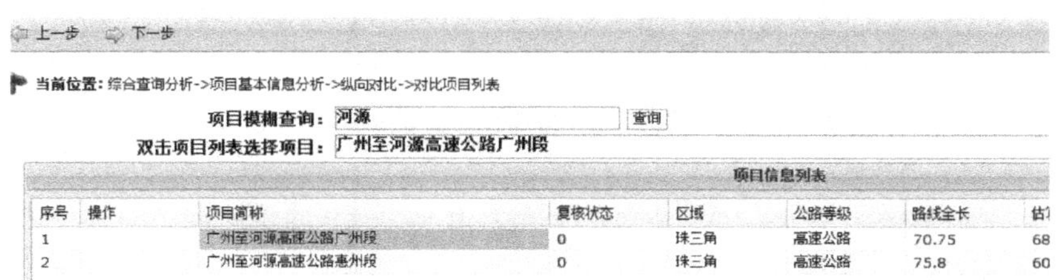

图 8-2　纵向对比——项目筛选条件选择示例

在“项目列表”栏双击选择要分析的“项目名称”，可以用项目名称关键字模糊查询，如图 8-3 所示，单击下一步。

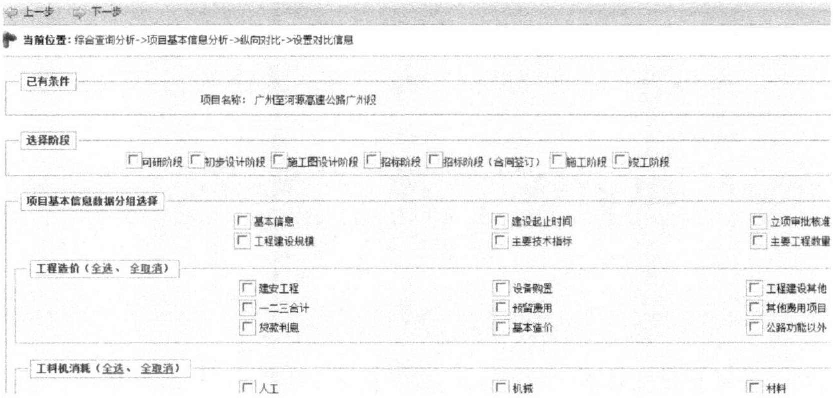

图 8-3　纵向对比——设置对比信息示例

选择要对比的阶段（多选），选择要对比的项目信息项，如图 8-4 所示，单击下一步。

进入【综合查询分析＞＞造价数据统计分析＞＞纵向对比】模块，打开造价数据“纵向对比”界面，如图 8-5 所示。

导出　返回

当前位置：综合查询分析->项目基本信息分析->纵向对比->对比结果

项目名称：　广州至河源高速公路广州段

	A	B	C
1		初步设计阶段	施工图设计阶段
2	主线路线全长（km）	70.84	70.75
3	车道数	6	6
4	路基长度（km）	0.0	0.0
5	支线里程（km）	0.0	0.0
6	桥梁（m/座）	23621.81/86	0.0/0
7	隧道（m/座）	2420.0/3	0.0/0
8	桥隧比	36.76	
9	交叉工程（处）	0	
10	连接线（m/处）	0/	/
11	管理服务设施（m2/处）	23307/12	/
12	全线用地面积（亩）	0	
13	公路等级	高速公路	高速公路
14	设计速度（km/h）	100/120	100km/h
15	路基宽度（m）	34.500	34.500
16	设计荷载	1.0	0.0
17	地形情况	平原微丘	平原微丘
18	地震动峰值加速度系数（g）	0.050	
19	路面面层类型	b	b
20	设计洪水频率	1/300,1/100	
21	隧道净宽（m）	29.000	0.000

图 8-4　项目基本信息纵向对比结果示例

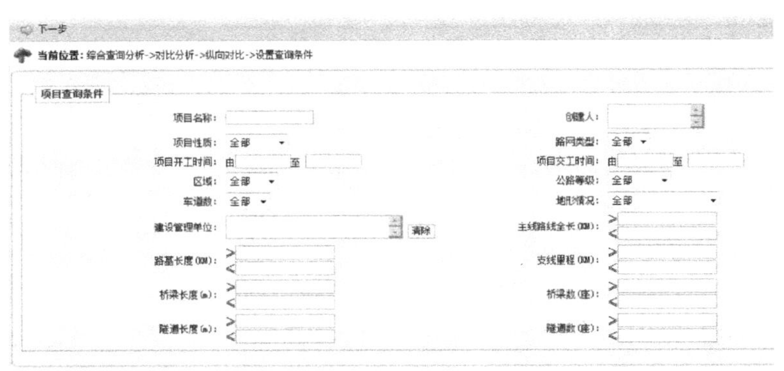

图 8-5　纵向对比——设置查询条件示例

选择项目筛选条件，如图 8-6 所示，单击下一步。

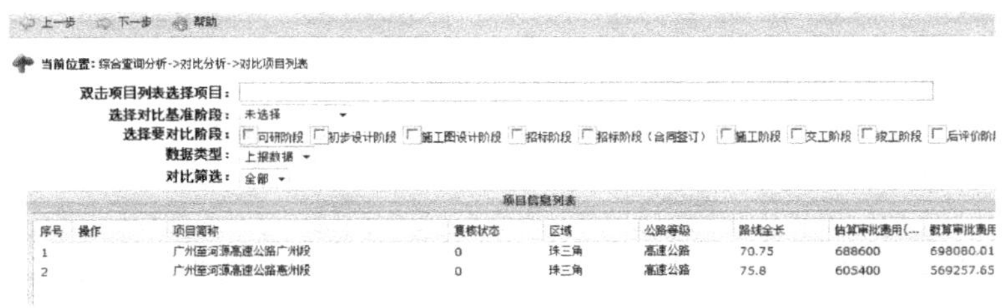

序号	操作	项目简称	审核状态	区域	公路等级	路线全长	估算审批费用(...	概算审批费用
1		广州至河源高速公路广州段	0	珠三角	高速公路	70.75	688600	698080.01
2		广州至河源高速公路惠州段	0	珠三角	高速公路	75.8	605400	569257.65

图 8-6　纵向对比——项目列表示例

在项目上列表双击要做纵向分析的项目名称，选择对比基准阶段、对比阶段、数据类型，如果仅对比分析桥梁、隧道、涵洞等分部分项工程造价数据，在“对比筛选”下拉框中选择相应项，单击下一步，显示对比结果，如图 8-7 所示。

也可按照造价指标体系对造价进行分析，进入【综合查询分析＞＞造价指标统计分析＞＞纵向对比】模块，打开造价指标“纵向对比”界面，具体操作与造价数据统计分析中纵向对比基本相同，造价综合指标的纵向对比分析结果如图 8-8 所示。

保存　返回

	A	B	C	D	E	F	G	H	I	J	K	L	M
1					广州至河源高速公路广州段 造价数据（项目清单）纵向对比								
2	项	目	节	细目	工程或费用名称	单位	初步设计阶段			施工图设计阶段			
3							工程量	概算金额	经济指标	工程量	预算金额	经济指标	金额对比
4					第一部分 建筑安装工程费	公路公里	202.327	10119308703.19	50,014,623.37	24.896	1321249277.00	53,070,746.38	[illegible]
5	一				临时工程	公路公里	202.327	98458607.43	486,631.08	24.896	29435611.00	1,182,338.87	[illegible]
6		1			临时道路	km	227.790	32019602.43	140,566.32	20.064	6286032.00	313,299.04	[illegible]
7			1		临时便道的修建与维护	km							
8			2		原有道路的维护与恢复	km							
9		2			临时便桥	m/座	4,483.000/6.000	24299142.24	4,049,857.04	170,000.000/3.000	3968122.00	23,3471,322,707.33	[illegible]
10		3			临时轨道铺设	km	47.006	1261975.26	26,847.11	2.900	224592.00	77,445.52	[illegible]
11		4			临时电力线路	km	185.915	10086447.57	54,253.01	9.000	4072671.00	452,519.00	[illegible]
12		5			临时电讯线路	km	139.015	464447.57	3,340.99	0.000	89865.00		[illegible]
13		6			临时码头	座							
14		7			拌和设施安拆及其他临时工程	处/m2	40.000	30326992.36	758,174.81	1.000/1,200.000	14794239.00	9.00/12,328.53	[illegible]
15			1		路面稳定土拌和设施安拆及场地处理	座/m2							
16			2		沥青混合料拌和设施安拆及场地处理	座/m2							
17			3		水泥混凝土拌和设施安拆及场地处理	座/m2							

第1页

图 8-7　纵向对比分析——项目清单示例

页面查找：　查找　参考阶段：初步设计阶段　指标性质：全部

广州至河源高速公路广州段综合指标纵向对比分析

指标编号	项目或费用名称	单位	计算公式	初步设计阶段（参考指标）计算式	指标值	施工图设计阶段 计算式	指标值
z	第一部分 建筑安装工程费用						
z-1	建安工程路线总长度造价指标	元/公路公里	本项合价/路线总长…	(32019602.43/227.79)	140566.32	(6286032.00/20.06)	313299.04
z-2	建安工程建筑总面积造价指标	元/m2	本项合价/建筑总面…				
z-3	建安工程造价占比	%	建安费/公路基本造价			(1321249277.00/14…	0.93

图 8-8　纵向对比分析——综合指标示例

8.1.3　多项目造价数据分析与应用

多项目造价数据分析与应用是指对多个可比性项目从多个角度进行横向的对比分析、应用，包括技术经济指标对比、工程量、造价金额。具体流程如下：

进入【综合查询分析＞＞造价数据统计分析＞＞横向对比】模块。打开造价数据"横向对比"界面，可以选择项目清单汇总对比，或者工程量清单汇总对比，选择项目筛选条件，如图 8-9 所示。

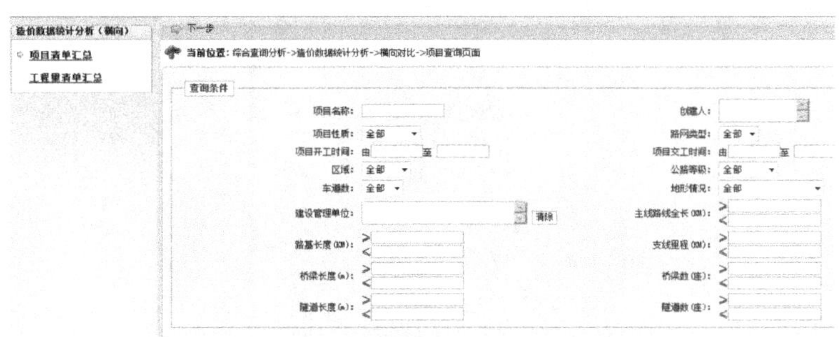

图 8-9　横向对比——项目查询界面示例

在项目列表上双击项目名称，可多个项目进行比选，可以根据项目名称的关键字模糊查找。在"参与对比项目"栏中双击某个项目，指定其为基准对比项目，选择对比的阶段、数据类型，如果只对比桥梁、隧道、涵洞等分部分项工程，可在"对比筛选"下拉框选择相应项，如图 8-10 所示。

单击"下一步"，则可获得所选条件的多项目间造价横向对比结果，如图 8-11 所示。

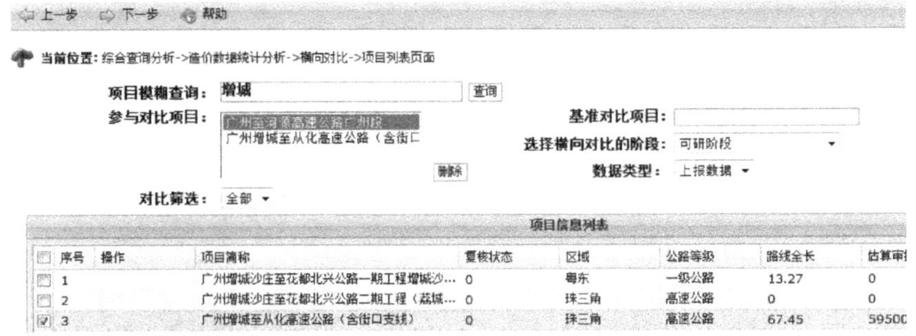

图 8-10　横向对比——项目列表界面示例

保存　返回

初步设计阶段造价数据（项目清单）横向对比

目	节	细目	工程或费用名称	单位	广州至河源高速公路广州段			广州增城至从		
					工程量	概算金额	经济指标	工程量	概算金额	经济
			第一部分　建筑安装工程费	公路公里	202.327	10119308703.19	50,014,623.37	205.576	16619374969.00	80,
			临时工程	公路公里	202.327	98458607.43	486,631.08	205.576	212568419.00	1,
1			临时道路	km	227.790	32019602.43	140,566.32	212.442	62810620.00	
	1		临时便道的修建与维护	km						
	2		原有道路的维护与恢复	km						
2			临时便桥	m/座	4,483.000/6.000	24299142.24	5,420.29/4,049,857.04	5,922.000/66.000	18821269.00	3,178.19/
3			临时轨道铺设	km	47.006	1261975.26	26,847.11	76.420	6621261.00	
4			临时电力线路	km	185.915	10086447.57	54,253.01	255.160	27393139.00	
5			临时电讯线路	km	139.015	464447.57	3,340.99	240.422	1208772.00	
6			临时码头	座				83.000	333600.00	
7			拌和设施安拆及其他临时工程	处/m2	40.000	30326992.36	758,174.81	138.000/1,192,180.000	95379768.00	691,1
	1		路面稳定粒料拌和设施安拆及场地处理	座/m2						
	2		沥青混合料拌和设施安拆及场地处理	座/m2						
	3		水泥混凝土拌和设施安拆及场地处理	座/m2						

图 8-11　横向对比结果示例

若“上一步”选择了对比桥梁（隧道、涵洞），单击“下一步”后选择桥梁（隧道、涵洞），如图 8-12 所示。

重新查询项目　查看对比结果　重新选择

中桥工程（30<L<100m,20≤Lk<40m）-预应力混凝土空心板桥

广州增城至从化高速公路（含街口支线）

预应力混凝土空心板桥(左、右线均为3*13空心板,B=16.75)

高步中桥(16m空心板)

何村中桥(16m空心板)

玉堂里中桥(16m空心板)

广州至河源高速公路广州段

中桥工程（30<L<100m,20≤Lk<40m）-预应力混凝土T形梁桥

广州至河源高速公路广州段

广州增城至从化高速公路（含街口支线）

沿坑中桥（3×30mT梁）

上洋陶中桥（3×20mT梁）

图 8-12　桥梁、涵洞横向对比——条件选择示例

选择桥梁（隧道、涵洞），查看对比结果，如图 8-13 所示，可以掌握广州增城至从化高速公路项目中玉堂里中桥等三座长度接近的桥梁每平方米面积的造价水平的差异。

项	目	节	细目	工程或费用名称	单位	上报数据			
						工程量	概算金额	经济指标	项目名称
	1			中桥工程（30<L<100m,20≤Lk<40m）-预应力混凝土空心板桥					
		1		预应力混凝土空心板桥(左、右线均为3*13空心板,B=16.75)	m2/m	1474.0/44	4156477.00	2,819.86/94,465.39	广州增城至从化高速公路（含街口支线）
		2		王堂里中桥(16m空心板)	m2/m	1782/54	5105587.00	2,865.09/94,547.91	广州增城至从化高速公路（含街口支线）
	2			中桥工程（30<L<100m,20≤Lk<40m）-预应力混凝土T形梁桥					
		1		上洋陶中桥（3×20mT梁）	m2/m	1608.00/66.00	4412700.00	2,744.22/66,859.09	广州增城至从化高速公路（含街口支线）

初步设计阶段 桥梁 横向对比表

图 8-13　横向对比结果示例

8.2　材料价格和定额数据管理与分析

材料价格数据和定额数据是编制各类造价文件所需要的基础性数据，在造价综合管理系统中，通过"计价依据管理子系统"和"价格信息管理子系统"可实现对公路工程定额、公路工程建设项目各阶段造价文件编制办法、材料价格信息、料场产量信息等数据的采集、处理、存储、分析，在此基础上可更好地掌握公路工程计价依据数据的变化规律及趋势，如有必要，采取措施对计价依据数据进一步分析和研究。

8.2.1　材料价格数据管理与分析

在公路工程项目中，材料费用占工程总造价比重大，与其他计价依据相比，材料价格受市场波动和政策影响因素较大，而钢材、沥青、油料、砂石等材料的价格波动直接影响公路工程造价水平，材料价格受国内、国际市场行情的变化和国家政策的调整以及供需情况等多因素的影响，建设单位和施工单位难以预测和把握。因此利用大数据分析材料价格走势、预测材料价格趋势是十分有必要的。

(1)材料价格的查询

进入【综合查询分析＞＞数据查询＞＞材料价格】模块，打开材料价格查询界面，在图 8-14 所示的左侧列表中输入需要查询的时间和地区，系统通过数据库调取历史材料信息价格，用户可获取相应的材料价格数据信息。

序号	年份	月份	材料名称	规格型号	定额代号	信息价
1	2016	9	钢纤维	[illegible]	1-2-06-11-01	3244.59
2	2016	9	钢纤维	[illegible]	1-2-06-11-0...	3368.84
3	2016	9	石油沥青	--	1-2-19-01	3211.5
4	2016	9	型钢	工字钢、角钢	1-2-06-07-01	3131.25
5	2016	9	高线	直径6.5~8mm	1-2-06-01-02	2892.54
6	2016	9	[illegible]	--	1-2-06-07-04	3165.25
7	2016	9	带肋钢筋	直径15~24m...	1-2-06-02-02	2925.33
8	2016	9	焊接钢管	--	1-2-06-09-02	3199.25
9	2016	9	环氧带肋钢筋	带环氧涂层的...	1-2-06-02-05	2961.25
10	2016	9	改性沥青	SBS、SBR、S...	1-2-19-02	3182.0
11	2016	9	钢轨	重轨、轻轨、...	1-2-06-04-01	3017.92
12	2016	9	重油	--	1-2-20-01	3152.5
13	2016	9	钻杆	Φ50mm、Φ7...	1-2-06-05-03	3051.92
14	2016	9	煤	--	1-2-20-04	3123.0
15	2016	9	波纹管钢带	0.25mm×36...	1-2-06-06-01	3085.92

图 8-14　材料价格数据示例

(2)材料价格的统计分析与预测

钢材、燃油、沥青、砂石料价格的波动对公路工程总体造价影响较大,造价综合管理系统的“价格依据管理”子系统中的“材料价格”模块可以根据以往的材料信息价数据,进行材料市场行情分析,系统提供钢材、油价、沥青等多种材料价格的行情分析,图 8-15 为 2016 年某省的钢材市场行情分析数据。

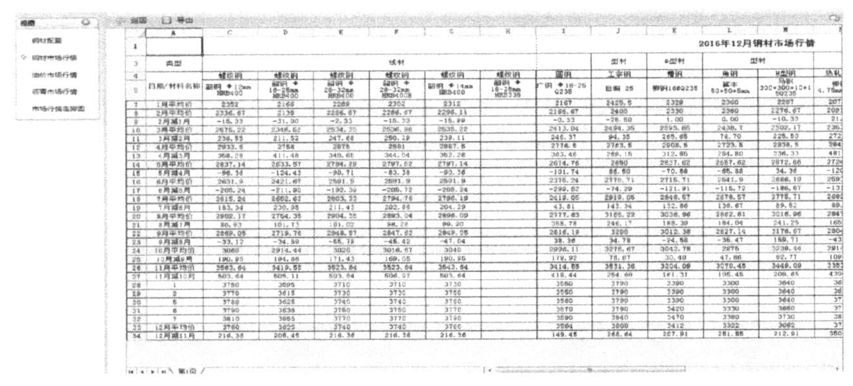

2016年12月钢材市场行情

	A	C	D	E	F	G	H	I	J	K	L	M	N
1													
3	类型	线材							型材	型材	型材		
4		螺纹钢	螺纹钢	螺纹钢	螺纹钢	螺纹钢	螺纹钢	圆钢	工字钢	槽钢	角钢	H型钢	热轧
5	日期/材料名称	韶钢 Φ12mm HRB400	韶钢 Φ16-25mm HRB400	韶钢 Φ28-32mm HRB400	韶钢 Φ28-32mm HRB400E	韶钢 Φ14mm HRB400	韶钢 Φ16-25mm HRB335	广钢 Φ18-25 Q235	日钢 25	柳钢16#Q235	50*50*5mm	马钢 300*300*10*15Q235	4.75mm
7	1月平均价	2352	2166	2289	2302	2312		2167	2425.5	2329	2360	2287	207
8	2月平均价	2336.67	2135	2286.67	2286.67	2296.11		2166.67	2400	2330	2360	2276.67	209
9	2月减1月	-15.33	-31.00	-2.33	-15.33	-15.89		-0.33	-25.50	1.00	0.00	-10.33	21
10	3月平均价	2575.22	2346.52	2534.35	2536.96	2535.22		2413.04	2494.35	2595.65	2438.7	2502.17	236
11	3月减2月	238.55	211.52	247.68	250.29	239.11		246.37	94.35	265.65	78.70	225.50	272
12	4月平均价	2933.5	2758	2875	2881	2887.5		2776.5	2763.5	2908.5	2723.5	2838.5	284
13	4月减3月	358.28	411.48	340.65	344.04	352.28		363.46	269.15	312.85	284.80	336.33	481
14	5月平均价	2837.14	2633.57	2784.29	2797.62	2797.14		2674.76	2850	2837.62	2657.62	2872.86	2724
15	5月减4月	-96.36	-124.43	-90.71	-83.38	-90.36		-101.74	86.50	-70.88	-65.88	34.36	-120
16	6月平均价	2631.9	2421.67	2591.9	2591.9	2591.9		2375.24	2775.71	2715.71	2541.9	2686.19	259
17	6月减5月	-205.24	-211.90	-192.39	-205.72	-205.24		-299.52	-74.29	-121.91	-115.72	-186.67	-13
18	7月平均价	2615.24	2652.62	2803.33	2794.76	2796.19		2419.05	2919.05	2848.57	2678.57	2775.71	268
19	7月减6月	183.34	230.95	211.43	202.86	204.29		43.81	143.34	132.86	136.67	89.52	89
20	8月平均价	2902.17	2754.35	2904.35	2893.04	2896.09		2777.83	3165.22	3036.96	2862.61	3016.96	284
21	8月减7月	86.93	101.73	101.02	98.28	99.90		358.78	246.17	188.39	184.04	241.25	165
22	9月平均价	2869.05	2719.76	2848.57	2847.62	2849.05		2816.19	3200	3012.38	2827.14	3176.67	280
23	9月减8月	-33.12	-34.59	-55.78	-45.42	-47.04		38.36	34.78	-24.58	-35.47	159.71	-43
24	10月平均价	3060	2914.44	3020	3016.67	3040		2996.11	3276.67	3042.78	2875	3239.44	291
25	10月减9月	190.95	194.68	171.43	169.05	190.95		179.92	76.67	30.40	47.86	62.77	109
26	11月平均价	3563.64	3419.55	3523.64	3523.64	3543.64		3414.55	3531.36	3204.09	3070.45	3449.09	335
27	11月减10月	503.64	505.11	503.64	506.97	503.64		418.44	254.69	161.31	195.45	209.65	439
28	1	3750	3595	3710	3710	3730		3550	3790	3390	3300	3640	36
29	2	3770	3615	3730	3730	3750		3550	3790	3390	3300	3640	36
30	5	3780	3625	3740	3740	3760		3560	3790	3390	3300	3640	37
31	6	3790	3635	3750	3750	3770		3570	3790	3420	3330	3660	37
32	7	3810	3655	3770	3770	3790		3590	3840	3470	3380	3730	38
33	12月平均价	3760	3625	3740	3740	3760		3564	3800	3412	3322	3662	37
34	12月减11月	216.36	205.45	216.36	216.36	216.36		149.45	268.64	207.91	251.55	212.91	350

图 8-15　某省 2016 年钢材价格的统计与分析示例

造价综合管理系统中的综合查询分析子系统可以提供对材料价格趋势的分析,通过单击“综合查询分析”“材料价格统计分析”打开材料价格分析界面,如图 8-16 所示,可以进行同比或环比分析、分类价格走势、材料价格走势统计分析等。

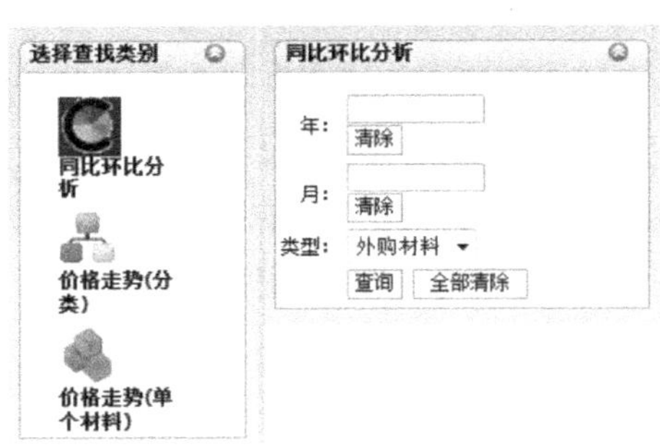

图 8-16　材料价格分析界面

在统计学中经常对数据做同比和环比分析,“环比”,就是报告期例如某月(年)对应上月(年),上月(年)对应前月(年)的逐期之比。以一期为一环,取环环相比的形象比喻。而“同比”是同期之比的意思,一般指本年某月的累计指标与上年相同月份的累计指标之间的对比。我们对材料价格进行同比和环比分析,可得到价格趋势变化。单击“同比环比分析”按钮,输入年、月、类型,单击“查询”,如对 2016 年型钢的价格趋势变动进行同比分析,从图 8-17 可以发现,角钢的价格在 2016 年一直呈现上升趋势,H 型钢的价格在 7 月有呈下降趋势后又上升。

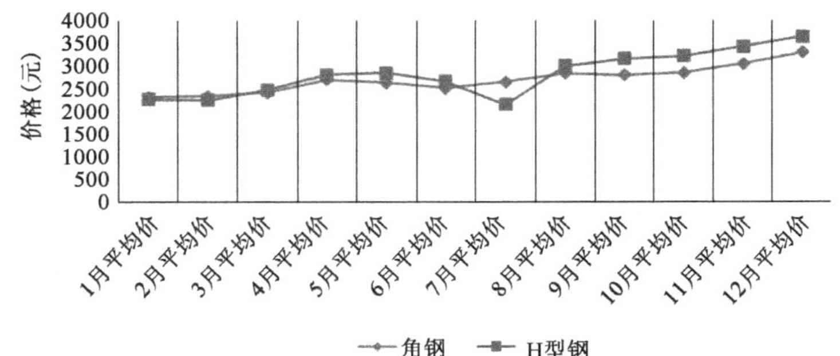

图 8-17　2016 年钢材—型材价格走势分析图

在系统中存储着每种公路建设用主要材料历史年中每月的价格，这些数据构成了主要材料价格的时间序列数据，通过时间序列预测法（Time Series Forecasting Method）可寻找材料价格随时间变化的规律并以此模式去预测未来的某月主要材料价格。时间序列预测法可用于短期预测、中期预测和长期预测。时间序列数据预测的方法众多，包括简单序时平均数法、加权序时平均数法、移动平均法、加权移动平均法、趋势预测法、指数平滑法、季节性趋势预测法、市场寿命周期预测法等。

单击“价格走势（分类）”，输入起始时间、预测时间、类型、预测方法，单击“查询”，展开材料分类树选择需要预测的某个材料类别，图 8-18 为利用系统中数据对某市 2016 年 12 月的钢管价格进行预测，起始时间选择为 2014 年 8 月，方法选择指数平滑法，得到预测值为 3370 元。单击“价格走势（单个材料）”，并展开材料分类树的细目，利用同样的方法得到单个材料价格的预测结果。

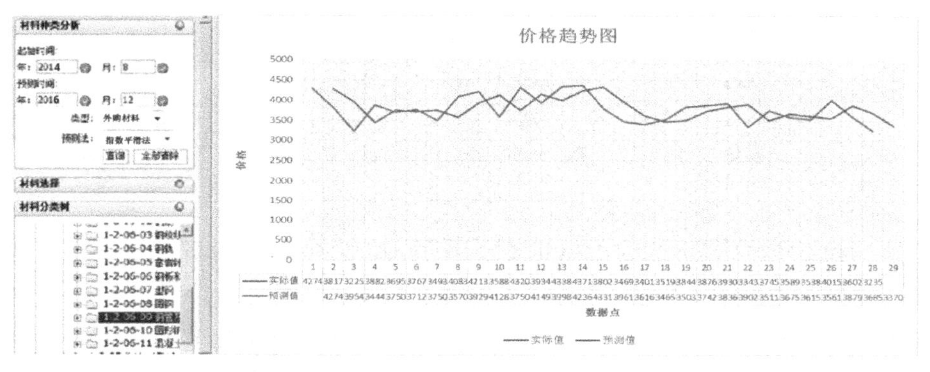

图 8-18　材料价格预测示例

8.2.2　料场数据管理与分析

在公路工程建设过程中，所选择的建筑材料尤其是砂石等地方材料所在的料场位置、规模、料场材料的类型、品质、价格都是影响公路设计和施工成本的重要因素，因此采集料场信息是一项十分重要的工作。在造价综合管理系统中，价格管理子系统下设的“料场管理”模块实现对广东全省已调查料场的基本信息、料场材料信息、储备量、材料价格等数据的采集、分析并基于以上信息提供界面友好的料场电子地图服务。

料场信息数据按照珠三角、粤东、粤西三大区域分类，以地（市）为单位采集每个区域内现存料场的信息，在造价综合管理系统中，进入【价格信息管理＞＞料场管理＞＞料场信息】模块，打开料场信息数据显示界面，如图 8-19 所示。

选择一个料场，单击产品概述列中的查看按钮，则可查询到该料场的类别，材料种类及规格等基本信息，如图 8-20 所示。

料场数据管理包括两个部分，一是根据材料信息员上报的价格数据对料场中的材料进行定价和价格的发布，二是基于 GPS 平台和内置数据库提供料场分布的可视化服务。

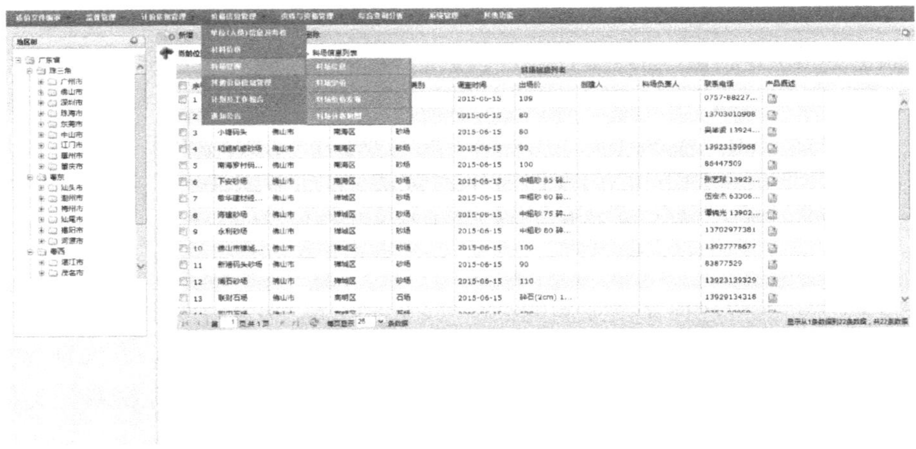

图 8-19　料场管理界面示例

保存　添加材料　删除材料　返回

序号	市名称	县（市、区、镇）	料场类别	料场名称	编码	材料名称	定额代号	规格型号	单
1	江门市	恩平市	砂场	开平祥隆砂场	1-2-21-06	砂砾		堆方	
2	江门市	恩平市	砂场	开平祥隆砂场	1-2-21-07	天然级配		堆方	
3	江门市	恩平市	砂场	开平祥隆砂场	1-2-21-16	片石		码方	
4	江门市	恩平市	砂场	开平祥隆砂场	1-2-21-27	碎石（2cm）		最大粒径2cm堆方	

图 8-20　料场信息界面示例

进入造价综合管理系统的价格信息管理子系统，在料场管理模块下设的料场定价程序，打开“料场定价”界面，可分别查看地市站分析价、省站信息员采集价，之后通过单击左侧列表的料场材料定价按钮，打开料场材料定价列表，系统自动根据地市站上报数据年月生成相应月份的定价表，使用者仅需检查及修改信息员填报的数据、计算公式之后，即可保存提交，如图 8-21 所示。

图 8-21　料场定价信息界面示例

进入【价格信息管理＞＞料场管理＞＞料场价格发布】模块，打开料场定价发布界面，新增一个定价列表，系统自动提取已提交了的料场材料的该月定价数据，如图 8-22所示。

料场所处地理位置信息对于公路工程项目造价影响较大，通过 GPS 平台及料场信息数据的整合，可给使用者提供可视化的料场分布查询服务。

例如，我们单击云浮市区域，系统则会以红色五角星标示出云浮市所有料场所在的位置，单击红色五角星系统可以显示料场的名称、地理位置、规格、运输方式、料场联系电话、开采到期年份、估计储量、日产量、附近道路名称等主要信息，如图 8-23 所示。料场电子地图既有利于造价专业管理机构及时对料场情况进行掌握，又为公路工程项目在前期设计阶段掌握沿线料场分布及价格情况提供信息，便于较准确确定工程投资。

序号	地区	料场名称	材料名称	规格型号	单位	核定料场价	地址	联系电话	备注
1	韶关市	功利（乐发）水泥厂	32.5级水泥	--	t	215.00	乐昌市长来镇	0751-5660777	
2	韶关市	功利（乐发）水泥厂	42.5级水泥	---	t	245.00	乐昌市长来镇	0751-5660777	
3	韶关市	意和（长兴）水泥厂	32.5级水泥	---	t	215.00	乐昌市长来镇	13927830218	
4	韶关市	意和（长兴）水泥厂	42.5级水泥	---	t	245.00	乐昌市长来镇	13927830219	
5	韶关市	长来砂场	砂	路面用堆方	m3	95.00	乐昌市长来镇	0751-5662888	
6	韶关市	长来砂场	中（粗）砂	混凝土、砂浆用堆方	m3	96.00	乐昌市长来镇	0751-5662888	
7	韶关市	长来砂场	砂砾	堆方	m3	40.00	乐昌市长来镇	0751-5662888	
8	韶关市	猪头冲石场	片石	堆方	m3	50.00	乐昌市长来镇	13380736038	
9	韶关市	猪头冲石场	碎石（2cm）	最大粒径2cm堆方	m3	66.00	乐昌市长来镇	13380736038	
10	韶关市	猪头冲石场	碎石（4cm）	最大粒径4cm堆方	m3	65.00	乐昌市长来镇	13380736038	
11	韶关市	猪头冲石场	碎石（6cm）	最大粒径6cm堆方	m3	65.00	乐昌市长来镇	13380736038	
12	韶关市	猪头冲石场	石屑	堆方	m3	40.00	乐昌市长来镇	13380736038	
13	韶关市	猪头冲石场	石粉	堆方	m3	40.00	乐昌市长来镇	13380736038	
14	韶关市	南方（昌山）水泥厂	32.5级水泥	---	t	215.00	乐昌市长来镇	0751-5662590	
16	韶关市	南方（昌山）水泥厂	42.5级水泥	---	t	245.00	乐昌市长来镇	0751-5662590	

图 8-22　料场价格发布界面示例

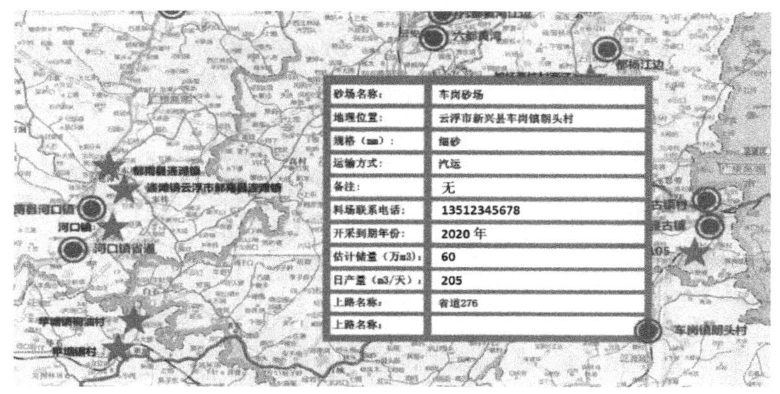

图 8-23　云浮市料场电子地图示例

8.2.3　定额数据管理与分析

造价综合管理系统中的计价依据子系统中存储着公路建设项目造价编制各阶段涉及的各种编制办法和定额标准，定额标准包括部颁行业定额、其他专业定额、各省补充定额及企业施工定额等类别，通过计价依据子系统可完成对定额的管理。如何对现有定额数据加以利用，为新增定额项提供经验是分析功能要解决的事情。

进入【综合查询分析 > > 数据查询 > > 计价依据】模块，可以设置用途、颁布时期、编号、名称等查询条件对定额进行查询，如图 8-24 所示。

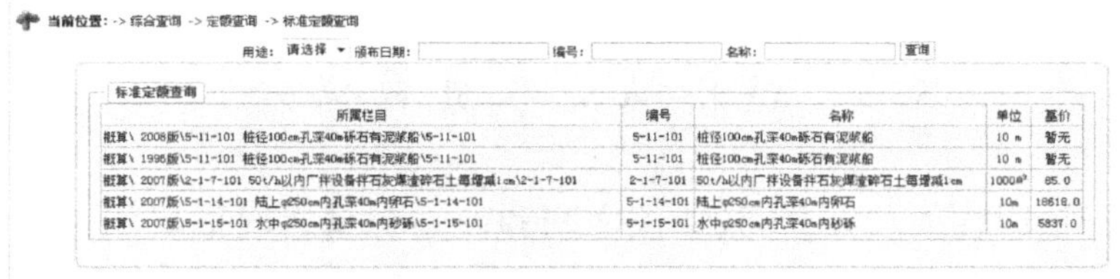
当前位置：-> 综合查询 -> 定额查询 -> 标准定额查询

用途：请选择　颁布日期：　编号：　名称：　查询

标准定额查询

所属栏目	编号	名称	单位	基价
概算\ 2008版\5-11-101 桩径100cm孔深40m砾石有泥浆船\5-11-101	5-11-101	桩径100cm孔深40m砾石有泥浆船	10 m	暂无
概算\ 1996版\5-11-101 桩径100cm孔深40m砾石有泥浆船\5-11-101	5-11-101	桩径100cm孔深40m砾石有泥浆船	10 m	暂无
概算\ 2007版\2-1-7-101 50t/h以内厂拌设备拌石灰煤渣碎石土每增减1cm\2-1-7-101	2-1-7-101	50t/h以内厂拌设备拌石灰煤渣碎石土每增减1cm	1000m²	65.0
概算\ 2007版\5-1-14-101 陆上φ250cm内孔深40m内卵石\5-1-14-101	5-1-14-101	陆上φ250cm内孔深40m内卵石	10m	18618.0
概算\ 2007版\5-1-15-101 水中φ250cm内孔深40m内砂砾\5-1-15-101	5-1-15-101	水中φ250cm内孔深40m内砂砾	10m	5837.0

图 8-24　定额查询界面示例

进入【综合查询分析 > > 定额统计分析 > > 定额对比】模块。打开定额对比分析界面，选择要对比的定额库，如图 8-25 所示。

展开如图 8-26 所示左边的定额目录，在右边窗口选择要对比的定额内容项，单击"添加定额"，继续选择其他目录中的定额项并"添加定额"，选择好后，单击"关闭"。

图 8-25　定额分析界面示例

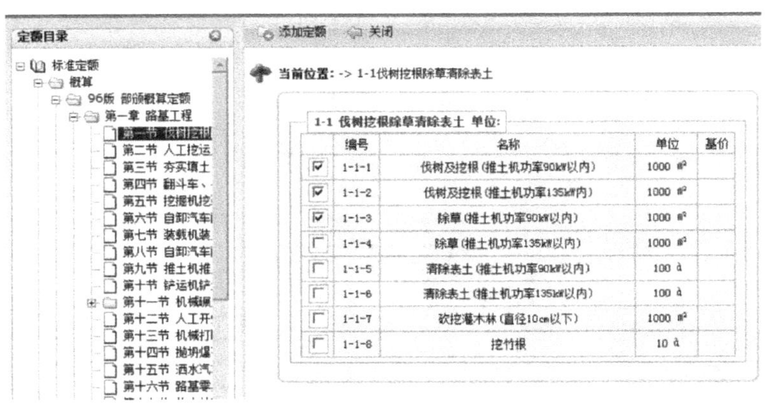

图 8-26　定额添加界面示例

系统调取数据并显示对比结果，如图 8-27 所示。

	A	B	C	D	E	F	G	H	I
1	用途			概算	概算	概算	概算	概算	概算
2	版本			96版	96版	96版	07版	07版	07版
3	定额编号			1-1-1	1-1-2	1-1-3	1-1-1-1	1-1-1-2	1-1-1-3
4	定额名称			伐树及挖根(推土机功率90kW以内)	伐树及挖根(推土机功率135kW内)	除草(推土机功率90kW以内)	伐树及挖根(90kW内推土机)	伐树及挖根(135kW内推土机)	除草(90kW内推土机)
5	来源			部颁	部颁	部颁	部颁	部颁	部颁
6	代号	项目名称	单位						
7	1	人工	工日	10.8	10.8	4	8.6	8.6	2.4
8	404	90kW以内履带式推土机	台班	0.11		0.21			
9	406	135kW以内履带式推土机	台班		0.08				
10	999	定额基价	元	225	235	163			
11	1004	90kw以内履带式推土机	台班				0.11		0.27
12	1006	135kw以内履带式推土机	台班					0.06	
13	1999	基价	元				503	494	315

图 8-27　定额选择界面示例

8.3　造价从业人员数据分析

信用是指依附在人与人之间、单位之间和商品交易之间形成的一种相互信任的生产关系和社会关系，是能够履行诺言而取得的信任。信用对公路建设市场至关重要，只有讲信用，让诚实守信的企业或个人得到社会的推崇和信任，失信受到谴责和孤立，才能形成良好的信任结构，这是公路建设行业健康运行的重要基础和根本保障。

美国等发达国家和我国港、澳地区，都是依靠信用制度实现对造价从业人员和从业单位的约束。在美国，进行政府工程任务发包时，相关政府官员会通过查阅现在和以前的业绩资料调查承包人圆满执行合同的能力、愿望和诚意，并在建设市场实行“黑名单”制度，一旦发现建设市场从业人员有不道德或是不诚实的行为，以及在过去的政府承包合同执行过程中有表现不良和不可接受的行为，该承包人将被列入阻止或终止参与政府项目的“黑名单”。在香港地区，采用“专业人士负责制”，工料测量师负责各类工程初步费用计算、成本规划、承包合同管理、招标代理、造价控制、工程结算以及项目投资管理等方面的业务，对其提供的造价文件的准确性负责，如果提供了错误信息，必须赔偿建设单位损失，香港同样采用“黑名单”制度淘汰不合格的专业人士。

我国交通运输部颁布了《公路工程造价人员资格认证管理办法》和《公路工程造价人员资格认证管理实施细则》，明确公路工程造价从业人员实行持证上岗制度，执业资格分为甲、乙两个等级。实践中，除持有公路工程甲、乙级资格证书的从业人员外，拥有住房和城乡建设部注册造价工程师的执业人员在公路造价领域从业的较多，部分省设置了省交通造价员资格作为过渡、补充，另外还有一部分无证从业人员。受访从业人员持证情况如图8-28所示。各省公路造价从业人员继续教育和信用管理虽有一些措施，但都处于建设初级阶段，实质性的有效手段和方法不多，目前几乎没有省份通过造价人员基本信息数据库、资格与资质管理数据库及造价数据编审数据等多个数据库的交互进行数据挖掘，全方位建立造价从业人员信用管理体系。

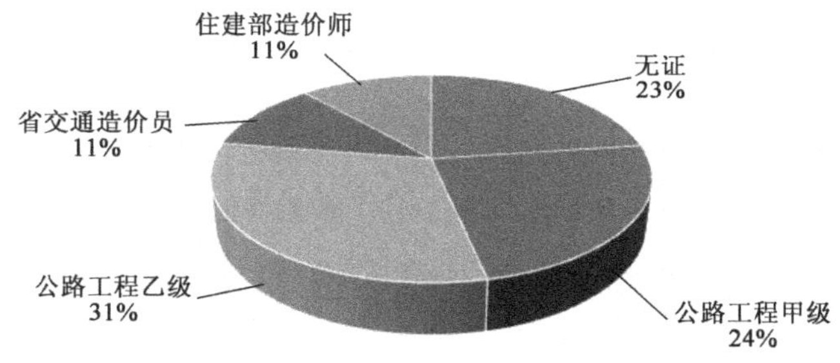

图8-28　公路工程造价从业人员持证情况统计图

在造价综合管理系统中，通过资质与资格管理子系统采集人员基本信息、考试信息、资格信息、培训信息、人员资格信息并实现相应的数据统计分析，通过该子系统与造价文件编审子系统、监督管理子系统的数据实时关联，实现对从业人员执业能力和职业信用的跟踪管理。

从业人员信息模块的数据包括姓名、性别、身份证号、出生年月、职称、从事造价工作年限、学历、职务、所学专业、毕业院校、毕业时间、工作单位、单位电话、通信地址、邮编、联系电话、传真、邮箱、备注、数据来源、工作经历、现任职务等信息，界面如图8-29所示，在左侧列表中可设置筛选条件，如甲级从业人员、乙级从业人员或设置搜索条件，可获得从业人员基本信息。

“人员考试”模块的数据包括考试年度、准考证号、确认机构、确认序号、所属的省定额站、姓名、证件号、证件类别等数据，界面如图8-30所示，在左侧列表中可设置筛选条件，如甲级从业人员、乙级从业人员或设置搜索条件，可获得相应的考生数据。

图 8-29　从业人员基本信息数据示例

图 8-30　从业人员考试数据示例

“人员资格”模块的数据包括姓名、业务类别、资格证类别、资格证级别、报名序号、考试地点、考试时间、报考级别、考试是否通过、资格名称、执业资格证书标号、资格证取得地点、资格证取得时间、是否注册、是否年检、数据来源、附件，界面如图 8-31 所示，在左侧列表中可设置筛选条件，如所有变更申请、审核中、审核通过、审核未通过等对人员资格数据进行统计或设置搜索条件，可获得相应的考生数据。

图 8-31　从业人员资格管理界面

“人员培训”模块的数据包括培训内容、人员名称、参加培训时间、参加培训课时、主办单位、培训结业证号等数据，在左侧列表中可设置筛选条件，如所有甲级从业人员培训记录、乙级从业人员培训记录、水运人员培训记录等对人员资格数据进行统计或设置搜索条件，可获得相应的从业人员培训数据，界面如图 8-32 所示。

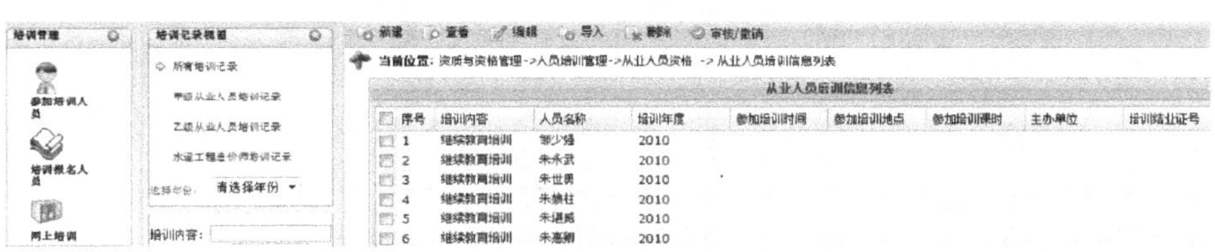

图 8-32　从业人员培训管理界面

“从业单位”模块的数据包括组织机构编号、单位名称、单位简称、法人代表、营业执照编号、营业范围、有效日期，在左侧列表中可设置筛选条件，对相关的从业单位进行查询，界面如图 8-33 所示。

图 8-33　从业单位管理界面

在以上数据结果处理分析的基础上，对不同模块进行交互产生的结果进行统计，再进一步对从业人员数据进行深度挖掘，系统在这方面已经进行了一些探索。如与造价文件编审子系统进行交互提取相关数据，单击 台帐08表中业绩 可以从台账 08 表中提取从业人员的业绩记录，单击 编审业绩 可以从造价文件编审子系统中提取从业人员的编审业绩。

此外，对从业人员数据进行进一步深度挖掘，可得到某市从业人员的年龄分布、从事造价的年限、学历分布、持证等级等情况；也可根据需要对数据库中的数据进行任意的关联和分析，如通过对从业单位数据、从业人员数据和造价编审子系统数据的关联，可得到某单位从业人员的基本信息和单位及个人所负责编制的造价项目质量情况等。

参 考 文 献

[1] 樊月龙. 大数据关键技术[DB/OL]. http://blog.sina.com.cn/s/blog_933e5f350101la3i.html.

[2] 吴祥国,余清星,韦翀. 大数据背景下重庆市综合交通模型维护升级[J]. 城市交通, 2016,14(2):51-58.

[3] 交通运输部公路局. 2016 年度全国公路养护统计年报[R]. 2017.

[4] 交通运输部公路局. 2016 年交通运输行业发展统计公报[R]. 2017.

[5] 交通运输部公路局. 2016 年全国收费公路统计公报[R]. 2016.

[6] 郭婧娟. 我国与发达国家工程造价管理模式的比较分析[J]. 北京交通大学学报(社会科学版),2003,2(1):47-50.

[7] 曾袖文. 浅谈公路工程监理如何有效地控制工程造价[J]. 广东交通职业技术学院学报,2003,2(2):44-46.

[8] 广东省交通运输工程造价管理站. 公路工程全过程一体化造价管理导论[M]. 北京:人民交通出版社,2012.

[9] 王燕平,党晓旭. 公路工程造价管理标准化与信息化指南[M]. 北京:人民交通出版社,2015.

[10] 王燕平. 公路工程造价管理信息化建设的体系设计[J]. 公路交通科技:应用技术版,2015(8).

[11] 交通部基本建设质量监督总站. 公路工程施工监理规范[M]. 北京:人民交通出版社,2007.

[12] 交通运输部令. 公路工程造价管理暂行办法[S]. 2016.

[13] 交通运输部. 公路工程基本建设项目设计文件编制办法[S]. 2007.

[14] 维克托・迈尔-舍恩伯格,肯尼思・库克耶,ViktorMayer-Shonberger,等. 大数据时代:生活、工作与思维的大变革[M]. 杭州:浙江人民出版社,2013.

[15] 党晓旭. 公路工程全过程造价管理提升关键技术研究[D]. 西安:长安大学,2016.

[16]《广东省公路工程造价综合管理系统》课题组. 广东省公路工程造价综合管理系统[J]. 广东公路交通,2015(4):98-100.

[17] 百度百科. 工作分解结构[DB/OL]. https://baike.baidu.com/item/WBS/9518746? fr = alad din.

[18] 谭孝辉. 公路工程造价全过程控制措施建议[J]. 公路,2010(2):220-224.

[19] 孙立伟,何国辉,吴礼发. 网络爬虫技术的研究[J]. 电脑知识与技术,2010,06(15):4112-4115.

[20] 交通运输部. 2015 年全国收费公路统计公报[R]. 2016.

[21] 交通运输部. 2014 年全国收费公路统计公报[R]. 2015.

[22] 交通运输部. 2016 年全国收费公路统计公报[R]. 2017.

[23] 交通运输部. 2013 年全国收费公路统计公报[R]. 2014.

[24] 纪博雅,戚振强,金占勇. BIM 技术在建筑运营管理中的应用研究——以北京奥运会奥运村项目为例[J]. 北京建筑工程学院学报,2014, 30(1):68-72.

[25] 中国 BIM 培训网. 目前主流的 BIM 软件都有哪些? [DB/OL]. http://www.bimcn.org/cjwt/201410292108.html.

[26] 刘占省,赵明,徐瑞龙. BIM 技术在我国的研发及工程应用[J]. 建筑技术,2013, 44(10):893-897.

[27] 王英,刘凤兰,刘智敏,等. BIM 技术在塞拉利昂公路工程中的应用研究[J]. 中国标准化,2016(9):291-291.

[28] 张建平,余芳强,赵文忠,等. BIM 技术在邢汾高速公路工程建设中的研究和应用[J]. 施工技术,2014(18):92-96.

[29] 艾新,张德海,韩进宇. 基于 BIM 的全过程造价管理应用探索[J]. 建筑与预算, 2014(5):14-18.

[30] 曹继亮. BIM 技术在公路工程造价管理中的应用探索[J]. 中国科技纵横, 2015(22):88-89.